JOSÉ MARTÍ:
LAS MÁSCARAS DEL ESCRITOR

**PUBLICATIONS OF THE SOCIETY OF SPANISH
AND SPANISH-AMERICAN STUDIES**

Luis T. González-del-Valle, *Director*

JORGE CAMACHO

JOSÉ MARTÍ: LAS MÁSCARAS DEL ESCRITOR

SOCIETY OF SPANISH AND SPANISH-AMERICAN STUDIES

© Copyright, Society of Spanish and Spanish-American Studies, 2006.

All rights reserved. No portion of this book may be reproduced, by any process or technique, without the express written consent of the publisher. The book may be quoted as part of scholarly studies.

The Society of Spanish and Spanish-American Studies promotes bibliographical, critical and pedagogical research in Spanish and Spanish-American studies by publishing works of particular merit in these areas. On occasion, the Society also publishes creative works. SSSAS is a non-profit educational organization sponsored by the University of Colorado at Boulder. It is located in the Department of Spanish and Portuguese, University of Colorado, UCB 278, Boulder, Colorado, 80309-0278. U.S.A.

International Standard Book Number (ISBN): 0-89295-120-6

Library of Congress Control Number: 2006922368

Printed in the United States of America.
Impreso en los Estados Unidos de América.

This text was prepared for publication by
Adler Enterprises LLC, Lafayette, Colorado.

A mi madre, mi abuela, mi hermana

y por supuesto, a Rocío

ÍNDICE

A manera de introducción ix

Un paradigma para la modernidad: el concepto de crisis en el Modernismo 1

Las metáforas del desierto, destierro y peregrinaje en *Ismaelillo* 25

El compromiso cósmico: los elementos naturales en la poética martiana 49

Oracular: apropiaciones de la voz materna en *Ismaelillo* 61

La queja de eunuco: la representación de uno mismo como el Otro 81

José Martí y los dementes religiosos de las escenas norteamericanas 115

"Gacetero de crímenes": la crónica roja, el poema y la ficción en José Martí 135

El niño y el salvaje: la percepción cromática y la evolución de los sentidos 151

El médico de almas: la mujer en *Amistad Funesta* 171

"Como rosa besada": marcas de ambigüedad genérica en Martí 195

A la sombra de los muchachos en flor: signos de desvío en la poesía de Darío y los otros modernistas 225

Obras citadas 241

A MANERA DE INTRODUCCIÓN

Las últimas décadas del siglo XIX en los Estados Unidos se caracterizaron por una intensa movilidad del capital y la industria, del estatus de la mujer y del obrero así como de la misma composición étnica del país. Miles de inmigrantes llegaron en esa época a los Estados Unidos, y José Martí fue uno de ellos. Si, como dice el cubano, esta época fue de "reenquecimiento y remolde", vivir en la gran ciudad significaba estar en medio de una catarata humana, vivir todos los días las contradicciones y asperezas de un mundo nuevo que se debatía entre la tradición y la modernidad, la falta de fe y la esperanza, y entre uno mismo y el Otro.

Martí llega de forma definitiva a los Estados Unidos en 1880 y este libro es un testimonio de ese encuentro del poeta con la ciudad cosmopolita, la mujer americana, el obrero, los fanáticos religiosos y los suicidas. Ellos representan en sus versos y crónicas ese mundo extraño y a veces violento que el escritor intentará descifrar y traducir para un público a miles de kilómetros del país.

Dotado de una increíble capacidad de análisis y despojado del ambiente familiar y cultural que le era propio, Martí se da a la tarea de analizar los Estados Unidos y lo hace desde una doble perspectiva: hispanoamericana y universal. Sus crónicas y poemas, escritos en su mayoría en la década de 1880, hablan de su angustia, pero también de un profundo anhelo de libertad y esperanza. Si el alma sufre en el contacto con ese mundo hostil y extraño, la misma agonía dará paso a la transfiguración, a la metamorfosis del poeta. Estas son las máscaras que adopta: la del viajante, la del ser unívoco, la del poeta sacerdote, la del suicida. Todas ellas reflejan la forma proteica de sus versos y la escisión radical del sujeto en el panorama caótico de la modernidad. Para decirlo con sus propias palabras, a una época "mudable" correspondía obras "mudables e inquietas".

En este libro me interesa subrayar esas mudanzas y a la vez poner al descubierto las múltiples ansiedades que experimenta el sujeto poético martiano. Una de ellas, la terrible agonía de vivir en un mundo sin fe. Otra, el cambio de valores tradicionales en una sociedad altamente industrializada donde la mujer deja de ser el elemento pasivo en la relación y se convierte en su igual; o la misma dolorosa comprensión de que los poetas e intelectuales habían perdido su antigua legitimación y debían adoptar una forma nueva, la del sacerdote, para convencer. Ninguna de estas ansiedades queda pues sin respuesta o solución en sus versos. Serán los motivos que le permitirá reinventarse, imaginarse a sí mismo como Otro.

El primer capítulo es un análisis general del modernismo tomando como referencia la obra de Martí. El resto lo contituyen ensayos sobre su poética que a partir de *Ismaelillo* queda ya critalizada en un corpus homogéneo. Mi preocupación fundamental ha sido con lo que Stuart Hall llamó el "espectáculo del Otro" y Michel Foucault define como las "tecnologías del Yo", en este caso, poético. Ambas encierran esa obsesión con la mirada y las definiciones que caracterizó el siglo XIX. Por tanto, al igual que este libro es un análisis de la poética martiana es también una arquelogía de las ideas y la crítica modernista, del por qué de algunas definiciones y formas más contemporáneas de ver la cuestión.

Este libro es el resultado de una investigación que comencé en Cuba a principio de la década del 1990 y se completó en Canadá y los Estados Unidos. En ese tiempo diversas revistas incluyeron mis ensayos en sus respectivos volúmenes, y a todos sus editores les agradezco ahora el haberme permito reproducirlos aquí. Pero sobre todo quiero agradecerle a mis amigos y colegas el compartir conmigo esta experiencia de relecturas martianas, el apoyar mi investigación a través de publicaciones, cartas y comentarios, así como brindarme en todo momento su apoyo incondicional.

Mi gratitud para Osvaldo Raya, sin cuya pasión por Martí y excepcional magisterio en el Pre-universitario de la Habana, este libro nunca se hubiera escrito; para Mario J Valdés y María Elena de Valdés cuyo ejemplo intelectual y eseñanzas en la Universidad de Toronto, me ayudaron a releer al Apóstol. Mi agradecimiento para Raymond Skyrme, quien conoce mejor que nadie a Darío; para mis amigos Reinaldo López, Francisco Morán, Jorge y Yaqui Jiménez, Ursula y María Chandler, Carlos Ojeda, Felix Caveda y Orestes Rodriguez quienes igualmente compartieron mis obsesiones y búsquedas todos estos años. Sin ellos todo hubiera sido mucho más difícil.

UN PARADIGMA PARA LA MODERNIDAD: EL CONCEPTO DE CRISIS EN EL MODERNISMO

Dos tendencias principales prevalecieron entre los críticos del Modernismo. La primera se empeñó en ver el Modernismo como una escuela que surge a partir de 1888 con la publicación de *Azul...* y que tiene su culminación en 1916 con la muerte del propio Rubén Darío. Esta primera categorización puso los acentos en los aspectos formales e imitativos del movimiento. La segunda analiza las obras dentro de una tendencia más general, que afianza sus raíces en la época de crisis que tiene lugar a finales del siglo XIX. Si la primera supedita la literatura hispana a los modelos franceses parnasianos, simbolistas y decadentes, la otra incorpora el Modernismo a un proceso más vasto caracterizado por los desajustes económicos, políticos y sociales que conocemos por el nombre de la modernidad. Una modernidad caracterizada no solamente por la infraestructura económica que construyen las sociedades europeas y la norteamericana, con su amplia redistribución simbólica de roles genéricos, sino también en los discursos de las ciencias naturales que estas sociedades van creando y diseminan por todo el mundo.

Nuestro proyecto hermenéutico centra la discusión en este proceso, en especial en Hispanoamérica y los Estados Unidos. Asume la historiografía literaria del Modernismo desde un presente problematizado, posmoderno y la conciencia crítica de que existe un vacío temporal entre la época y las poéticas que llamamos modernas y la nuestra. Entiende que no podemos simplemente recrear a ninguno de los escritores modernistas, sino que lo que recreamos son únicamente los textos al darles un sentido, limitado o condicionado, según Robert Jauss, por nuestra propia experiencia histórica. Cuanto más, la búsqueda de este sentido desde nuestro presente nos permitirá hacer una arqueología de la idea de modernidad y Modernismo y las formulaciones críticas que rodean ambos fenómenos.

Cuando hablamos de los escritores modernistas nos referimos a una comunidad lingüística y cultural que comparte ciertos valores. Resulta interesante llamar la atención sobre las definiciones identitarias que construyen Darío, Pedro-Emilio Coll o Martí en sus poemas y ensayos. El primero por ejemplo en su poema "A Colón" del libro *El canto errante* (1907) habla de la América como de una "india virgen y hermosa de sangre cálida", y en el mismo libro aparecen otros poemas de corte indigenista como el dedicado al volcán de su país natal, Momotombo, o al legendario rey Tutecotzimí. Igualmente, Santos Chocano, quien ganó el título de "el poeta de América" por sus poemas épicos, refiere una y otra vez, la saga de los conquistadores españoles y la lucha de los amerindios declarándose heredero de ambas culturas. En todos los casos, los modernistas hablan de una herencia mestiza (española e indígena) que es un componente identitario en el discurso americanista desde Bolívar hasta el presente.

Repasando ahora el concepto de crisis literaria que aparece como resultado de los desajustes finiseculares, tenemos que fue Enrique José Varona quien en 1899 en un artículo sobre D'Annunzio habla por vez primera en Hispano-América de la crisis por la que atravesaban las artes en su siglo. En un breve, pero lúcido ensayo, el filósofo cubano constataba con asombro la rapidez con que se sucedían y renovaban las escuelas artísticas (romanticismo, parnasianismo, simbolismo, decadentismo), que según él, demostraban la "intensidad de la vida moderna, que hace variar tanto el gusto" (666). El signo fundamental que ve Varona es el de "la crisis del individualismo" en una época en que "todo tiende a socializarse" (667). El artista se refugiaba entonces en sus obras de arte, en la forma bella y la literatura.

A pesar de haber utilizado Varona esta taxonomía para referirse a las corrientes estéticas del XIX y aparecer el mismo tópico en las encuestas modernistas, es a Federico de Onís a quien se le atribuye haber repensado, desde un punto de vista crítico, la palabra Modernismo y de quien parten la mayoría de las formulaciones que intentan definirlo. Onís señalaba, en su citado prólogo a la *Antología de la poesía hispanoamericana*, que "el Modernismo es la forma hispana de la crisis universal de las letras y del espíritu, que inicia hacia 1885 la disolución del siglo XIX" (xv). De esta forma la metáfora básica que va a ordenar los estudios epocales del Modernismo es la de la crisis y la ruptura. Ricardo Gullón, Ivan Schulman, Manuel Pedro González, Cintio Vitier, Julio Ramos y otros, han apoyado la tesis de Onís y coinciden en ver el Modernismo como un movimiento contradictorio y multifacético que arranca de esta coyuntura histórica.

Gutiérrez Girardot ahonda en el mismo concepto de la crisis cuando habla del proceso de desmiraculización en las sociedades modernas de finales del siglo XIX que se origina con la paulatina entronización del ideal ilustrado del siglo XVIII. Con la modernidad el hombre deviene en sujeto, lo cual revela su profunda escisión con el mundo y la naturaleza. Asistimos pues a una generalización progresiva del método matemático. Las ideas de Montesquieu, Diderot y Rousseau se expanden por América. La fe en el poder de la razón, las matemáticas y la lógica que acompaña este proceso de racionalidad, instaura el *nuovo or-*

ganum baconiano como principio rector. Siguiendo al sociólogo alemán Max Weber, Gutiérrez Girardot afirma que el krausismo y el positivismo son dos formas que tomó este proceso de secularización del mundo (79). Si el positivismo había lanzado una cruzada contra los dogmas religiosos, instaurando el método racional y la pretensión de exactitud como principios rectores, el krausismo trataría de redefinir, recodificar las formas en que el sujeto moderno se relaciona con Dios y con sus semejantes. Tanto los krausistas como los positivistas aspiraban a llevar el progreso a sus respectivos países. Ambos se originan como vectores de una modernidad que insertan al sujeto europeo y español en un mundo donde rige el progreso y la aspiración individual de ponerse al mismo rango que otras naciones.

Fue Sanz del Río quien introdujo en España la doctrina krausista, que agrupó a un grupo de pensadores como Giner, Salmerón, Azcarate y otros, que crearon "La Institución Libre de Enseñanza". El krausismo, que es una derivación del idealismo hegeliano, se convirtió en otra manifestación del liberalismo positivista. Laico en lo religioso, éste se hizo sentir en España con un profundo carácter ético. Desde el siglo XVI España se había mostrado en gran parte alejada del general espíritu europeo. Persiguió a los heréticos protestantes, censuró libros, puso trabas a la imaginación y se mostró suspicaz con la ciencia y las ideas que provenían del resto de Europa. A finales del siglo XIX el krausismo representó una ruptura con la España antimoderna y se generó dentro de los grupos institucionistas el afán por difundir las ideas laicas, el espíritu democrático y científico así como la literatura alemana.

Las implicaciones de este proceso de secularización fue el abandono de la fe en un ser trascendental, el rechazo del concepto de naturaleza como trasunto divino y un proceso de sacralización del mundo que traslada las pulsaciones de la fe a los símbolos patrios, la Nación, la perfección moral, y el progreso científico (Girardot 82). Juan Ramón Jiménez se refería al mismo proceso de secularización cuando en sus conferencias sobre el Modernismo, dadas en la Universidad de Puerto Rico, afirmaba que los inicios de éste habría que buscarlos en las disputas de los teólogos con la iglesia y el intento de los primeros en incorporar los descubrimientos científicos a la teología. Decía Juan Ramón: "protestantes, católicos, judíos, inician un movimiento de protesta algo semejante a lo que Lutero en otra época hizo cuando la Reforma, contra Roma. Es decir, los teólogos modernistas dicen: 'Nosotros queremos unir los dogmas, los dogmas de la *Biblia*, con los descubrimientos científicos contemporáneos; queremos unir la teología con la ciencia moderna'" (250). Según Juan Ramón, la *Génesis* del Modernismo habría que buscarla en las tensiones entre *fides* y *ratio*, entre los católicos que aceptan la racionalidad de la ciencia y la encíclica de Pío X en 1907 condenándolos.

Juntamente con este proceso de secularización, aparece un neoespiritualismo en los círculos literarios de finales de siglo que intenta arrojar luz sobre el misterio de la vida y del más-allá. A esto se refiere Díaz-Plaja cuando afirmaba que a través del "renacimiento del idealismo" los modernistas trataron de escapar a la atmósfera de sociología y positivismo que rodea su nacimiento (*Modernismo* 136). Los vacíos y espacios que deja la erosión del pensamiento metafísico y religioso, causada por las ideas modernas, los ocupan el orfismo, las ideas teosóficas, Pitágoras, Buda, Cristo, un sentimiento de armonía universal y de compromiso cósmico (Gullón 107-54).

En el año 1882, el mismo en que sale a la prensa *Ismaelillo*, Martí publica uno de los documentos que se reconocen como fundadores del Modernismo hispanoamericano, el ensayo-prólogo al "Poema del Niágara" del venezolano Juan Antonio Pérez Bonalde. En tal ocasión, Martí hace un análisis del espíritu moderno, la diversidad de criterios relacionados con el tema de la fe y el modo en que este asunto se traslada a la literatura. Martí escribe: "nadie tiene hoy su fe segura. Los mismos que lo creen, se engañan. Los mismos que escriben fe se muerden, acosados por hermosas fieras interiores, los puños con que escriben" (OC, VII 287). Para expresar la angustia del poeta moderno por la pérdida de la fe, Martí usa la poesía visionaria de Dante. El poeta moderno está obligado a replegarse sobre sí mismo, a vivir dentro de su propio Inferno, comiéndose los puños y constantemente siendo perseguido por hermosas fieras interiores. El interior es el lugar donde el poeta se refugiará de quienes dominan desdeñosamente la vida pública de la nación: las elites religiosas, políticas y culturales del país. Ante dicho poder el poeta no puede hacer otra cosa que ocultarse. En la crónica que le dedica Martí al joven Oscar Wilde en 1882, ante un público que se niega a escuchar el credo de belleza del escritor, el cubano se pregunta: "¿Adónde ha de ir en aquella tierra un poeta si no al fondo de sí mismo? ¿Qué ha de hacer, si no plegarse en su alma, como violeta herida de casco de caballo?" (OC, XV 368).

En otro texto fundamental, "Los poetas españoles contemporáneos", publicado originalmente en inglés dos años antes, en el periódico neoyorquino *The Sun*, bajo el subtítulo elocuente de "la influencia de una época progresiva" en la literatura española, Martí analiza la forma y las causas por las que el discurso de la duda, lo que él llamó "la poesía de la duda" (OC, XV 25), había influenciado a los poetas españoles contemporáneos. Su análisis lo lleva a decir que "la poesía española hoy en día no es literatura española" (OC, XV 28). Hablando de Núñez de Arce, Martí afirma:

> Su poema sobre Lutero, "La visión de fray Martín", es sin duda la obra en que ha puesto mayor cuidado, fuerza y originalidad. Haciendo del fraile la personificación del estado del espíritu humano, ha tratado de pintar el alma rebelde que, cual un niño que lucha en el umbral de la vida, golpea una bóveda de sombras queridas y una vez sobre ruinas, llora por esas sombras que huyen ante el derrumbe que él mismo ha ocasionado. (OC, XV 30)

El artículo gira en torno a ese estado actual del espíritu humano, que Martí asocia particularmente, como en el caso de Núñez de Arce, con el alma rebelde de la rebelión protestante dirigida por Lutero y la subsiguiente erosión que esto había causado en las ideas tradicionales de España. En 1880, Martí encuentran varias razones para rechazar y criticar la influencia de esta poesía en la España contemporánea. Su argumento es abarcador y pone los acentos en las diferencias de carácter social y político que distinguió a la península del resto de Europa: la suavidad del régimen feudal, cuya monarquía, según el cubano, no fue tan despótica, el movimiento de la Contrarreforma y la tradición de un orden monárquico. Dice Martí:

> No fue en la tierra de las Isabeles donde el Viejo Mundo fue sacudido, volcado y vencido. En España, ni se predicó la reforma, ni se vio sobre el cadalso una familia de reyes, ni hubo matanzas colectivas de sacerdotes, ni se cambió bruscamente el curso de la vida, ni fueron puestos los hombres a un mismo nivel bajo una hecatombe de señores y una hecatombe de siervos. (OC, XV 27)

La diferencia radical que entraña la historia y la cultura española de la del resto de Europa será retomada, según Medardo Vitier, por Menéndez Pidal y otros filólogos españoles (72). Después del planteamiento original de Martí, Octavio Paz volverá a ella en sus escritos sobre el espíritu anti-moderno español y el Modernismo.

Fina García Marruz recurre al mismo discurso de la diferencia cuando, en su crítica a Paz, resalta las distinciones entre ambos polos: la España de la religiosidad y la certeza en contraposición con la Europa de la búsqueda y del espíritu crítico moderno. En un discurso que trata de resaltar el carácter premonitorio y mesiánico de la Conquista, Fina García Marruz sugiere que: "[l]a 'búsqueda' es lo propio de la modernidad crítica europea; el 'encuentro', raíz de nuestra apertura al mundo, fue lo que permitió, no al 'hombre del Renacimiento' sino a España, que no lo tuvo, encontrar algo realmente nuevo, es decir, la América, al amparo de la teocracia todavía medieval. No fue la Europa la que destronó al Dios de la Edad Media para encumbrar al Hombre, sino la España de los Reyes Católicos, la del Descubrimiento" ("Modernidad, modernismo" 24). En el análisis que hace Martí de Núñez de Arce, el poeta español "ha deseado en realidad pintar el estado presente del siglo en Europa, con sus penas y remordimientos. El aliento de una duda real se respira en todo él" (OC, XV 30). Una crítica similar le sugiere la lectura de dos poemas de Campoamor. Ahora bien, de la lectura que hace Martí de Núñez de Arce, algunas cosas podemos sacar en claro. Primero: su lectura es nostálgica porque intenta mantener la visión de una tradición frente a lo que podemos entender como la ruptura de los correlatos metafísicos. Esa ruptura le revela a Martí—y ese parece ser su mayor temor—una discontinuidad en la historia, en lo que forma parte de la identidad del espíritu español y, por ende, hispanoamericano. Su preocupación está dirigida a mantener una ética alternativa que marque la diferencia entre los hispanos y el resto (Norte América, Europa). Al mismo tiempo, pretende superar el modelo fuerte de la literatura anterior, la literatura de los "reyes sin reino" (OC, XV 26): Charles Baudelaire, Auguste Barbier, y el propio Núñez de Arce que según el cubano, "lloran la pérdida de la fe". Por lo cual la labor del poeta será buscar nuevas formas de religar el sujeto con el mundo y la modernidad. No obstante, Martí critica los dogmas de la iglesia, alaba la fe de los primitivos cristianos, se muestra profundamente anticlerical, lee a Lutero y está convencido de que hay una vida más allá de la terrenal. Y, de esta forma, pone las pulsaciones de su fe en la patria, la poesía, la libertad y la utilidad de la virtud. Para Martí lo religioso es poético y viceversa. La poesía y la inspiración adquieren en sus textos un poder sobrenatural. En el poeta reside ese poder. Su ideal es, como en el caso de Whitman o Emerson, una especie de sacerdote, poeta vidente, que entiende la naturaleza y es capaz de traducirla en sus poemas. La lengua del *Génesis* y del *Éxodo* representa para él un caudal inextinguible de poesía. Estos textos simbolizan un regreso al origen, a la raíz de la historia y la tradición profética. De modo que ante el panorama de una modernidad desacralizada, Martí intenta sacralizar los emblemas modernos. En el discurso del deseo martiano, la "Estatua de la libertad" en Nueva York adquirirá una aureola sagrada. El hombre debe reverenciar esa libertad y adorarla, como hacía el devoto antiguamente ante los ídolos religiosos.

En el mismo artículo sobre Núñez de Arce Martí hace una conexión entre la generación romántica francesa y la poesía española agrupando en un mismo aliento a Alfred de Musset, Auguste Barbier y Charles Baudelaire, "almas nacidas para creer, que lloran la pérdida de la fe" (OC, XV 26). Al comentar este pasaje, Alejo Carpentier afirmaba que había "en efecto, como una añoranza de fe perdida—de Paraíso perdido—en el Musset que dice: 'ya no creo, oh Cristo, en tu palabra santa'" (533). No es de extrañar entonces que las tensiones entre la razón y la fe recorran todo el Modernismo. Recuérdese el poema "Desolación" de Casal, o "Lo fatal" de Darío. En el primero, el alma describe una lóbrega capilla, desierta y abandonada. Los objetos de la fe aparecen en desuso. El incensario no humea, ni el cirio brilla. Es la fe y el dios olvidado y la indiferencia de todos ante ella. Apunta Casal: "Y ha tiempo no resuena en el santuario / ni la plegaria de la joven pura, / ni la blasfemia horrible del ateo" (89). Años más tarde Federico Bermúdez vuelve sobre este tema, en un poema con el mismo nombre que el de Casal: "Desolación". Allí, la voz poética despierta a la misma duda, a la pérdida de la noción de la armonía ya que "derramó su veneno sobre el labio / la copa aterradora de la duda" (102). En "Letanías de Amor", en lo que parece un curioso remanente de la *femme fatale* decadentista, a un mismo tiempo fría y deseada, Bermúdez ve que "es fiel y es eterna mi amada... ¡La Duda!" (129). En el poema de Darío, no sólo desaparece la presencia de un dios que da finalidad a las cosas, sino que también desaparece toda la imaginería pitagórica que antes había exhibido en "Coloquio de los Centauros". Las piedras han perdido su carácter animístico, su neuma. En él las prosas se vuelven profanas. Aun así, en la Oda "A Roosevelt", Darío no duda en afirmar su herencia cristianocatólica frente al primitivo-moderno anglosajón. Si el norteamericano tiene la *Biblia* protestante, el nicaragüense sabe que la "América ingenua que tiene sangre indígena, / aún reza a Jesucristo y aún habla español" (331) y con tal esperanza invoca a un dios que no permitirá que la América hispana caiga en las "férreas garras" del "fuerte Cazador" (331). En este poema Darío enfrenta los símbolos de la identidad hispanoamericana al vecino poderoso del Norte que ya había mostrado su carácter expansionista al intervenir en la guerra de independencia cubana. En tal sentido la exaltación de la hispanidad, del mundo indígena y lo religioso católico, formaría una resistencia, una verdadera contracultura de la modernidad norteamericana. Pero no todos los independentistas y modernistas se opusieron a la intervención norteamericana en Cuba. Tal es el caso de Federico Uhrbach quien en un poema dedicado a Varona, que aparece junto con otros de su hermano muerto luchando en la guerra de independencia, "La visión de las cimas", afirma hablando de la América del Norte que la "voz de Sam" "pone en nuestras almas, vidente y redentor, / una luz de enseñanza y un perfume de amor" (269).

Volviendo ahora a la idea de Onís, recordemos que según el catedrático español la *Génesis* del Modernismo está en las corrientes estéticas que lo precedieron, "la literatura realista y naturalista". Dice Onís: "el límite entre la literatura anterior, o sea, la literatura realista y naturalista [y el Modernismo] es fácil de determinar porque el Modernismo nació como una negación de la literatura precedente" (xiii). Para Onís, realismo y naturalismo era la literatura anterior, la marca que dividía una forma de escribir y de pensar de la otra. La literatura realista y naturalista era el habitáculo de la prosa del mundo. Esta clasificación dual es luego reforzada por Paz, quien en sus Charles Eliot Norton Lectures 1971-1972 en la Universidad de Harvard, encierra los términos naturalismo y realismo de Onís en el positivismo y carga los acentos en la negatividad de éste. Paz comprende que el mismo proceso de racionalización que se extiende desde el siglo XVI hasta finales del XVIII, continuaba con el positivismo y sus corrientes literarias afines en el XIX. De esta forma, escribe: "por haber sido una respuesta de la imaginación y la sensibilidad al positivismo y su visión helada de la realidad pudo ser un auténtico movimiento poético" (*Hijos* 129).

En la periodización del Modernismo, tenemos entonces que tanto Onís como Paz convergen en tres aspectos fundamentales. Primero, el Modernismo surge como una reacción, una respuesta, a una forma anterior de escribir y pensar (naturalismo, realismo, positivismo); segundo, éstas literaturas anteriores son consideradas de "visión helada" en Paz. Una imaginación y una sensibilidad, que sólo podían suministrar la reserva imaginativa que era el romanticismo, de ahí que tanto, uno como el otro convenga en llamar al Modernismo otro romanticismo, la reacción por excelencia al período de la Ilustración. La respuesta de los modernistas hispanoamericanos iba a perfilarse entonces como una crítica al casticismo y un regreso a las estrategias románticas, no-españolas. La tercera conclusión, es que ambos descartan la posibilidad de sobrevivencia de elementos de las estéticas anteriores en la nueva. Entre la literatura anterior y la que le sucede hay un vacío, un corte dramático que es precisamente lo que marca el deslinde. Si la modernidad se caracteriza por soslayar los elementos irracionales e imaginativos, los poetas modernistas van a ser anti-modernos. Esta es precisamente la posición de Paz en *Los Hijos del Limo*. Allí Paz argumenta que la tradición moderna se presenta como una estética de la ruptura, o sea, "una tradición hecha de interrupciones y en la que cada ruptura es un comienzo" (17). El periodo de crisis que Varona ve como una continuación de escuelas artísticas y Onís señala como origen del Modernismo, se convierte en él en dicha tradición que se extiende, según sugiere, desde los románticos ingleses y alemanes hasta las vanguardias latinoamericanas. Su esbozo del Modernismo gira en torno a un esquema regido por la ausencia de Ilustración en Latinoamérica y una tradición antimoderna en España que arranca en el siglo XVI. De esto Paz deriva también la ausencia de un verdadero romanticismo en ambos lados del Atlántico. Dice que fueron una imitación del francés y que sólo hacia 1880 el Modernismo encontraría, en la doctrina positivista, su Ilustración y reaccionaría ante ella como lo había hecho antes la primera generación romántica.

El nuevo romanticismo traería a la literatura nuevos ritmos, una fuerte ansia de cosmopolitismo y una tradición ocultista que contrastó con el cientificismo moderno. Otras características que Paz halla en el nuevo romanticismo son el rechazo de la tecnología y la ciencia, el gusto por lo ornamental, la visión del Otro (el niño, la mujer); y el espíritu antiimperialista, que en las palabras del mexicano, era "la única experiencia de la modernidad que un hispanoamericano podía tener en aquellos días" (*Hijos* 132). Paz entiende que la revalorización del pasado indígena y español son dos formas que toma este antiimperialismo. El príncipe Netzahualcóyotl es una crítica de la modernidad y muy especialmente, del progreso a la norteamericana, del temor y la cólera que causa la influencia y dominación de los Estados Unidos en el continente (*Hijos* 133). Aún cuando Paz estuviera pensando en el Darío de la oda a Roosevelt, es necesario también mencionar otros dos ensayos del Modernismo antiimperialista: la crónica de Martí "Nuestra América", y el *Ariel*, del uruguayo Rodó.

Una vez más: a raíz de la guerra española-cubano-americana, se agudiza la crisis en el marco de la política internacional en Latinoamérica. Ante una modernidad endurecida por el progreso, el discurso de la superioridad de las razas y la filosofía del "destino manifiesto", los modernistas en unos casos esgrimieron la bandera de lo autóctono, la tradición y lo diferente como signos que identifican la cultura hispanoamericana. Pero aún así la idea de identidad que construyen está basada en ideas muy diversas. Pueden ser de carácter político, como en el caso de Martí, o mítico como en Darío, esta última fundada sobre viejos relatos que les llegan ya legitimados por Europa. Es la América que "ha guardado las huellas de los pies del gran Baco"; la América utópica de la "Atlántida", cuyo nombre según el nicaragüense "nos llega resonando en Platón" (*Poesía* 332). Es decir, son mitos y nombres, que venían utilizándose desde los tiempos de la colonia y las construcciones fantasiosas de los europeos para explicar la aparición del continente. La revalorización de estos mitos, desde una perspectiva propia, equivale, según la visión de estos escritores, a la búsqueda de una identidad diferente y a la construcción de un imaginario fundacional que mostrará el carácter identitario de las naciones americanas, y los ayudará a diferenciarse de lo europeo o lo norteamericano.

Sin embargo, cuando los modernistas analizan el componente americano de sus escritos, en comparación con el europeo, sus discursos sobre la raza aparecen muchas veces matizados por las ideas europeas en boga por la época: el positivismo de Taine, Spencer, y otros filósofos finiseculares como el propio Varona, quienes hacían hincapié en la fuerza de la "herencia", la "raza" y el "medio".

El diálogo entre lo heredado por la raza y lo adquirido a través de la cultura, es uno de los tópicos más recurrentes y menos explorados en el Modernismo. Un caso que demuestra perfectamente estas tensiones es el del venezolano Pedro Emilio Coll, quien en su ensayo "Decadentismo y americanismo" (1891) afirma que: "hasta en los que suponemos que rinden un culto exclusivo a las hegemonías extranjeras, obra la energía que brota de las entrañas de las razas y del medio" (89). Cuando leemos afirmaciones como éstas es imposible no recordar al "indio chorotega o nagrandano" que algunos señalaron con dedo acusador en Darío (*Poesías* 245). Y es precisamente en las "palabras liminares" de *Prosas profanas*, donde, a la par de aceptar la posibilidad de su origen mestizo, Darío afirma que "si hay poesía en nuestra América" (y ese posesivo es fundamental cuando recordamos el ensayo de Martí) "ella está en las cosas viejas: Palenke y Utatlán, en el indio legendario y el inca sensual y fino y en el gran Moctezuma de la silla de oro" (*Poesía* 246). Para Pedro Emilio Coll las literaturas europeas a que "rinden culto" los modernistas no representaban solamente un caudal de recursos estéticos y literarios, ni un temario de ideas, sino que también eran en la práctica una escuela que ayudaba a afinar los sentidos, a educar la vista y el gusto que la raza americana no había tenido tiempo de lograr. Por eso afirma que si el contacto con las literaturas europeas: "nos aleja un tanto de la raza, es lo necesario para apreciar mejor sus relieves, matices y rasgos característicos" (89). En otras palabras, lo que no podía suministrar la raza, lo complementaban las lecturas europeas del paisaje. Es necesario ver con los ojos de los otros, del europeo, para descubrir los "colores mil" ya que "los sentidos, como todas las fuerzas de la vida, están en perpetua evolución y a las literaturas extranjeras les debemos en gran parte el aceleramiento de aquéllas" (89). No es necesario buscar muy hondo para encontrar la influencia de las ideas de Darwin, Spencer, y otros, sobre la evolución de los sentidos en los escritos de los modernistas. Al indio, al mestizo, había que aculturarlos de cualquier forma. El escritor con tales herramientas en la mano se insertaba de forma plena en la modernidad.

Regresando ahora a la idea de desmiraculización del mundo, diremos que a pesar de ser Gutiérrez Girardot quien la desarrollara a partir de un basamento sociológico ya Octavio Paz había notado que la creencia en la visión analógica y del cuerpo se oponían diametralmente tanto al "materialismo positivista y cientista como al espiritualismo cristiano" (*Hijos* 137). En la oscilación rubendariana de "las catedrales a las ruinas paganas", Octavio Paz ve la supervivencia de los restos del cristianismo. Dice Paz: "la otra creencia de los modernistas no es el cristianismo, sino sus restos: la idea del pecado, la conciencia de la muerte, el saberse caído y desterrado en este mundo y en el otro, el verse como un ser contingente en un mundo contingente. No un sistema de creencias, sino un puñado de fragmentos y obsesiones" (*Hijos* 137). Para Octavio Paz la irrupción del cuerpo en la poesía desestabiliza los códigos religiosos tradicionales. El cuerpo es político y su articulación dentro del poema transgrede y subvierte los límites que habían impuesto la iglesia y la doctrina positivista a la literatura. Nadie como el dominicano Fabio Fiallo iba a ejemplificar mejor esa oposición del cuerpo erotizado frente al ascetismo del cristiano: las bacanales de Pan frente a la misa sagrada de Cristo. Fiallo encuentra en el rostro de Cristo "tal expresión de goce mundanal, / que a veces pienso si el genial artista dióle a su Cristo el alma de don Juan" (64). Los ecos de un demonismo sexual se escuchan igualmente en "Yo seré de tu séquito", donde el poeta se pregunta para qué la bondad, la piedad y mansedumbre que viven aún en su alma si: "Eros, más fuerte que Jesús, me impuso / mi renuncia a la gracia celestial?" (62). El demonismo de estos poetas va a aunar las creencias teosóficas, los sueños, lo sobrenatural y la perversión. Otro ejemplo de ello aparece en las *Sonatas* de Valle-Inclán (Litvak 109-18), y en los poemas de Fiallo y Darío, especialmente en "Ite, missa est".

Michel Foucault también había reparado en el hecho de que la experiencia de la sexualidad está ligada al proceso de secularización del mundo. En su ensayo sobre el erotismo de Bataille, "Préface à la transgression", publicado en 1963, Foucault une la experiencia erótica con la "muerte de Dios". Una muerte que, según el filósofo francés, abre el Ser a "una experiencia por consiguiente *interior y soberana*" [énfasis en el original] (125). Pero ese espacio de libertad no existe en el vacío, sino que constantemente está siendo restringida por elementos coercitivos tales como la autocensura, la crítica social y las ortodoxias religiosas, políticas y académicas. Espacio autonómico a través del cual la literatura intenta transgredir los marcos de prohibición que impone la ética parcelaria. Por eso la liberación del cuerpo en la literatura es uno de los rasgos más provocadores del Modernismo. Los poetas modernistas crean con esto un espacio completamente imaginario donde se une lo masculino y lo femenino y donde la poesía adquiere los rasgos de una oración herética. Desde las construcciones de Tristán de Jesús Medina, a las de Mercedes Matamoros, *El último amor de Safo* (1902), Martí, Darío, Casal y Nervo, el Modernismo intenta crear un espacio completamente utópico donde se conjugan los opuestos y se busca transgredir los códigos éticos establecidos. La poesía enunciará un saber de herencia neoplatónica en lugar de cristiana.

Además del proceso de desmiraculización y de transgresión de los códigos sexuales que tiene lugar en las últimas décadas del siglo XIX, el otro factor que dio forma al Modernismo fue la institucionalización de la ciencia y la técnica. En las formulaciones críticas de Paz, Gullón, Litvak y Jadre ésta se opone al misticismo, al neoespiritualismo y a las creencias ocultistas. A este desarrollo científico-técnico se refería Octavio Paz cuando en su ensayo, "La modernidad y sus desenlaces", nota oportunamente el cambio de "imagen del mundo" al que se enfrentan los poetas modernistas a finales del XIX, al afirmar que "la tierra y el cielo que la filosofía había despoblado de dioses se cubre paulatinamente con las formidables construcciones de la técnica" (13). Pero seguidamente Paz niega cualquier interés de los modernistas en la tecnología y la industria al afirmar que: "[a los modernistas] no les fascina la máquina, esencia del mundo moderno, sino las creaciones del *art nouveau*. La modernidad no es la industria, sino el lujo" (20). "La modernidad que seduce a los poetas jóvenes—prosigue Paz—, al finalizar el siglo, es muy distinta de la que seducía a sus padres; no se llama progreso ni sus manifestaciones son el ferrocarril y el telégrafo: se llama lujo y sus signos son los objetos inútiles y hermosos" (*Hijos* 131). En igual línea de reflexión Ángel Rama llega a descartar cualquier interés de los modernistas por la ciencia, agregando que "en todo caso, los poetas del siglo XIX no cantaron a las conquistas científicas como lo hicieron los poetas del XVIII [....] la ciencia y la técnica se ofrecieron como antitéticas de la poesía hasta la aparición, entrado el XX, de Marinetti", quien tampoco pudo salvar la grieta ("Sueños" 23). Las opiniones de estos críticos en consecuencia ponen los acentos en la "antimodernidad" de los letrados hispanoamericanos a finales de siglo, quienes manejarían las antinomias de este proceso por la implicación política que supone la institucionalización de la ciencia y el capital industrial, y la razón, en detrimento de los valores tradicionales, el subalterno y las construcciones de la metafísica.

No obstante, habría que preguntarse si nuestra opinión sobre el papel de la ciencia y la tecnología no está marcada por el fuerte pesimismo de la cultura contemporánea, especialmente de los años 60 y 70, ante el peligro de los experimentos científicos, las pruebas nucleares, la guerra fría y las secuelas del desarrollismo en Hispanoamérica. Incomodidad que aparece de forma muy visible en la poesía y los ensayos de Paz en la década del 70 en que vuelve a México; en el fácil planteamiento del novelista C. P. Snow sobre las "dos culturas", la humanística y la científica, que se hizo tan popular en los sesenta. A Snow acude Ángel Rama para apoyar sus planteamientos ("Sueños" 23). Pero si en efecto algunos modernistas rechazaron el discurso científico y el positivismo, en su formas más agresivas, hubo también quienes lo acogieron e hicieron a la ciencia parte de su poética. Y en muchos casos, se intentó reconciliar, como hizo Rodó y Darío, ciencia y religión.

Plantear un antagonismo visceral entre la poesía y la tecnología—lo cual es típico de las formulaciones teóricas del romanticismo inglés—e, incluso, decir que los poetas del siglo XIX no cantaron a las conquistas científicas, es exagerado. No sólo José María Heredia y otros románticos celebraron los descubrimientos modernos, sino que también Martí y otros modernistas celebran en sus versos y narraciones la ciencia y los adelantos tecnológicos. Por eso, la reacción modernista a la modernidad parece en muchas ocasiones crítica y, en otras, laudatoria. Ambos gestos, sin embargo, forman parte de la misma experiencia de la época, de la aprobación y el rechazo que diferentes aspectos de ella produce en el escritor. Tal es el caso de Amado Nervo, el poeta central del Modernismo mexicano, quien en 1910 escribe "Pájaro milagroso", una oda al aeroplano en un poema donde se las arregla para no mencionar nunca esta palabra. El poema es elocuente en su admiración por el "pájaro celeste". Según Nervo, el nuevo invento les devolvería al hombre las alas que habían perdido en su lucha con los dioses y termina en un rezo porque la nueva tecnología no sea tomada con fines guerreristas como querían los hermanos Wright y, en su lugar, contribuyera a la paz y a la realización de los antiguos sueños del hombre. En Nervo el aeroplano se representa al estilo de la cruz de Huidobro:

un gran signo de paz entre los pueblos!
¡No mancilléis al pájaro celeste con misiones de guerra! (205)

En las ediciones de la poesía de Nervo en que aparece este poema se señala que la oda fue escrita "después de un concurso de aviación. — IX. 1910" (*Anthology* 205), pero Issac Goldberg asegura que fue escrita: "a raíz de haber hecho el poeta una ascensión en aeroplano" (100). A pesar de la primera guerra mundial en 1914, el poeta no perdió la fe que había puesto en el avión. Como afirma Goldberg, Nervo "después de la guerra, tenía visiones de un cielo nocturno, iluminado por señales sostenidas por anchas alas, con leyendas de *París a Nueva York—de Londres a Méjico—de Madrid a Buenos Aires*. 'El aeroplano—decía en el mismo artículo—nos restituirá el regazo de la noche, la majestad de los astros olvidados'" (Goldberg 100).

El poeta que un año antes había dicho "je ne suis pas même un futuriste" (194), terminó cantándole a la técnica y deseando retirarse a un "soñado convento", donde "no hubiera dogmas", sino "libros" y un "telescopio" para mirar al cielo (207). De esta forma en Nervo el canto a la tecnología queda asociado con el soplo celeste de la religión. Los símbolos que utiliza para describirla provienen de esa inmensa reserva de misticismo que frecuentaba el poeta. El discurso de lo "milagroso" queda de esta forma desplazado desde la religión al reino del progreso, por lo cual Nervo se acerca al futurismo, a la estética de Marinetti, quien había publicado el año anterior (20 febrero de 1909) el primero de sus famosos "manifiestos". Del mismo modo José Martí en otro poema capital del Modernismo, "Amor de ciudad grande", fechado en medio del turbión de la vida neoyorquina, se refiere al pararrayos y los medios de comunicación, en versos de un barroquismo exuberante:

> Corre cual luz la voz; en alta aguja
> Cual nave despeñada en sirte horrenda
> Húndese el rayo y en ligera barca
> El hombre, como alado, el aire hiende. (*Poesía* 89)

Tanto en Martí como en Nervo los emblemas de la modernidad se resisten a ser nombrados tal y cual son. Acaso por ser objetos demasiado recientes, desprovistos de la autoridad que brinda una tradición. De cualquier forma es evidente que hay una tensión entre el sujeto y los objetos poéticos que se inscriben en la escritura como campo en conflicto y al mismo tiempo conciliatorio. Porque en efecto, en la poética modernista los poetas entienden que deben transgredir el lenguaje común para utilizar el objeto como material poético. Esta tensión lingüística se podría caracterizar con la metáfora de la afasia poética, la incapacidad del hablante de nombrar algo, específicamente lo nuevo y maravilloso. Esta imposibilidad de nombrar el objeto produce en su lugar una explosión de significantes que intenta llenar ese vacío. Por lo cual la economía de su representación se distingue por una sobreabundancia de signos que intenta inscribirlo en el poema desde diversos ángulos, una riqueza sugerida ya en el mismo proceso de producción capitalista, en la producción de objetos al por mayor. El avión en Nervo es sucesivamente: "pájaro milagroso", "paloma", "águila", "Pegaso", "pájaro celeste", "Ícaro" y "signo de paz", lo mismo que en esta estrofa Martí reúne la imagen sinestésica de la voz que "corre cual luz" haciendo referencia así a la amplia diseminación de la información a través del telégrafo, los periódicos y las revistas en los Estados Unidos. A su vez, su representación del "pararrayos" reúne otros emblemas como la aguja, el abismo marino (sirte) y la nave despeñada como rayo por la catarata eléctrica. Si Nervo tenía esperanzas y pedía que se le diera un buen uso a la tecnología, con estas imágenes Martí parece criticar el proceso violento en que se transforma su mundo, parece criticar la vida rápida y de frenesí sexual de la ciudad norteamericana. Pero es tal vez en las descripciones de la luz eléctrica y de las máquinas que la generan donde se aprecia con más fuerza la admiración del poeta por los descubrimientos científicos. En "Odio el Mar", Martí describe un hombre que lee, sobre el puente de un barco, a la luz de una lámpara eléctrica, mientras debajo las olas se amontonan y se sumergen toda clase de monstruos. Nuevamente aquí aparece el mismo proceso a través del cual se oculta y, al mismo tiempo se reemplaza otro signo de la modernidad. Afirma Martí:

> Y a la luz de los astros, encerradas
> En globos de cristales, sobre el puente
> Vuelve un hombre impasible la hoja de un libro.—
> (PC, I 104)

De inicio, Martí plantea un contraste entre lo natural y lo artificial, entre el libro y la naturaleza y entre la "luz de astros" y los "globos de cristales" que la encierran. El objeto ha reemplazado el astro y tomado su forma. Así Martí enuncia el mismo proceso de desnaturalización del mundo que presencia el hombre moderno y que ya había aparecido en Gertrudis Gómez de Avellaneda y la segunda generación romántica. Para crear un puente entre el astro y la técnica, el poeta "encierra" lo natural en lo artificial, encontrando un equilibrio seguro para ella dentro de la poesía. Casi podría decirse que los versos surgen de un asombro poco menos que sobrenatural ante el nuevo descubrimiento y la posibilidad, entonces muy reciente, de llevar baterías eléctricas "a bordo de los buques, que se surten de ella y se alumbran a su hermosa luz durante la travesía" (OC, XXIII 309). La modernidad destruye pero también produce maravilla. Para el cronista este nuevo descubrimiento debió resultarle un paso de avance real y efectivo en el mejoramiento de la vida.

A su vez, el hallazgo de las capacidades transformativas del hombre moderno por momentos parece hechizar a José Martí. El nuevo sujeto modernizador parece tener la fuerza de los antiguos atlantes, de un semi-dios, fausto y prometéico, que echa y lanza el progreso por sobre el globo. En una prosa llena de esos caprichos poéticos—que fascinaban a Darío—, el cubano escribe:

> el hombre echa por los mares sus serpientes de cabeza parlante, que de un lado se prenden a las breñas agrestes de Inglaterra y de otro a la riente costa americana; y encierra la luz de los astros en un juguete de cristal; y lanza por sobre las aguas y por sobre las cordilleras sus humeantes y negros tritones. (OC, VII 228)

En estas líneas, repletas de un vitalismo pagano, Martí concentra toda la imaginería de un mundo nuevo, que él describe con tres verbos de movimiento: echa, encierra, lanza. Con esto, la escritura estiliza los emblemas de la modernidad, intenta cerrar el vacío entre ella y la técnica, vigorizando la poesía con tecnología. Es la fuerza paridora de una edad en que los telégrafos, las lámparas eléctricas, "juguete de cristal", los barcos de vapor y las locomotoras Stephenson eran parte de la cotidianidad cada vez más necesaria y deseada. Si estos son representados como monstruos mitológicos, quien los crea y los domina es el hombre. El metamorfismo con que son representados no sólo muestra la violencia de la máquina, la rapidez con que transforma el mundo, sino también su inserción en el paisaje natural: Es necesario naturalizar los objetos, apropiarse de ellos a través de la palabra para domesticarlos y crear así un balance con el mundo que los rodea. Esta es también la posición de Emerson. Si hay siempre en Martí una acerada crítica contra los desajustes sociales y económicos que acompañan al proyecto de la modernidad, hay también en él toda una mitología de la máquina y una fe resuelta en el hombre de su época. La ciencia que iguala, que da fuerzas y esperanzas al hombre, que lo ayuda a vivir en igualdad de condiciones con el resto, nunca es en él antitética de la poesía. De ahí que Martí haga hincapié en una educación científica-técnica en nuestra América y critique los excesos de educación literaria y libresca de la que adolecía el continente (OC, XXIII 302). Escribiendo para los niños de su revista *La Edad de Oro*, sobre la exposición de París, el cubano hace nuevamente una apología de la máquina, donde la ciencia adquiere el aliento de lo sobrenatural y lo grandioso. Asegura Martí:

> ¡Pues da ganas de llorar, el ver las máquinas desde el balcón! Rugen, susurran, es como el mar: el sol entra a torrentes. De noche, un hombre toca un botón, los dos alambres de la luz se juntan y por sobre las máquinas, que parecen arrodilladas en la tiniebla, derrama la claridad, colgado de una bóveda, el cielo eléctrico. Lejos, donde tiene Edison sus invenciones, se encienden de un chispazo veinte mil luces, como una corona. (OC, XVIII 426)

Al final, Martí asocia la relación entre el hombre y la máquina con la del hombre y un Dios que hace la luz y trae la claridad a las tinieblas. Al apretar al conmutador electrónico, la luz eléctrica se trasmuta y como un "sol entra a torrentes" en la sala, iluminando "las máquinas, que parecen arrodilladas en la tiniebla" (OC, XVIII 426). El "cielo eléctrico" de Edison lo ha hecho posible. Arrobamiento y fe son las mismas imágenes que había utilizado años antes para describir la posición del hablante y los buques en "Las Fiestas de la Estatua de la Libertad" en Nueva York. La ciencia, como la libertad, trae la luz. En esta segunda crónica en la que se habla de uno de los actos más simbólicos de la modernidad norteamericana y que fuera publicada el mismo año que la crónica sobre Whitman, Martí impone sobre el monolito de acero las imágenes sagradas y esta deviene, en el discurso del deseo martiano, un símbolo religioso, un objeto de culto. Dice el cronista:

> Vuelven en su presencia los ojos secos a saber lo que son lágrimas. Parecía que las almas se abrían, y volaban a cobijarse en los pliegues de su túnica, a murmurar en sus oídos, a posarse en sus hombros, a morir, como las mariposas en su luz. Parecía viva: ¡era en verdad como un altar, con los vapores arrodillados a sus pies! ¡Ni el Apolo de Rodas, con la urna de fuego sobre su cabeza y la saeta de la luz en la mano fue más alto! (OC, XI 109)

La visión de la estatua convertida en altar hace posible que los "ojos secos" vuelvan a llorar. Difícilmente el temple poético del cronista podría ser más exaltado. La imagen religiosa y bizarra que le continua insiste en esta representación: "los vapores arrodillados a sus pies" y el mismo proceso de vaciamiento del objeto para dotarlo con la personalidad de una "deidad", se repite en las palabras del orador Lesseps, que Martí transcribe en el texto, y al final de la crónica cuando muestra la partida de estos mismos buques de vapor de la Isla "convertida ya en altar" (OC, XI 115). Lo importante es comprender la intencionalidad de este gesto, que se traduce en la esperanza puesta en las capacidades creativas del hombre, en la promesa de su "emancipación" (OC, XI 113) y un deseo de utopía y libertad que el mismo cronista añora para su patria. Curiosamente, José Enrique Rodó en *Ariel* niega que esta misma Estatua pueda servir como estímulo y símbolo religioso al viajero que se acerca a ella desde el mar, ni que "se despierte en su ánimo la emoción profunda y religiosa con que el viajero antiguo debía ver surgir, en las noches diáfanas del Ática, el toque luminoso que la lanza de oro de la Atenea del Acrópolis dejaba notar" (121). Su discurso, consecuentemente con una retórica que sustituye los símbolos de la cultura americana por otros de estirpe "latina" borra el carácter sagrado de ella. No obstante, sigue el mismo procedimiento martiano al dotar la suya propia de un aura sagrada, al decir que sueña con el día que "la Cordillera que se yergue sobre el suelo de América ha sido tallada para ser pedestal definitivo de esta estatua [Ariel]; para ser el ara inmutable de su veneración" (141). Si el discurso de Rodó "corrige" el de Martí la intención que subyace en ambos es la de crear un nuevo dios, darle el poder que antes tenía la religión a la ética y la libertad. Los símbolos religiosos se trasladan de su reserva original al espacio secularizado de la cultura. Sus estatuas son los nuevos altares, los verdaderos dioses ante los cuales las generaciones venideras debían sacrificarse.

La estructura poemática, dentro de la cual Martí describe la inauguración de la Estatua de la Libertad en Nueva York, forma parte de este culto que le rinde el poeta y los asistentes del evento a la estatua. Tal estructura ha sido resaltada por García Marruz y José Olivo Jiménez. Asimismo sólo a través de la "oratoria sagrada" el maestro era digno de hablar de Ariel y lo que él significaba. En ellos la letra es una forma de rendir culto a la imagen. Es otra forma de darle legitimidad al discurso. La poesía—en el caso de la crónica de Martí—cantará a la libertad erigida en nueva religión: el dominio del hombre sobre sí mismo, su alejamiento de las doctrinas religiosas y la búsqueda incesante de nuevas estéticas en el arte que se refleja en las numerosas escuelas de fines de siglo y principios del XX. La caracterización del Modernismo como movimiento de libertad que dijera Darío y Ureña, le debe más a este culto moderno de lo que usualmente se le reconoce y está estrechamente vinculado al rechazo de los dogmas y el desplazamiento de las pulsaciones de la fe hacia la poesía, la virtud, el ser individual liberado y el deseo de emancipación universal. El mismo tópico de la libertad artística, asociada en Martí y en Whitman a la naturaleza y al poeta, reaparece en Leopoldo Lugones. Según Gwen Kirkpatrick: "the notion of liberty and its manifestation in the individual, in society, and in art is a motif in all his early works" [la noción de libertad y su manifestación en el individuo, en la sociedad y en el arte, es un motivo en sus primeras obras] (79). Esta rebelión de formas y esencias va a ser la antesala de las vanguardias artísticas del siglo XX y el signo de independencia cultural de la América española.

El otro aspecto que unirá el Modernismo con la vanguardia es la importancia de la ciudad en la crónica y la poesía. El encuentro del poeta con las multitudes y la técnica va a producir un mundo metafórico exuberante. En el caso de Martí, el cronista, siempre pensativo y solo, va a recorrerla y en el camino seguirá anotando los cambios y desajustes que se producen en su entorno. Su reflexión, ubicada en una posición latinoamericana, registrará la forma en que el Otro, marginal, poeta, y extranjero, mira la urbe, el desarrollo tecnológico y las posibilidades de progreso. La ciudad es, pues, donde será más elocuente la creciente desnaturalización del mundo y sus apuntes sobre ella deben leerse como una reflexión del deseo modernizador del cronista que busca imitar (o excluir) las formas que esta le proporciona a la comunidad avances efectivos en su vida. Pero así como lo bueno, y lo grandioso de la técnica debe imitarse, su mirada registrará también los momentos en que la ciudad neoyorquina deja entrever su lado sórdido y desquiciado. Su escritura poética y su crónica van a hacerse eco de esos momentos, proscribiéndolos y dejando entrever en los intersticios del discurso un deseo de cambio y una voluntad reformadora.

De esto surge la intensa visión de extrañamiento de "Amor de ciudad grande" donde el cubano da, de Nueva York, una visión bastante crítica. Y es, precisamente, el encuentro del poeta con la ciudad, el otro aspecto que marca la escritura modernista. González Echevarría ha dicho que Martí inaugura con "Amor de ciudad grande" la poesía de la ciudad en el Modernismo. Retomando las ideas del sociólogo alemán Georg Simmel sobre la "intensificación de la vida de los nervios", Gutiérrez Girardot analiza este problema oponiendo el espacio público de las grandes ciudades a la construcción de los interiores espirituales, las "galerías del alma" en Antonio Machado y "el afán de eternidad" en Unamuno (126). Al igual que Martí, Enrique Rodó encuentra en la incipiente expansión y espíritu utilitario de las ciudades una razón de temor ya que las urbes que guarda la "gloria de héroes y la palabra de sus tribunos" (Moreno, Rivadavia, Sarmiento), podían "terminar en Sidón, en Tiro, en Cartago" (96).

A tono con esta visión de extrañamiento, "Amor de ciudad grande" funciona como un espejo roto donde se refleja la crisis de la modernidad fragmentada ética y moralmente. En especial, en lo que se refiere al estatus de la mujer y del amor. El poeta en esta urbe parece vivir como un siervo herido o un lebrel sumiso en un coto de caza. Entre las características de la ciudad moderna que Martí condena están: el ritmo vertiginoso en que todo se sucede, lo fugaz y lo transitorio, tópico bodeleriano por excelencia; la mujer convertida en objeto de lujo, en cuadro, en copa labrada, en típica crítica ibseniana a la acumulación burguesa; la comercialización del cuerpo y el amor sin sentimientos. El énfasis que pone en los símbolos de la modernidad, en la aceleración de la vida neoyorquina en "Amor de ciudad grande" sugiere una crítica a la sociedad. La voz que corre cual luz y la velocidad de la máquina son emblemas de la rápida degradación del individuo en las "entrañas del monstruo". Pero también esta sinestesia es una celebración de la vida moderna en cuanto sugiere un continuo "iluminamiento de la mente" en todas partes. Como dice Roberto Agramonte al comentar otro fragmento de Martí, "el telégrafo, por el acortamiento de las distancias, hace que la palabra humana, palpite en los hilos numerosos de enredados telegráficos, 'produzca el mayor iluminamiento de la mente en toda la tierra'" ("Martí" 140).

En el prólogo al poema de Bonalde, el cubano había hecho referencia al auge y poder de las comunicaciones en los Estados Unidos al afirmar que "hay ahora como un desmembramiento de la mente humana" (OC, VII 226), donde "todo es expansión, florescencia, contagio, esparcimiento. El periódico desflora las ideas grandiosas" (OC, VII 227). En otras palabras, el quietismo de las épocas anteriores había dado paso a una época de transformación y "florescencia", donde el comercio y continuo trasiego de las ideas se imponían como recurso necesario y deseado. Mientras tanto, la imagen con que cierra la primera estrofa del poema "Amor de ciudad Grande" parece ser aún más llamativa que la anterior e indica la conciencia tremenda de un cambio en la velocidad de la vida: "en ligera barca / El hombre, como alado, el aire hiende". Solamente si pensamos en los barcos de vapor, la locomotora o el aeroplano (que aún no había sido inventado) podemos entender estos versos. Y si Martí arremete contra el lado morboso de la ciudad, también hace la apología del trabajador y lo moderno en otro poema del mismo libro, "Estrofa nueva", donde alaba la libertad individual y el trabajo creador del obrero en versos de profunda herencia whitmaniana. En tal sentido podría hablarse de una ciudad bifronte, donde una cara muestra los signos del *eros dominandi* y el poder envilecedor del dinero y otra, la del trabajo, el valor siempre positivo de la vida, el amor a los otros y la caridad. Sus versos truecan lo feo en hermoso, el "tizne" y la mujer "enfermiza" en poesía. Los obreros que sacan el metal de las montañas para llevarlos a las fábricas, hornos y herrerías para construir los "triton[es]" que echan humo, le parecen verdaderos héroes de Homero. Intenta con ello, como antes lo hicieron Whitman y Victor Hugo, embellecer lo que usualmente se tenía por bajo y grotesco. La poesía se carga entonces con un contenido social y una actitud laudatoria de las multitudes democráticas. Dicha actitud es difícil, sino imposible, de encontrar en el resto de los poetas modernistas, si bien Martí en su crónica sobre Whitman parace poner a los poetas por encima del resto de los mortales. Aquí, no obstante, además de celebrar a los obreros le pide en un gesto whimaniano, si lo hay, a los otros poetas: "cantemos, sí, cantemos / Aunque las hidras nuestro pecho roan" (PC, I 92). Mas adelante, como Baudelaire, hallará que los afeites y el maquillaje adicionan belleza a la mujer, que no se debía criticarlas por ello, aunque a diferencia también de él pide para las jovenes "rosas naturales". Afirma:

> Dejad por Dios, que la mujer cansada
> De amar, con leche y menjurjes
> Su piel rugosa y su beldad restaure,
> Repíntense las viejas: la doncella
> Con rosas naturales se corone:— (PC, I 93)

Ahora bien, me detengo en los casos anteriores de Nervo y Martí porque ayudan a entender de qué forma los modernistas poetizaron la tecnología y no sólo, como dice Paz, el lujo. En Darío este diálogo con la modernidad tampoco es inocente. Su tropología se alimenta de los materiales que la industria y la ciencia van creando: los rayos x, la cámara kodak, locomotoras como manadas de elefantes, y aeroplanos mitológicos, como aparecen en el poema "Canto a la Argentina" tal vez el poema de aliento más whitmaniano del nicaragüense y, según el propio Darío, el mejor pagado en la historia de la literatura latinoamericana. Un poema largo y de alabanza a las políticas sociales y migratorias de Argentina, que responde a los intereses de los grupos burgueses en el poder. Por otro lado, parece significativo que Darío recurriera a la imagen de los poetas como "pararrayos celestes" y "rompeolas de las eternidades", en "¡Torres de Dios! Poetas" (*Poesía* 333), ambos símbolos de la modernidad, para exhaltar la labor del vate en la urbe cosmopolita. Al igual que en Martí, Darío toda al poeta con fuerza superior al resto de los mortales. Además, el poeta incorpora los objetos de lujo con los que la modernidad y el continuo proceso de expansión industrial llena cada vez más el mercado hispanoamericano y las despensas del rey burgués. La poética modernista se convierte en Darío, en una especie de "máquina semiótica", técnica que produce al mismo tiempo ritmos increíbles como artefactos primorosamente elaborados (Jitrik 77). Por consiguiente, Darío parece trocar en objeto artificial y escultórico todo lo que toca. En este sentido en "Sinfonía en gris mayor" reaparece el mismo proceso de metamorfosis de la realidad natural en realidad manufacturada. "El mar como un vasto cristal azogado", / "El sol como vidrio redondo y opaco", / "Las ondas que mueven su vientre de plomo" (*Poesía* 333).

La equivalencia mar-cristal azogado, sol-vidrio redondo y opaco, no son sino perífrasis para llamar espejo al mar y lámpara al sol. La comparación entre el sol y la lámpara eléctrica no era nueva, aparecía frecuentemente en los diarios y en las discusiones sobre el maravilloso invento de Edison. Martí, incluso, menciona una lámpara que tenía ese nombre y que adornaba los grandes salones parisinos. Justamente, en "La Isla de Oro", Darío no duda en recurrir a esta comparación al describir el pequeño salón donde leía con Lady Perhaps: "Lady Perhaps, en un pequeño salón en que había hecho el día una lámpara eléctrica, me tendió un periódico" (*Isla* 251). Tanto Darío, Casal y, en ocasiones, Martí eliminan el paisaje idealizado para sustituirlo por uno artificial y otro agónico-dantesco. En el primero, lo que se opone a la naturaleza es el *interieur* suntuoso de los pequeños salones, las ante-salas, los museos ideales, los álbumes chinos y el espíritu del poeta. En Martí aparece un doble proceso: una naturaleza artificial que es progresivamente naturalizada en el poema y un proceso inverso donde lo natural se vuelve artificial, como ocurre en las representaciones de la mujer en "Amor de ciudad grande". La carne adquiere, entonces, el brillo del oro, el pelo la dureza del metal, o la delicadeza de la tela. Ella misma es una copa labrada, cuyo vino se puede tomar y luego desechar. No de otra forma aparece la mujer en Nájera. Las representaciones de la mujer con joyas y piedras preciosas aparecen lo mismo en Gustave Moreau que en Julián del Casal. Pero con esto Martí intenta ejercer una crítica de lo que cree es el gusto natural de la mujer por los objetos hermosos y ornamentales y al mismo tiempo expresa su valor de objeto en la casa del magnate. La mujer cosificada, convertida en parte del mobiliario suntuoso de la vida del burgués.

Pero ese proceso de artificialización de lo natural no es sólo una crítica o una celebración, según se tome el caso, sino que tiene también un propósito estético. En la prosa y la poesía modernista la fragmentación del objeto en sus componentes esenciales (cristales, azogue, globos, vidrio redondo) y el conjunto de imágenes asociativas que lo acompañan, le brindan al poeta la posibilidad de experimentar con el lenguaje, con el ritmo y los matices cromáticos, renunciando así a caer en un mimetismo fácil. Como en los solos de música, las partes brillan por sí solas, aumentando su capacidad expresiva. El paisaje es una pintura, una partitura musical, una orquestación de visiones y de objetos vistosos. Así, la escritura modernista funciona como un juego de tensiones, como un metalenguaje que permite la reconversión de unos códigos en otros. Reconversión, que, dicho sea de paso, ya aparece en Gertrudis Gómez de Avellaneda quien, en el soneto titulado "A las estrellas", apunta: "purísimas estrellas / De la noche feliz lámparas bellas, / Bordáis con oro su luctuoso manto"; en un poema en el que también llama al mar "azulado espejo" (*Poetisas* 39). Las semejanzas entre el poema de la Avellaneda y "Sinfonía en gris mayor" de Darío (poniendo a un lado las evidentes diferencias) emanan precisamente de esas tensiones entre lo natural y lo falso, en un mundo que va perdiendo su carácter animístico para adquirir caracteres artificiales y estéticos. Con la Avellaneda, el valor de lo natural comienza a perderse. La tecnología asume mayor importancia y el nuevo patrón de belleza no es ya la naturaleza sino el arte, los objetos hermosos y manufacturados; los avances de la ciencia y la expansión del mercado. Esto nos demuestra que el proceso de desnaturalización y experimentación que venía generándose dentro de la estética romántica hispanoamericana desde hacía años, junto con la búsqueda de un ritmo nuevo y un lenguaje cada vez más original, son características también de nuestro Modernismo.

LAS METÁFORAS DEL DESIERTO, DESTIERRO Y PEREGRINAJE EN *ISMAELILLO*

Ismaelillo (1882), el primer libro de poemas de Martí, ha sido referido por la crítica como el primer texto modernista. Pero si se ha tomado este libro como un deslinde entre una época y otra, faltan los ensayos que profundicen en su tropología y estructura. Según Max Henríquez Ureña, uno de los primeros críticos que revalorizaron su papel dentro del Modernismo, estos poemas reúnen las tendencias artísticas de fin de siglo, adelantándose por varios años a la renovación de Darío. El cambio en la sensibilidad artística se ha visto, desde entonces, de dos formas: una estilística, (Augier "Martí") y otra de esencia a expresar en la poesía (Fina *Temas*) (Rama "Dialéctica"). Dulce María Loynaz resumía la primera en cuatro aspectos: 1) el uso de la "síntesis, la concisión, [y] esencia pura;" del léxico empleado, 2) la innovación métrica, "una de las más sonadas, el verso de doce, llamado de seguidilla", al "hacer corresponder al primer verso el hemistiquio de siete y al segundo, el hemistiquio de cinco: 'A mis ojos, los antros / son nidos de ángeles', 3) la radical renovación de la imagen; 4) la introducción de palabras como alígero, humildoso, undívagos, vaporosos" (14-16). Refiriéndose al estudio de Dulce María Loynaz, Ureña afirmaba que en este ensayo se "expone con excelente criterio el aporte de Martí a ese movimiento de renovación, a contar desde *Ismaelillo*" (168).

En este primer ensayo analizaré los factores que hacen del libro de Martí, no el inicio del Modernismo sino un texto donde dialogan diversas modernidades y crean un marco discursivo donde leer una respuesta a la secularización de la vida moderna. Me interesa explorar, basándome en la tipología teológica, la estructura del libro y explicar, sobre esa base, cómo este es una respuesta al mundo devastado por los discursos de la duda, la incertidumbre del más allá, y la agonía de vivir en una sociedad de la cual el poeta se siente excluido y marginado. Indagaré la función de los tropos desierto/destierro en el libro y su relación con los planos político y familiar de Martí. Además, intentaré demostrar cómo la utilización de tales tropos implica un posicionamiento del hablante ante la vida, una metáfora de la condición humana en general y a la vez escenifican en el orden nacional, un proyecto inconcluso y prioritario: el peregrinaje del sujeto poético por el exilio hacia el *telos* de la nueva nación.

En este primer poemario de Martí, la voz lírica articula mitos como el *Génesis* y el *Éxodo*, que comparten la metáfora común del desierto/destierro. El símbolo del desierto le permite a Martí crear una analogía entre éste y su cuerpo que renace por la acción purificadora del agua y el sol. Estas imágenes se van a conjugar con la representación del hijo quien en el plano familiar-personal es otra fuente de renacimiento del poeta. En este análisis manejaré, pues, la historia del Modernismo en su concepto epocal, partiendo de una estrategia interpretativa que sitúa el texto en un esquema más generalizado e intentaré explicar su surgimiento dentro de una comunidad y una progresión histórica, genérica y estilística.

Como han señalado muchos críticos, Martí publica *Ismaelillo* en un momento crucial de su vida. Desde el punto de vista político, ya para entonces Martí, como el resto de los cubanos, había aceptado el fracaso de la "Guerra Chiquita" y su esposa, Carmen Zayas Bazán, había decidido abandonarlo y regresar con el único hijo de ambos a Cuba. En 1881 Martí viaja a Caracas donde intenta rehacer su vida y a pesar de que es allí acogido y celebrado por un grupo de intelectuales con los que funda la *Revista Venezolana*, pronto tiene que abandonar el país, dado sus desencuentros con el dictador Guzmán Blanco. El cubano regresará entonces a Nueva York donde permanecerá los próximos catorce años de su vida.

En tales circunstancias nacen estos versos, llenos de nostalgia por el hijo y en lucha constante con la desesperanza material y política. Martí es un desterrado y no es de extrañar que el título de su primer libro de poemas haga referencia también a ese destierro. Para su interpretación del poemario, la crítica ha manejado los hechos que marcaron en esos años la vida personal de Martí; la historia que cuenta la *Biblia* sobre la familia de Abrahán y el deseo del cubano de independizar a su patria del poder español.

La primera referencia a la historia bíblica en *Ismaelillo* es el título. Según Northrop Frye, con el movimiento romántico "there comes a large-scale renewal of sympathy for these rejected but at least quasi-tragic Biblical figures, who may be sent into exile and yet are in another context the rightful heirs. Cain, Ishmael, Esau, Saul" [llega en gran escala la renovación de la simpatía por esas figuras bíblicas rechazadas pero al menos casi trágicas, los cuales pueden ser mandados al exilio y, sin embargo, son, en otro contexto, los verdaderos herederos] (*The Great Code* 182). En las "genealogías" de la *Biblia* Ismael es el hijo de Abrahán el patriarca del pueblo judío. Su historia se refiere en el *Génesis* poco después de la historia de la Torre de Babel. Cuenta la *Biblia* que Dios determina salvar a la humanidad escogiendo una familia en particular para que fueran los agentes de su revelación. Dios escoge a Abrahán, en la tierra distante de Mesopotamia y le encomienda que vaya a una nueva tierra, en la cual el patriarca no conocía a nadie. Luego de llegar a Canaán, Abrahán comienza a preocuparse porque no tenía ningún descendiente que heredara sus propiedades y Sara, su esposa, era muy vieja para dar a luz. De modo que ambos hicieron un trato por el cual Abrahán toma a la sirvienta de Sara, Agar, como su segunda esposa y es ella quien le da un hijo a quien llaman Ismael. Pero Sara, cuenta la *Biblia*, seguía infeliz y Dios le concede la oportunidad de tener un hijo; luego de lo cual, Sara logra que Agar y su hijo Ismael sean expulsados al desierto, al hambre y la sed, de donde los rescata el ángel. Así se cumple la profecía del *Génesis*: "y llamarás su nombre Ismael porque Jehová ha oído tu aflicción y él será hombre fiero" (16:11-12).

Esta historia contada a grandes rasgos es la que parece servir de trasfondo a la trama y los personajes que aparecen en el libro y son necesarias como alusiones que revelan el contexto sobre la cual luego se van a construir las diversas interpretaciones alegóricas del poemario. Pero ¿por qué escogería Martí estos personajes para recrearlos en su libro? ¿Por qué esta insistencia en la religión y la *Biblia*?

Antes que todo, Martí encontraba los textos del *Génesis* poéticos. Para él lo religioso y las culturas antiguas tenían algo de poesía. En el plano personal tanto el profeta de la *Biblia* como el vate romántico participaban de estados similares y buscaban una reacción parecida del público. Según el juicio positivista de finales de siglo, la religión está en el origen de la formación del conocimiento y del concepto de alma. Por lo cual los textos poéticos servirán como un conducto para llegar a la esencia del hombre y su origen. Martí resalta ambas cosas cuando dice: "la religión, falsa siempre como dogma a la luz de un alto juicio, es eternamente verdadera como poesía" y sigue afirmando "¿qué son en suma los dogmas religiosos, sino la infancia de las verdades naturales?" (OC, XI 140). Esta concepción de la religión como cuna del conocimiento y formas de comportarse el ser humano, se repetirá en otras crónicas y estará indisolublemente ligada a su visión del niño y de las sociedades primitivas. Valga decir ahora, que su apropiación del *Génesis* le permite establecer "verdades" y leer en ellas su propia vida. Una de las metáforas centrales de este relato que reaparece en el libro de Martí es la del desierto. Dos años antes de escribir el poemario, Martí ya la utilizaba para hablar de la forma en que el poeta moderno vive "desterrado" de sí mismo por los discursos desacralizadores que invadieron el mundo occidental a finales del siglo XIX. Dice Martí en su crónica "Poetas españoles contemporáneos":

La poesía del destierro, destierro de la patria, de la patria del alma, contadas en la tierra natal. Es la poesía de Musset, de Augusto Barbier, de Baudelaire, almas nacidas para creer, que lloran la pérdida de su fe. Amando la pompa, estos poetas despreciaban la grandeza ilegítima. Mostrábanse inconsolables por verse obligados a vivir sin tener esplendor real que amar, eran reyes sin reinos, dioses desterrados. (OC, XV 26)

En su primer poemario, Martí volverá sobre estos dioses "desterrados" de la modernidad y su estrategia discursiva va a perfilarse como la afirmación de la fe en un panorama devastado por los discursos de la duda. Para ello, recurrirá a la filosofía de Pitágoras, Plotino y de Emerson. La crítica ha destacado la enorme importancia de este último filósofo en su obra (Fountain 27-46). El cubano se apoyará en él y en su visión analógica del mundo—episteme propia del Renacimiento como dice Foucault—y utilizará los símbolos de la *Biblia* y los de Emerson para revelarle a los hombres una verdad trascendente. Del cristianismo tomará—como decía Paz de Darío—, sus rastros en una época secularizada: el temor, la culpa, y adicionará a ellos las creencias orientales.

Además de Emerson, Plotino, el filósofo neoplatónico griego, que unió las doctrinas antiguas y cristianas, va a ser, fundamental. Según Plotino, la creación aparecía como un movimiento doble, de "procesión" que partía del Uno-Todo al que se oponía luego un proceso contrario de "epístrofe", a través del cual todos los seres vivos regresaban a la fuente. Según apunta Meyers Abrams, quien ha descrito la forma en que las ideas de Plotino y los neoplatónicos alcanzan a la generación romántica, esta idea ejerció gran influencia en los teólogos cristianos, quienes la hicieron coincidir con los credos tomados de las revelaciones bíblicas (*Natural* 169). Emerson y Martí parecen articular una concepción similar del universo. Como diría el cubano en su ensayo sobre Emerson, éste veía "todo lo vivo surgiendo de un seno y yendo al seno" (OC, XIII 23). Y más tarde, en el prólogo al poema de Bonalde, describe como: "el oleaje simultáneo de todo lo vivo, que va a parar, empujado por lo que no se ve, encabritándose, revolviéndose, allá en lo que no se sabe" (OC, VII 231). De esta forma, la idea de Plotino sobre la emanación sirve de base a lo que Meyers Abrams llama "the persistent Christian metaphor of life as the exile's pilgrimage toward the home and bride he has faithlessly abandoned" [la persistente metáfora cristiana de la vida como el peregrinaje por el exilio hacia el hogar o la novia que él ha sin fe abandonado] (*Natural* 169). Su esencia se fundamenta en una reelaboración del paradigma neoplatónico de la unión primordial, su posterior desintegración (la caída en el mundo) y su reencuentro final. En ese lapso de desunión el ser está expuesto a la maldad y el sufrimiento (Abrams *Natural* 169). Esta imagen de la errancia se repite con insistencia en la literatura española y cristiana, y en especial a finales de siglo en la historia tan popular del "judío errante". Finalmente, reaparece en la crónica de Martí sobre Longfellow, cuando afirma: "los vivos son como peregrinos meritorios, que van con las banderas desplegadas, los pies ensangrentados y la alzada en las manos, comiendo del trigo que siembran" (OC, XIII 227). En este fragmento, además de la idea del peregrinaje, Martí deja entrever un dicto clave de su filosofía: la virtud individual que en un futuro hace "ameritar" al sujeto lo que éste obtiene.

Las imágenes del peregrinaje por el desierto/destierro aparecen repetidas veces en *Ismaelillo* y dramatizan la intensa lucha del poeta con la desesperanza, tanto familiar, espiritual como política, de ese momento. Los paisajes y figuras orientales u orientalistas (Santí 168-69), que adornan algunos poemas del libro como "Mi caballero", "Musa traviesa", o "Hijo del alma" contribuyen a crear esta atmósfera. Consecuentemente, las referencias visuales al desierto se corresponden con las imágenes de lejanía, erosión, esterilidad, violencia y sexualidad que regresan una y otra vez en el libro: "arenas del desierto" (PC, I 21), "sedientas / Cálidas cauces" (PC, I 25), "tierras muertas" (PC, I 29), "hondo campo" (PC, I 45) "valle muy negro" (PC, I 45), "valle pálido" (PC, I 47). En el poema "Tábanos fieros" habla de "desiertos / Y calcinados valles" (PC, I, 40), por donde anda la "envidia", "Royéndose las mondas / Escuálidas falanges" (PC, I 40), en una referencia que recuerda las imágenes de canibalismo en Dante. En el poema "Sobre mi hombro", vuelve a decir: "Cuando en medio del recio / Camino lóbrego" (PC, I 37). No de una forma distinta Dante comienza su famoso poema: "Nel mezzo del cammin di nostra vita" (1), o escribe más adelante: "Nel dritto mezzo del campo maligno" (197). ¿Qué significado encierran estas descripciones del paisaje calcinado y del viaje en el poemario? Tienen un significado alegórico. Manifiestan la búsqueda de una tierra *otra*, de una ciudad *otra* a donde se dirige el poeta. El mismo patrón reaparece en las novelas de caballería de la Edad Media. Estas también se estructuran en la forma de un viaje de búsqueda, donde se juzga al héroe a través de un combate o por la prueba de la tentación moral. En *Ismaelillo* tanto los dibujos del paisaje como sus versos estarán ligados de una manera intertextual con el objetivo de demostrarle al lector las pericias y ansiedades de sus héroes: él y su hijo.

Un viaje de búsqueda similar aparece en la *Divina Comedia* del Dante. En el prólogo al "Poema del Niágara", Martí hacía una comparación entre el poeta moderno y Dante, refiriéndose a los primeros como "los hombres dantescos de ahora" (OC, VII 229). Y decía: "Hoy Dante vive en sí y de sí. Ugolino roía a su hijo; más él a sí propio; no hay ahora mendrugo más dentado que un alma de poeta: si se ven con los ojos del alma, sus puños mondados y los huecos de sus alas arrancadas manan sangre" (OC, VII 229). Según Martí, la crisis que operaba la modernidad hacía que el poeta tuviera que replegarse sobre sí mismo. El Dante moderno estaba obligado a vagar dentro de su propio infierno interior que era, a su vez, reflejo de esa época turbulenta en que le había tocado vivir. En el poema "No música tenaz" de *Versos Libres*, Martí apunta: "Venid a ver, venid a ver por dentro! / Pero tomad a Virgilio que os guíe" (PC, I 169). Y en una nota al pie del manuscrito de "Canto Religioso" sigue diciendo: "I was thinking of Emerson— / Outward things are but the / coloring of the man. I am my / heaven and my hell" (PC, I 179) [Estaba pensando en Emerson— / las cosas exteriores no son sino / la coloración del hombre. Soy mi / cielo y mi infierno]. Esa visión del interior como infierno (el alma y sus tentaciones), del ser en sus profundidades y correspondencias con el mundo físico, va a regresar una y otra vez en sus poemas ligado al tópico de la subjetividad y el escudriñar de sí mismo de la estética romántica. Como sugiere Charles Taylor en *Sources of the Self*, lo que constituye al Yo como un agente moderno es el sentido del interior, una "topografía moral" (111). De ahí que los textos martianos escenifiquen un dilema plenamente moderno, el del hombre atormentado en su ser por los retos y contradicciones de la nueva época.

Si Martí retoma la herencia humanística y la imaginería católica que alimentan los versos de Dante y hace repetidas alusiones a su poética es en gran medida por lo que tienen en común de asfixiante estos desajustes internos y los círculos que describe el poeta toscano en su libro. Pero si en la *Commedia* el orden es teológico, con estadios bien delimitados y condicionado por la noción cristiana del pecado, en el *Ismaelillo*, ese orden es secular, dolido por el "actual espíritu moderno", y condicionado principalmente por los males que azotan al poeta contemporáneo: la duda, la tentación, la envidia y la maldad. Como en Dante, San Agustín, o Rousseau, Martí va a ahondar en las confesiones íntimas, en la odisea del alma, sus angustias, esperanzas y nervios, lo cual también hace Julián del Casal en el apartado "marfiles viejos" de *Nieve*. No obstante, Martí no fue un creyente en el sentido tradicional de la palabra. Su afirmación de la fe, tan marcada en el prólogo del libro, habría que verla como una reacción ante los discursos del descreimiento y la condición de "ruindad" de la modernidad. En su prólogo al libro, escribe: "Hijo: Espantado de todo, me refugio en ti. Tengo fe en el mejoramiento humano, en la vida futura, en la utilidad de la virtud y en ti" (PC, I 17). Es de resaltar por ello que en esta confesión Martí pone su fe en los valores seculares: el ser humano, la virtud, la vida futura y el hijo. La escritura se vuelve un "refugio". El padre se protege de los desajustes de la vida moderna en su regazo. Una confesión que es una apuesta por la esperanza y su mejoramiento. Y aún así, la escritura será el lugar donde se hará visible la angustia y la necesidad de sobrepasarla. La condición del poeta será la de un exiliado de todo y sus poemas van a dramatizar ese momento. La tierra baldía descrita aquí no habla tanto de un mundo exterior físicamente presente, como de una geografía interior, un "paisaje espiritual" como dijera Casal (201) donde el poeta se reconoce y encuentra correspondencias. El poeta es prisionero de su propio infierno. De ahí que *Ismaelillo* sea un libro de polaridades irreconciliables: un canto al hijo y un grito desgarrado del poeta en la soledad. De este modo, la imagen del desierto en el poemario se vincularía al trayecto solitario/viaje/peregrinación, "errante", que el hombre, héroe poético, debe seguir en la tierra. En "Musa traviesa" Martí se pregunta:

> Pues ¿no saben los hombres?
> Qué encargo traen?
> ¡Rasgarse el bravo pecho,
> Vaciar su sangre,
> Y andar, andar heridos
> Muy largo valle,
> Roto el cuerpo en harapos,
> Los pies en carne,
> Hasta dar sonriendo
> —¡No en tierra! —exánimes! (PC, I 24)

Aquí comienza el viaje descrito en los otros poemas "andar, andar heridos / muy largo valle". La aridez del "valle" le deja los "pies en carne". El "encargo" que los hombres traen a la tierra sigue el patrón cristiano de expurgación y redención. Como Empédocles o Prometeo, el héroe poético (Ismael) marcha hacia el encuentro con el Uno-Todo, que puede estar lo mismo en el cosmos (espacio exterior) como en el microcosmos (el espacio interior) humano. El viaje abre y cierra un ciclo. El hombre es en la tierra un "peregrino meritorio" que debe cumplir con su "encargo" para encontrar en la vida futura la "luz madre".

El viaje a través del desierto/destierro representa una auténtica purificación y un ascenso. El hombre debe andar por un "largo valle" donde encontrará innumerables peligros y dificultades pero estará guiado por su fe interna y su destino. El período que dura la prueba ocurre en el desierto, como es común en la tradición judeocristiana. Sobre su vida pesa el propósito de ese final, de ahí el profundo carácter escatológico del poemario.

Por esa época, y según los apuntes que quedaron en su cuaderno íntimo, Martí reflexiona sobre la filosofía egipcia y el significado de la vida. Aparece en ese cuaderno una nota referente a un cuadro del paisajista francés Poussin, que habla de nuevo sobre el significado del viaje. Apunta: "Castrum doloris— (el campo de la pena) célebre paisaje de Joussin [sic]" (PC, XXI, 207). Poussin, en efecto, dibujó numerosos cuadros con motivos bíblicos y en este, un grupo de jóvenes mira una tumba, donde se lee la inscripción: "yo también fui a Arcadia". Esto vendría a recordarles a los jóvenes allí de paso que quién había muerto fue también alguna vez joven y feliz.

Tanto en los cuadros de Poussin como Gustave Moreau—quien admiró su maestría—la pintura está motivada por una narración de carácter simbólico y trascendental que hace posible establecer semejanzas entre las descripciones poéticas de *Ismaelillo* y los cuadros de estos dos pintores. Martí entra en contacto con la pintura de Moreau estando en Nueva York, mientras ejercía el puesto de crítico de arte en revistas norteamericanas. En el poemario de Martí si el paisaje se convierte en un estado del alma, el alma deviene un paisaje cultural, un cuadro, un símbolo de lo que es el poeta.

En otro de los poemas de *Ismaelillo*: "Sobre mi hombro" reaparece la imagen del camino y esta vez, la visión del padre y del hijo, está basada en dos referencias simultáneas: el relato del santo mártir, San Cristóbal y el camino que describe Dante en el *Infierno*. Afirma la voz lírica: "Cuando en medio del recio / Camino lóbrego / Sonrío y desmayado / del raro gozo / La mano tiendo en busca / de amigo apoyo,—" (PC, I 37). Como notamos antes, este pareciera ser un uso intertextual de los versos del poeta italiano, quien comienza su largo poema de una forma parecida. La idea del camino está asociada en Dante al cambio, a su travesía por el infierno acompañado de Virgilio, donde el poeta ve los condenados por los pecados. Su reflexión ocurre en la "mitad de su vida", es decir, en su medianía de edad, en el momento en que el poeta toscano reconoce que debe cambiar su modo de vida y alejarse de un pasado signado por el pecado. La única opción válida que encuentra entonces es refugiarse en la fe católica, en la espiritualidad y el ascetismo. Como afirma Abrams, esta metáfora "une la autobiografía espiritual y la alegoría" ya que para Dante dicho camino de bajada al infierno y luego subida al paraíso ejemplificaba la idea del ser redimido (*Natural* 168). En Martí el "recio camino lóbrego" está asociado al cambio, al fin y a la metáfora del peregrinaje-búsqueda. El nacimiento del hijo, a quien está dedicado el poemario, debió implicar de por sí un cambio enorme en su vida personal. En "musa traviesa", el poeta evoca su visión para pedirle que "venga, y por cauce nuevo / Mi vida lance" (PC, I 27). Lo cual es consecuente con las ideas de lucha y renovación en el poemario. En "sobre mi hombro" el hijo reaparece otra vez para darle nuevos ánimos para seguir la marcha: [cuando] "La mano tiendo en busca / De amigo apoyo,—/ Es que un beso invisible / Me da el hermoso / Niño que va sentado / Sobre mi hombro" (PC, I 37). Como Dante, Martí fue la mayor parte de su vida un exiliado y en su artículo sobre el presidio en Cuba describe con imágenes dantescas las escenas que allí ocurren. En este poema la voz lírica concluye con los versos que comenzó, creando así la idea de círculo lo cual es un caso de iteración binaria que refuerza el valor metafórico del viaje. Otro caso de iteración binaria es la referencia al hijo "sentado" que aparece al inicio y al final del poema. De modo que tanto la estructura como las descripciones de la tierra aspiran a ser ese campo desierto, traspasado de angustia y dolor y, en términos generales, representan la tierra después de la caída (mundana), la imagen de la infertilidad y la muerte. Ahora bien, en el caso de Martí, ese infierno interior es capaz de ser redimido por la acción purificadora y regeneradora del hijo que está asociado al poder genesiaco del agua y del sol, ambos símbolos propios también de la imaginación bíblica y del desierto en general.

El agua es un agente restaurador y benéfico en todo el poemario. Contiene los principios del bien y la pureza, y al igual que el desierto, ésta es un símbolo muy importante en la *Biblia*. Un ejemplo de ello es la historia del *Génesis*, donde las aguas preceden a toda creación; o la historia de Noé, en la que el diluvio universal destruye el resto de la creación para purificar el mundo. En el *Evangelio* de San Lucas, San Juan Bautista bautiza con el agua para borrar el pecado y allí también, las aguas sirven como un símbolo de purificación y renovación. Este simbolismo no es único de la *Biblia* pero, como dice Mircea Eliade, no importa en qué marco religioso aparezca, su función es similar: "it disintegrates, abolishes forms, 'washes away sins'—at once purifying and giving new life. Its work is to precede creation and take it again to itself" [desintegra y suprime las formas, "limpia el pecado"—a un mismo tiempo purificando y dando nueva vida] (212).

El uso que hace Martí de este símbolo corresponde a esta tradición. El agua es usada repetidas veces en todo el poemario como emblema de las fuentes divinas que dan nueva vida al cuerpo, "las muertas carnes" (PC, I 22) y a la tierra estéril y seca, como ocurre, por ejemplo, en "Valle lozano", donde el poeta le pregunta al hijo:

> Dígame de qué ríos
> Regó este prado,
> Que era un valle muy negro
> Y ora es lozano? (PC, I 45)

El valle "negro" se convierte en fértil y ameno por la acción purificadora de las aguas y el hijo. Su acción regenerativa en la vida del poeta se diferencia de la de otros que "con dagas grandes / Mi pecho araron" (PC, I 45). Con esto, el poeta establece una unidad espiritual entre él y la tierra árida que renace. El hijo "riega" tanto ella como al padre devolviéndole la vida y propiciando su purificación. Esto deben entenderse desde el punto de vista poético como la posibilidad que tiene el hijo de darle vida a la "tierra-desierto-padre" para que a su vez este pueda crear la poesía y en general, realizarse en la vida. Por esa fecha, Martí escribirá en un cuaderno de apuntes: "Eres para mí como esas aguas de cuya salud se nutre el bálsamo (que hace crecer el bálsamo) tradición del Jordán: botánica semítica" (OC, XXI 208). El hijo es una especie de Dios (dador de la vida) en la fantasía del padre, como el "Egipto pueblo agricultor, que vive de la labor del agua y de los bueyes, hace Dios al Nilo y al toro (Apis)" (OC, XXI 206). Este apunte que aparece en uno de sus cuadernos íntimos de la época está posiblemente basado en el libro de George Ebers: "El Egipto en imagen y palabra" que fue publicado en inglés años antes. Demuestra además el interés que tenía el cubano por esa fecha en los nuevos descubrimientos arqueológicos del Oriente y en especial en las culturas de Egipto y de la India. Mientras tanto en "Tábanos fieros", el poeta vuelve a reiterar el topos del agua como elemento divino y regenerador:

> ¡Véngase mi desnudo
> Guerrero de alas de ave,
> Y echemos por la vía
> Que va a ese arroyo amable,
> Y con sus aguas frescas
> Bañe mi hilo de sangre! (PC, I 42)

El agua, de "ese arroyo amable" es en este caso capaz de cicatrizar las heridas del poeta, de "restañarlas" (PC, I 41), disponiéndolo nuevamente para la pelea. Asimismo, él y el niño deben echar juntos por esa "vía", que es igualmente "valle" (PC, I 47), "senda" (PC, I 20) "camino" (PC, I 37), "campo" (PC, I 45), en otros poemas. Es por eso que deben entenderse ambas figuras: la del hijo y el agua como una especie de modelos salvíficos en el poemario. Si el agua restaña sus heridas, el hijo armado como "caballero" (PC, I 19), "guerrero" (PC, I 42), "ángel" (PC, I 24), le defenderá igualmente como un "escudo" (PC, I 41) y lo salvará de la muerte. En estos poemas, las figuras del padre y el hijo se articulan siguiendo pues el patrón de los mitos ancestrales de fertilidad. *Ismaelillo* / hijo es el "príncipe" que mata al dragón (representados por "chacales", "tábanos fieros" y el desierto en el poemario) y restituye el reino a su antiguo esplendor. En los términos de Northrop Frye, representa la victoria de la vida sobre la muerte, del día sobre la noche y el retorno de la fertilidad y la pureza (*Anatomy* 136-37).

Sugiero que estas imágenes de restauración y sobre-vida solo se explican si tenemos en cuenta la angustia del poeta; el mundo caído donde se mueve y su deseo de sobrepasarlo con la ayuda del pequeño. En su análisis del libro, Enrico Mario Santí resalta el hecho de que lo que parecía determinar las supresiones de poemas que quedaron en los cuadernos de apuntes, era de forma general "la eliminación del tono amargo y resentido" (833). Sin embargo, Jorge Mañach había reparado en que era la "nota melancólica" la que dominaba (37). Lógicamente, el hecho de que Martí evitara en lo posible quejarse no quiere decir que no lo hiciera. Lo que sucede es que sus "plañidos" toman la forma poética de una angustia total, de una incapacidad de vivir en un mundo hostil que él representa con la imagen bíblica y a la vez dantesca del "desierto", el *peregrinatio* del hombre en la tierra, la infertilidad y la impotencia. Por tal motivo, Martí va a identificar al hijo con la imagen genesíaca del agua y del sol, que restituyen y dan vida a su cuerpo. El hijo hace posible un re-nacimiento del padre. Su risa "bulle triunfante", (PC, I 28) por eso exclama: "Hijo soy de mi hijo! / Él me rehace!" (PC, I 28). Como ocurre en las genealogías de la *Biblia*, el hombre revive en sus hijos o muere. Sobrevivir es prolongar a todo el pueblo consigo: sus virtudes, sus creencias, y su lirismo. El hijo representará la promesa del padre, la cristalización de un destino heroico.

Este dato es importante para descifrar la personalidad del sujeto poético en el sistema de alegorías que sugiere el poemario. Con excepción de Mary Cruz, la crítica ha identificado el nombre de Ismael con el hijo y no con el poeta. Quienes apoyan esta idea se basan en el diminutivo del nombre de Ismael en el título del libro y el propio personaje bíblico quien era también un niño. No obstante, en el poemario, el hijo desempeña un papel salvífico más parecido al del "ángel" que cumple la profecía de Dios, que al del bíblico Ismael. Quien vaga por el desierto angustiado y casi exhausto no es el hijo sino el padre; quien clama en la soledad es él y no el pequeño. En tal sentido, habría que hacer coincidir la etimología del nombre de Ismael con la representación del padre: "y llamarás su nombre Ismael porque Jehová ha oído tu aflicción" (*Génesis* 16:11-12) y dejar el diminutivo para el niño: *Ismaelillo* (hijo de Ismael). Porque Ismaelillo no siente ninguna aflicción; el verdadero drama es el de Martí. Drama político que le obliga a tener que vivir fuera de su patria; drama espiritual, el de ser un desterrado en un mundo invadido por los discursos desacralizadores y drama familiar, por la imposibilidad de vivir con su mujer y su hijo en libertad. El hijo es, en este caso, su recompensa, su único "refugio" (PC, I 17), su única salvación, su "ángel" (PC, I 24).

La poesía funcionaría entonces como el lugar de asilo del poeta en el mundo. Paradójicamente, ésta reproduciría también el infierno, los lugares donde el ser queda expuesto al pecado y la desaparición (el sexo, la envidia, el dinero). El poeta tiene la posibilidad de trascender así el mundo caído al reactuarlo a través de la lucha junto al pequeño. Tal es el proceso por el cual la tierra recupera su fertilidad y el cuerpo su potencia. El mundo dantesco se materializa con visos diabólicos en "Tábanos fieros" y en el típico salón burgués de "Tórtola blanca" (PC, I 43), donde las ricas "alfombras", "la rubia champaña", "divanes" y "otomanas" anuncian la opulencia de los poemas de Rubén Darío y Gutierrez Nájera. De forma alegórica estos poemas describirán el ambiente de decadencia de fin de siglo, la crisis de los códigos morales, cuya crítica demoledora hace en "Amor de ciudad Grande".

Mary Cruz, basándose en una dedicatoria que escribió Martí a su hermana Leonor en uno de los ejemplares, dedujo que "Martí era Ismael. Lo expresó en la dedicatoria a la hermana que había sido como madre para él" (33-34). La dedicatoria dice: "A Chata, la buena madre de Ismael, Pepe". Nuestro análisis tipológico del libro parece apoyar esta hipótesis.

En oposición, el carácter heroico del hijo se manifiesta de muchas maneras en estos poemas siempre como un reflejo del padre, ya que el poeta ve al hijo un *alter ego*, física y moralmente de él; lo ve realizando las acciones que él desearía hacer; y lo ve salvándolo de las situaciones difíciles en las que cae. El hijo lo libera del Eros mentiroso y momentáneo en "Brazos fragantes" (PC, I 22), del poder del dinero y la envidia, personificadas en espantosos gigantes y chacales en "Tábanos fieros" (PC, I 38) y lo salva de la opulencia, la fiesta, y el sexo en "Tórtola blanca" (PC, I 43). Rescate físico y moral que se da siempre de un modo similar y con el que Martí termina algo mecánicamente estos poemas. En "brazos fragantes", el poeta dice:

"Brazos fragantes":
Y yo doy los dos redondos
Brazos fragantes
Por dos brazos menudos
Que halarme saben. (PC, I 22)

En "Tábanos fieros" es lo mismo:

Ya vuelan ya se esconden
Tábanos y chacales!—
Él como abeja zumba
Él rompe y mueve el aire (PC, I 39)

E igual en "Tórtolo blanca":

Que el balcón azotan
Dos alitas blancas
Que llenas de miedo
Temblando me llaman. (PC, I 44)

Algo muy similar también ocurre en "Canto de otoño", poema contemporáneo de *Ismaelillo*, donde un momento antes de abandonarse a la muerte, el hablante poético conjura la figura del hijo para que "de los brazos de la muerte oscura / Y de su manto funeral me libren!" (PC, I 72). En todos los casos el poeta describe el mismo escenario. Frente al peligro, la angustia y el dolor (imágenes especulares de la muerte), aparece el niño. Así, estos poemas representan cierta gravitación casi fatal del hablante poético hacia la aniquilación o los lugares donde el ser corre el riesgo de diluirse, de perder su individualidad y de cuyo trance sólo lo salva su inmensa voluntad y el amor al pequeño.

En "Canto de Otoño" su acercamiento a la muerte rompe con la imagen tradicional heredada de la literatura española y en su lugar el poeta imagina a esta como una hermosa mujer, muy similar a la aparición pintada por Moreau en "el joven y la muerte". De hecho el escenario del poema y los actores que aparecen en ambos son los mismos: la muerte, el poeta, el niño ángel y un ambiente bucólico y necrofílico. En ellas la muerte espera al joven que acaba de llegar de otro sitio, justo en el umbral de la casa. En el cuadro de Moreau, el joven baja los escalones de mármol de un palacio y esta se la acerca sigilosa por detrás. El joven lleva en la mano un ramo de flores representativa de ella. En el poema de Martí el poeta está parado también sobre unas "hojas amarillas" dispersas por el suelo y lleva "en la mano fatal la flor del sueño" y se le acerca la muerte-mujer sin que lo note: Dice: "Bien: ya lo sé!:— la muerte está sentada / A mis umbrales: cautelosa viene" (PC, I 72). ¿Por qué la crítica ha ignorado las similitudes entre ambas escenas si las dos marcan una ruptura con la forma tradicional en que se percibía la muerte en su época?

En ambos la escena está llena de simbolismo oscuro. Las hojas en el poema de Martí coinciden con el ciclo natural de la muerte del año y el hombre es una especie de héroe "frágil" como ocurre muy frecuentemente en los cuadros del francés. En un inicio Moreau pensó dibujar a un hombre en lugar de una mujer para representar la muerte. No obstante, luego cambió de idea y terminó siendo esta figura de una de incuestionable belleza. En el poema de Martí este dice: "Mujer más bella / No hay que la muerte!" (PC, I 70). Esto hace que la voz lírica se muestre ambivalente entre acompañarla o quedarse con el hijo. Dice que desearía irse con ella, pero enseguida piensa en aquel "a quien mi amor culpable trajo a vivir" y se arrepiente, ya que según afirma, el padre no debe abandonar al hijo hasta que "a la ardua lucha / Rico de todas armas lance al hijo" (PC, I 72).

Además de los rasgos que ambas obras comparten, en el cuadro de Moreau hay otros elementos simbólicos que ayudan a crear tal atmósfera. La muerte lleva una espada bíblica en una mano y un reloj de arena en la otra. A la derecha del cuadro aparece un ave que simboliza el alma del joven que ha partido. En su crónica, originalmente publicada en inglés, en un periódico de Nueva York, Martí menciona algunos cuadros de Moreau y entre ellos éste. Muy informado de la persona representada en el óleo asegura que: "when his friend Chassériau died, in the height of youth and strength, he paints, in somber lines, 'Death and the Young Man.' If the thirst of beauty parches his eager lips and the love of the ideal disturbs his dreams, he paints Galatea" (OC, XIX 261) [Cuando su amigo Chassériau muere en la cúspide de su juventud y fuerza, él pinta, con un colorido triste, "El joven y la muerte". Si la sed de belleza besa sus ardientes labios y el amor del ideal lo estremece, pinta a Galatea] (OC, XIX 256). Y en efecto, el joven del cuadro, Chassériau, había sido un gran amigo del francés y este decidió pintar esta alegoría para recordarlo.

De nuevo, el tema de la muerte, su atractivo, la posibilidad del suicidio, aparece en este y otros textos. En *Ismaelillo* al igual que en "Canto de Otoño" el hijo salvará al padre y lo hará "re-nacer", lo cual indica que ya para entonces, el padre se veía como muerto o tratando de decidir si valía la pena seguir viviendo. Su desempeño en los poemas, especialmente en "tábanos fieros" y "tórtola blanca" no sólo muestra este aspecto salvífico del pequeño, sino que deja claro también que la única opción ética posible para el padre, e indirectamente para los lectores, era la renuncia de todo lo degradado, el sexo, y lo material, así como renunciar al suicidio para escapar de su angustia.

Esto explica como la acción del hijo, independiente de la voluntad del padre, da un giro diferente a cada escena que se desarrolla en el poemario. Su elección cambia el rumbo de los acontecimientos y produce un final feliz. Es, para utilizar una frase del teatro, una especie de *deus ex machina*. En el teatro barroco este era un recurso muy popular: un ser sobrenatural bajaba al escenario por medio de una máquina y con su aparición se resolvía una situación trágica de forma inesperada.

Debo aclarar además que este patrón de desasosiego y salvación no aparece únicamente en los poemas sino que forma parte también del mismo proceso de concebirlos. Según Martí, este comenzó escribiendo el poemario "a la luz de la esperanza" pero después de un tiempo esta se extinguió "temporalmente". Entonces los poemas "salían de mis labios en versos graves" y gracias sólo a que volvió a "renacer" dicha esperanza, pudo terminar la obra de la forma que quería y la había comenzado, como "purísimas expansiones de mi amor" en lugar de ser "poesía cerebral" (OC, XX 213-14). Ha de suponerse que la inestabilidad emocional de Martí en esta época se transparente en estos vaivenes de la inspiración. Pero sobre todo, lo que prima en este comentario es la importancia que el poeta le da al acto de escribir y celebrar al infante espontáneamente en contraposición a escribir un libro de versos "cerebrales". La inspiración y el hecho de ser absolutamente fiel a su hijo— imitando su mundo desprejuiciado y alegre—, es lo que le haría renunciar en última instancia a ese otro tipo de poesía. A su vez, su aparición a través de la ventana o por el aire en los momentos más intensos de la trama guardaría relación con los momentos de epifanía, en que el hablante poético descubre la bajeza del mundo real en contraste con el mundo espiritual y hermoso que él representa. El niño-ángel tendría la capacidad entonces de mostrarle el ideal y el camino de salvación. De hecho, en uno de sus cuadernos de apuntes, al relatar las formas en que el hijo se le aparece al escribir los poemas, éste lo compara con un "mago":

> esa sencilla criatura, a quien yo hago, con la potencia de mi amor, rey mío, mago mío, caballero mío, —ha pasado realmente ante mis ojos, alado, relampagueante, bullicioso, como yo lo pinto. —Si he visto a un niño bello, cubierto apenas por ligerísima camisa, sentado en alto poyo, batiendo al aire sus

dos pies rosados—me he dicho: así, como ese niño a los que de abajo le ven, se asoma él a mi alma—y he escrito "Mago". (OC, XXI 221)

Dos cosas hay que resaltar en esta evocación del acto poético. Primero la fuerza o "potencia" generativa que se atribuye el hablante para crear el mundo sobrenatural del poemario "con la potencia de mi amor". Lo otro es la ausencia de la palabra "mago" en el libro. Ni siquiera en los borradores aparece como una variante rechazada. Y aún así, los momentos de aparición, en que se "asoma él" al alma del poeta, también desde una posición de altura, sí abundan en el libro. La forma y los objetos en que se concentra la visión lírica son casi siempre los mismos. El hijo, o bien extiende los brazos hacia él o lo llama "batiendo" las alas contra la ventana. Los momentos en que aparece son de urgencia o de crisis espiritual y siempre contrastan con la situación. En "tórtola blanca" el poeta ante la escena erótica del baile agitado, donde se retuercen las "fieras humanas", las "alitas" del hijo vienen "llenas de miedo / Temblando" (PC, I 44). Ante el asalto de los espíritus demoníacos en "Tábanos fieros", el hijo aparece como una "abeja" que "rompe y mueve el aire" (PC, I 39). Igual ocurre en "Brazos fragantes". En oposición a los "brazos robustos / redondos" de la mujer, el hijo tiene unos "brazos menudos" y "pequeños". Esta antítesis refuerza la oposición entre bien/mal, pureza/impureza, demonización/salvación en el poemario. Contribuye a crear una escena donde se disputan los dualismos tradicionales y donde el padre es una y otra vez requerido a pasar al lado del bien que presumiblemente representa el niño.

De modo que el hijo, a través de estas metáforas e intervenciones, se erige como su salvador. Esto contrasta con el destino que según la *Biblia* Dios había deparado para Ismael, quien es el rescatado. En el poemario Ismaelillo no es quien sufre; sufrirá si como el padre debe atravesar por momentos difíciles, pero por lo general él es el niño-ángel que debe aprender a sufrir para enfrentar el destino. A la posibilidad de que pueda pasar por estos momentos difíciles, parece referirse Martí en los siguientes apuntes: "Porque es necesario que ese hijo mío, sobre las cosas de la tierra y a la par de las del cielo y ¡sobre las del cielo!, amado; —ese hijo mío a quien no hemos de llamar José sino Ismael—no sufra lo que yo he sufrido" (OC, XXI 216). De nuevo, cuando Martí se refiere al hijo, el verbo sufrir aparece como una posibilidad en el futuro, mientras que en su caso se conjuga en el pasado reciente. De igual forma el motivo se repite en una carta a su amigo mexicano Manuel Mercado, donde Martí le explica que lo más importante en su educación es aprender a sufrir, "aunque se muera de esto" (OC, XX 61).

Volviendo ahora a las imágenes bíblico-dantescas del desierto y el agua-sol en el poemario, entendidas como muerte y vida, en el último poema, "Rosilla nueva", Martí vuelve a evocar la aridez del "valle pálido", y surgen las imágenes acuáticas y solares que lo revitalizan. Pero aún más revelador para entender lo que dicha simbología representa para la condición existencial del poeta y sus aspiraciones fundacionales, es lo que dice en el manuscrito A del poema que se conserva en uno de sus cuadernos íntimos de apuntes:

¿Con qué espada venciste
Mi pecho áspero?
Pues era una alta roca
Y ancho peñasco
Y ora, la roca se abre blanda se abre,
Como un arroyo
Cálido y blando,—
A la luz de tus ojos
Cede el dorado
Monte de piedra; y corre
Tus pies bañado,
Como un ánfora rota. (PC, I 53)

Aquí termina el manuscrito y nuevamente, este poema que gira sobre las imágenes antitéticas del desierto y el agua-sol, está basado en un pasaje bíblico, específicamente del *Éxodo*. Sacar agua de la peña en el desierto fue uno de los milagros de Moisés durante el tiempo que duró el peregrinaje del pueblo de Israel. En el conocido pasaje bíblico, Jehová le dice a Moisés que tome su vara y golpee la roca de donde saldrá agua para que beba el pueblo: "He aquí que yo estoy delante de ti, allí donde la peña en Horeb; y herirás la peña y saldrán de ella aguas y beberá el pueblo. Y Moisés lo hizo así en presencia de los ancianos de Israel" (*Éxodo* 17, 6). La iconografía religiosa ha recogido este pasaje repetidas veces. En el cuadro de Frans Floris, "Moisés golpeando la Roca", el profeta aparece en medio del campo y el cuadro, dándole con su barra a un peñasco de donde sale el agua que pronto inunda todo el valle. Su figura está en correspondencia vertical con la figura de los ángeles y Dios, mientras que hacia los lados de la pintura se distribuye la masa de gentes que beben del manantial. Como afirma Jean Starobinski, dicha imagen está conectada con la idea de caridad y el acto misericordioso de dar. Así en la tradición bíblica, los profetas deben curar a los otros como un acto de bondad que emana directamente del creador. El profeta debía dar lo que había recibido de Dios de forma gratuita (*Largesse* 71).

En la versión final del poema "Rosilla nueva", la "vara" que había utilizado Moisés en el milagro bíblico, se convierte en "espada / rayo de luz" y el hijo es un profeta—"guerrero fúlgido" / sol que abre la roca / desierto. La luz—como afirma Octavio Paz hablando de los poemas modernistas en que aparece este metal—"se trasmuta en materia dura y preciosa, como si quisiese escapar del cambio y sus degradaciones" (*Hijos* 30). Al abrir el pecho / roca del padre, el niño reactuará el viejo milagro cristiano. La espada que utiliza el héroe, como ocurre en un sin número de narraciones míticas, tiene un poder sobrenatural por lo cual es capaz de producir el milagro y vencer a la maldad. La interpretación teológica que se le ha dado a la piedra en el milagro de Moisés vincularía al poeta con la imagen de sacrificio cristiano. Según la interpretación de San Pablo, el peñasco que seguía a Moisés en el desierto "era Cristo". Apunta San Pablo: "y todos bebieron la misma bebida espiritual; porque bebían de la piedra espiritual que los seguía y la piedra era Cristo" (Cori 10:4). Si seguimos esta interpretación el hijo sería el mismo "guerrero fúlgido"/ sol, el Moisés del milagro y Martí, el Mesías:

> Así, guerrero fúlgido,
> Roto a tu paso,
> Humildoso y alegre
> Rueda el peñasco;
> Y cual lebrel sumiso
> Busca saltando
> A la rosilla nueva
> Del valle pálido. (PC, I 47)

La comparación del yo poético con Cristo se repite en otros poemas de Martí de modo que no sería improbable que el poeta estuviera reescribiendo este milagro teniendo en cuenta todas las interpretaciones del mismo. Esta comparación reaparece en su retórica política donde los símbolos asociados al hablante son los que tradicionalmente se asocian a Cristo: la luz, el sufrimiento personal, la redención y el milagro.

Los rasgos estilísticos que más sobresalen en este poema son la reiteración del nombre y el hipérbaton. El hablante poético desarma el orden tradicional de la frase, colocando, por ejemplo, delante del verbo principal *rueda*, varios verbos subordinados. Esto crea una tensión entre los diferentes elementos léxico-semánticos de la frase que vendrían a reflejar lo tremendo de la escena. Al colocarlo de primero en la oración, el hablante poético valora el objeto ("del sol") sobre el producto que éste crea ("al blando rayo"). La imagen que resulta es una sinestesia que une el sentido del tacto ("blando") con el de la vista ("rayo"), creando así una correlación entre ambos estados sensoriales. El disloque gramatical sería un reflejo de la tensión. Los verbos y las imágenes que aparecen en él coincidirían con la atmósfera de resquebrajamiento, expansión y marcha que trasmiten. Un movimiento agonizante y a la vez de resurrección en cuanto milagro bíblico, que es marcado por las rupturas y los verbos: "suelta", "salta", "riega", "rueda", "busca saltando" (PC, I 47). Si se ordenaran según la forma tradicional estos versos, el poema quedaría escrito de la siguiente forma: *Guerrero fúlgido: el peñasco rueda, roto a tu paso, así como la nieve, del sol al blando rayo, suelta el magnífico manto plateado y salta, en hilo alegre, al valle pálido; y las rosillas nuevas riega magnánimo. Y, [el peñasco] busca saltando, cual lebrel sumiso, a [hacia] la rosilla nueva del valle pálido.*

El poema tiene en el fondo una estructura muy simple pero luce complicado por la dislocación de las frases lo cual es otro rasgo que vincula el poemario con el barroco español. La sustancia poética se apoya en gran parte en este reordenamiento que a su vez exige del lector una competencia lingüística más elevada. En ella subyace una imagen polar, descrita en dos tiempos, la del "deshielo" y la del "peñasco roto" que rueda hacia el hijo. Ambas conectadas por el significado del "desprendimiento" y la condición de producir "agua". El elemento de "iteración", señalado por Meo Zilio en la prosa del cubano, daría concreción al poema, ya que se repiten dos veces la misma cadena de elementos léxico: "las rosillas nuevas" / "la rosilla nueva". Se establece una oposición entre la forma plural y la singular y lo mismo ocurre con la iteración binaria "valle pálido", y la iteración "salta [....] busca saltando" (verbo indicativo [....] verbo indicativo + gerundio). Como apuntaba Meo Zilio, en la utilización de este recurso Martí a veces recurre también a una iteración de tipo fonológico y fonoestilístico, que constituye en el cubano un juego lingüístico basado en la presencia / ausencia y en la alternancia de determinados fonemas (23). Meo Zilio señala varios casos en la prosa de Martí: "Hay ola y ala" en el prólogo al poema de Bonalde o en la frase "en nombre de hombres" en el discurso *Madre América*. Tanto en este poema como en la prosa, el recurso parece tener la finalidad de mantener el ritmo interno y darle al poema la cohesión necesaria que le resta la dislocadura gramatical. En el caso del verso: "*suelta* el magnífico / Manto plateado / Y *salta* en hilo alegre" [énfasis nuestro] ha habido una sustitución del diptongo /ue/ por la vocal /a/ que enfatiza la transformación del objeto natural en objeto artificial. Así, la nieve es un "manto plateado" que al derretirse salta en "hilo" por el campo. Los emblemas naturales se vuelven emblemas de la cultura.

El poema martiano funciona entonces como una reescritura de la historia bíblica donde aparecen dos opciones o posibles interpretaciones del mismo milagro. La articulación de la figura del niño como niño-Moisés, niño-rey, niño-"guerrero fúlgido" es otra forma de imaginárselo como un ser sobrenatural, provisto de características superiores. El niño es el personaje que realiza las acciones heroicas que el padre desea hacer. La voz lírica le impone su personalidad y la niñez queda borrada para construirse según la temporalidad y las virtudes del adulto. Al pensarse como tal, el niño es una muestra de su idéntica constitución. En especial la violencia, su carácter heroico y sus acciones impulsivas serán solo algunos rasgos que compartirá con el padre. La espada/arma de oro que empuña, como los semas positivos a los cuales la acción está unida en el poemario, es símbolo del amor filial, y es otro rasgo del héroe mítico. El diseño de su personalidad como profeta de una tribu en el desierto y los incesantes milagros que hace para mantenerla viva y en marcha, reflejan los deseos propios del padre, el cual se subordina al hijo como si este fuera una autoridad superior.

Varias veces durante esos años Martí se refirió al milagro de la roca y al profeta judío Moisés como una figura paradigmática. En una de sus crónicas de 1882 dice: "Moisés no ha muerto, porque Moisés es el amor. Para el amor no hay peña dura que no se abra a su contacto en raudal de agua" (OC, IX 231). Años después dicha concepción del "milagro" se repetirá en el poema del mismo nombre de *La Edad de Oro* que habría que leer entonces en un ciclo sobrenatural que conjuga la vida y la muerte. En el manuscrito de "rosilla nueva" Martí utiliza la historia de Moisés como material poético lo cual nos indica que en sí este relato guarda suficiente sustancia poética a los ojos del cubano como para ser convertido en poema.

En su reescritura el tono grave que antes tenía en la *Biblia* queda de alguna forma neutralizado y la roca, que es identificada como la misma voz lírica, se vuelve "humildosa" y "alegre". Su apropiación del relato mítico a través de estas "malas" lecturas indica el deseo de volver a traer el concepto de lo milagroso a lo cotidiano, así como la fe en la voluntad, el amor y el sacrificio a la vida para vencer las dificultades. Utiliza estas escenas para insertar en ellos sus propios consejos morales y espirituales, su propia visión de un mundo ya secularizado. En otro apunte de su cuaderno íntimo Martí vuelve a hacer referencia al mismo suceso bíblico y esta vez habla desde su experiencia personal, asumiendo la personalidad de Moisés cuando dice: "yendo por la vida, como yo voy, triste y seguro de la no recompensa, isacando día a día de una roca siempre perezosa el agua fresca!" (OC, XXI 222). Sacar agua de la roca equivale también a sacar del pecho la poesía, de encontrar nuevas razones para seguir viviendo y seguir fomentando en la emigración los planes de independencia. De los "Dos milagros" que Martí relata en la revista para niños, el segundo guarda estrecha relación con éste de *Ismaelillo*. Dice Martí:

> Por tierra, en un estero,
>   Estaba un sicomoro;
> Le daba un rayo de sol, y del madero
>   Muerto, sale volando un ave de oro. (PC, II 217).

Nuevamente, Martí regresa aquí a las imágenes de aridez, esterilidad y muerte. La tierra baldía y seca de *Ismaelillo*, de donde finalmente por la acción salvífica y amorosa del hijo (sol) sale el agua, es ahora "el madero / muerto" de donde por otro "rayo de sol", surge también: "un ave de oro". La palabra "estero" que significa cauce o desembocadura, está relacionada con la acción genesiaca del agua que hemos analizado.

El sicomoro, por otra parte, es un árbol oriental que aparece varias veces en la *Biblia*. Se cuenta que su madera es de una fuerza tremenda, y que por lo tanto los egipcios lo utilizaban para hacer sus sarcófagos, que les aseguraban el paso a la otra vida. Cuenta la leyenda que Osiris fue escondido dentro de este árbol y luego revivido por Siris. Ese pájaro de oro que sale o sobrevive a la muerte parecería guardar relación con este mito. Gustave Moreau en "El Joven y la Muerte" usa otro pájaro para simbolizar el alma de su amigo que abandona el cuerpo. La misma estructura del milagro que aparece en el poema de *La Edad de Oro* se distingue en el número *XIV* de los *Versos sencillos*, Martí escribe:

> Yo no puedo olvidar nunca
> La mañanita de otoño
> En que le salió un retoño
> A la pobre rama trunca. (PC, I 251)

En estos versos Martí parece referirse en lo espiritual a un hecho anecdótico: su encuentro con María García Granados, "La niña de Guatemala" según cuentan varios biógrafos. No obstante, a lo que hay que atender es al mismo proceso mediante el cual el hablante expresa su vuelta a la vida (la del árbol) en un momento en que era imposible que esto ocurriera. A la "pobre rama trunca" le sale un renuevo, nada menos que en "otoño", el tiempo en que los árboles pierden las hojas. La imagen parecería guardar entonces relación con "Canto de otoño" y la idea de resurrección que domina muchos de sus poemas. Por una asociación metafórica, la planta muerta equivaldría al cuerpo/espíritu del sujeto poético, que por una acción externa, es capaz de recuperar el vigor. Martí vive a la sazón en Nueva York donde es fácil observar las distintas estaciones del año, cosa que no suele suceder en Cuba. De cualquier modo, con el énfasis que pone la voz poética al precisar la "mañana", Martí sigue el mismo esquema arquetípico, que puede entenderse como instantes de epifanía, momentos en que se produce un cambio dramático por la acción de un sujeto externo a la trama y trae como consecuencia un (re)conocimiento o anagnórisis del héroe. Una posible referencia o milagro relacionado a éste es el ocurrido también durante el *Éxodo* cuando la vara de Aarón florece. Según la *Biblia* Dios ordena a Moisés recoger las varas de varias familias en el tabernáculo donde Jehová se manifestaría ante ellos. (Ex 25: 22). "Y acontenció que el día siguiente vino Moisés al tabernáculo del testimonio. Y he aquí que la vara de Aarón de la casa de Levi, quien era una especie de profeta de la tribu a la vez que mago y sacerdote, había reverdecido y echado flores y arrojado renuevos y producido almendras" (Nm 17:4-8) En el pasaje bíblico, el renuevo de la vara sirve para señalar el líder, representa un "testimonio" y este refuerza sus poderes ante la comunidad. En la estrofa de Martí el reconocimiento parte del mismo poeta. Pero en ambos casos el significado es trascendente y, en última instancia, son una imagen que sirve de analogía para ejemplificar lo que le sucederá al hombre al final de su vida. En otros pasajes de su obra Martí se refiere a esto como la idea de "trasvida" o "sobrevida" (Grullón 59). Fernando Ortiz en uno de sus ensayos reunió dos páginas llenas de citas en las que el Martí se refiere a su fe en una vida después de la muerte. Citaré algunas. El lector familiarizado con la obra de Martí seguramente recordará otras. "Morir es lo mismo que vivir" (OC, X 24), "La muerte es una forma oculta de la vida" (OC, XIII 134), "La tumba es vía y no término" (OC, VII 236). Podría interpretarse la recurrencia de la estructura del milagro en la obra martiana como un indicio más de su fe en la "trasvida". Todo lo anterior reforzaría la idea, ya planteada por Cintio Vitier, de que Martí se estaba refiriendo en el prólogo a *Ismaelillo*, a un "sentido trascendente" de la vida. Dice Vitier:

Así la corriente de "mejoramiento humano", en principio infinita, no se cierra en los límites de la historia, o bien estos límites se abren impulsados por una futuridad intrínseca, cuya plenitud, no término, sólo puede alcanzarse en esa "vida futura" de la que tantas veces habló Martí con un sentido inequívocamente trascendente. (*Temas* 145)

Dicha idea fue en lo sucesivo cuestionada, al igual que sus comentarios o referencias a la religión por críticos de filiación marxista fuera y dentro de Cuba. Esto explica en parte que las exégesis posteriores del libro y en general de toda la obra martiana, evitaran el tema de la "trascendencia" o simplemente la negaran en función de la ideología del nuevo estado revolucionario. Ya en 1968 Andrés Valdespino en un comentario sobre la recepción de Martí decía que "una de las mayores dificultades con que han tropezado los forjadores de un Martí 'socialista' ha sido el espiritualismo del Apóstol" (323) y seguidamente pasa a demostrar cómo en los escritos de Fernández Retamar "ese espiritualismo tiene una base utilitaria 'como acicate para la lucha por la independencia nacional, como baluarte ideológico frente al opresor'" (324). De tal forma, dice Valdespino, "la ética martiana pierde sustantividad propia para convertirse en una especie de recurso táctico en la lucha de liberación política y social" (324). Otros críticos volverían a negar este sentido trascendente. Keith Ellis entre ellos, diría refiriéndose indirectamente a las palabras de Vitier: "'la vida futura' parece difícil de referir a una vida más allá de la vida terrena, como ha sido sugerido, sino más bien una vida mejor para la humanidad" (26). Lógicamente, la confesión abría que tomarla en ambos sentidos, uno histórico y otro trascendental, y no excluir ninguno de ellos. Pero antes que Vitier otros críticos ya habían señalado un sentido sobrenatural en los poemas martianos, entre los cuales se encuentran los testimonios de su amiga Blanca de Baralt, el de la escritora Gabriela Mistral (260-65) y el crítico cubano Eugenio Florit.

Florit apuntaba que el motivo de la "eternidad" era uno de los "grandes temas" del cubano (195-96). En su análisis del prólogo a *Versos Libres*, señala otras cuatro características de su poética, que pueden ser extensivas a *Ismaelillo* y *Versos sencillos*: 1) la sinceridad con la poesía; 2) su sinceridad consigo mismo; 3) su don de vate, de veedor, de visionario de las cosas extra y sobrenaturales; y 4) su conciencia de escritor (201-02). Sobre el tema de la "eternidad", Florit constataba que para llegar a ella había que "pasar por la muerte" (304-05). Es de señalar por ejemplo que en el poema "Tábanos fieros" de *Ismaelillo*, la voz lírica vuelve a hacer referencia a la idea de trascendencia, esta vez en la forma del abandono del alma de la "cárcel del cuerpo". El poeta en medio de la batalla de enfurecidos demonios, se ve dejando su forma material, "su ropa de carnes" (PC, I 39). En tal sentido *Ismaelillo* sería uno de los lugares donde con más fuerza Martí deja entrever rasgos de esa ansiedad de trascendencia y deseo de una vida futura.

EL COMPROMISO CÓSMICO: LOS ELEMENTOS NATURALES EN LA POÉTICA MARTIANA

En "Valle lozano" y "Rosilla nueva" se repite el *topos* de quien fecunda la tierra con el hierro, transformando lo árido en fértil. Esto es, la acción del "arado", (PC, I 45) la "daga" (PC, I 45) o el "arma de oro" conque atraviesa el hijo el pecho del padre (PC, I 47). El cuerpo es percibido como parte de la tierra, a través de cuyos estadios puede observarse su especificidad o su transformación. ¿Cuál es el significado de estas asociaciones? En lo que sigue me interesa ahondar en la forma en que Martí utiliza estas imágenes con un propósito heurístico en mente. Existe una arquitectura propia en la naturaleza que se refleja en su cuerpo, su arte y las demás elementos naturales que le rodean. Muestra su compromiso con la unidad primordial y el resto del universo.

Porque si en *Ismaelillo* los símbolos del desierto y el agua dramatizan la oposición entre infertilidad y fertilidad, entre muerte y vida, esto refleja un significado más allá de la vida personal del poeta y habla de una esencia universal. ¿A qué responde esa analogía que aparece primero aquí y luego se extiende al resto de sus poemarios? ¿Sabría Martí—como dice Vitier—que el significado etimológico de su apellido era "tierra de hombre"? (*Temas* 163). Posiblemente no. Aun así, al establecer una relación entre la tierra y el cuerpo, Martí no está sino llamando la atención a la correspondencia que él ve existe entre el mundo exterior y el interior, entre el cosmos y el hombre. En el poema "Musa traviesa" el poeta vuelve a referirse a esta creencia:

Seres hay de montaña,
Seres de valle,
Y seres de pantanos
Y lodazales. (PC, I 25)

Nótese que en el orden de los sintagmas de esta estrofa los términos de comparación remiten tanto a una "topo-grafía" natural como a tipos humanos. Los primeros que aparecen, en la posición superior, son los hombres-montañas, comparación que Martí utiliza para referirse a pensadores como Emerson y Darwin; los segundos son los hombres-valles y los terceros los hombres "pantanos" y "lodazales". En Martí, la topografía es una tipología. En los poemas y en su prosa, el cuerpo hablará en un lenguaje que intenta reflejar esta ordenación en la escala de los seres humanos. Estas correspondencias Martí las establecerá en su prosa a través de las comparaciones fisonómicas. El rostro de un pensador o de un criminal reflejaría cualidades y símbolos ya presentes en el paisaje. El poeta leerá estos signos como un reflejo de la unión universal entre ellos y el mundo. Así en sus descripciones de Emerson, la frente amplia le recordará las laderas de montañas o la nariz el pico de un águila. Ambos emblemas hablarían de la altura moral y espiritual de sus biografiados. Sin embargo, el asesino del presidente de los Estados Unidos: Guiteau le recuerda a un insecto.

Como dice José C. Ballón, al hablar de estos seres-tierras que Martí menciona en el poema de *Ismaelillo*, existe una "escala de todo lo viviente", donde "hay quienes realizan mejor el proyecto humano" (83). Ivan Schulman también había visto que el uso de los símbolos martianos responden a una estructura polar o de escala de valores donde se va de elementos bajos a los más nobles (60). Los símbolos polares que mejor representan estos extremos son el ala y la raíz ya mencionados por Mañach, Olivio Jiménez y otros exegetas martianos. Esta topografía moral se sustenta en las conocidas dualidades románticas, pero su deuda fundamental está con la filosofía emersoniana y la idea de evolución espiritual o biológica heredada de los brahmanes y la ciencia moderna. Volveré más adelante sobre el tema. Ahora me interesa subrayar que la metáfora del hombre-montaña se repite con tanta insistencia en sus poemas que el poeta llega a conformar un neologismo de su invención: "Homagno", literalmente, Hombre-grande.

En el poema "Musa traviesa", el poeta dice tener fuerzas de Atlante, la figura mitológica que sostiene el globo terrestre y, en "Rosilla nueva", se repite en la imagen del monte-peñasco. Pero si Atlante sostiene el mundo como un castigo y a través de este se realiza, en el último poema del libro el padre muestra con la imagen del pecho-peñasco su estoicismo y la influencia que ejerce en él su hijo.

En ambos poemas, no obstante, el poeta se ve como cúspide; ya sea porque se atribuye suficiente fuerza como para "alzar el mundo" o porque cuando lo invade el dolor, sus lágrimas se asemejan a los ríos que bajan de las montañas. Estas imágenes, reiteradas en toda su obra, resumen tanto la mirada narcisista del poeta, como la condición de enunciación de su discurso. Este reclama su autoridad tratando de trascender el lenguaje ordinario y mostrándose física y moralmente como un ser superior.

A primera vista, tal descripción parecería determinista. Pero la misma metáfora transformativa del hijo o del arado, que convierte, por la virtud del amor, el desierto en un campo fértil lo negaría. Si bien en este poema, Martí fija irremediablemente cierto tipo de personas a un tipo de terreno, ambas imágenes en este libro, implican la posibilidad de alterar y mejorar al hombre/la tierra. Esto es, a través de valores espirituales tales como el amor filial y "la utilidad de la virtud" (PC, I 17). Son también metáforas progresivas, de cambio, metamorfosis y evolución, ancladas en las capacidades transformativas del hombre moderno, cuyo correlato fundamental es la educación, el trabajo y la agricultura. En Martí el universo no es estático sino que está en constante transformación. Es la "Naturaleza siempre viva: el mundo / De Minotauro yendo a mariposa" (PC, I 93).

José Ballón relaciona la metáfora de Adán que aparece en el ensayo de Emerson "Recursos" con el poema "Valle lozano" y nota la repetición del tema del "arado" de lo cual deduce que el niño en el poema de Martí es un pequeño Adán (85). Las similitudes con este ensayo de Emerson podrían hacerse en otra dirección; especialmente en el sentido de una concepción elogiosa de la modernidad; ya que aquí Emerson habla de las capacidades transformativas del hombre que debe servirse de la naturaleza y tomar de ella sus recursos para crear un mundo acorde a sus necesidades. Un hecho claro en esta dirección sería el interes de Martí por desarrollar la industria agrícola en México y en el resto de Latinoamérica. Su percepción de la naturaleza como "recurso" se correspondería a su vez con la imagen que tanto Martí como Emerson dan de la Naturaleza primero como madre y luego como novia del poeta.

En una de sus crónicas Martí hace la misma comparación. Habla del cuerpo del hombre utilizando una metáfora geológica y dice que es como un "sementero" que alberga todo tipo de semillas. Walt Whitman en su libro *Leaves of Grass* (1855) hace lo mismo, pero seguramente fue el texto del *Génesis* el origen de ambas comparaciones.

Si se recuerda, en la *Biblia*, Dios crea a Adán de la tierra: "Entonces Jehová Dios formó al hombre del polvo de la tierra y sopló en su nariz aliento de vida" (*Génesis* 2:7). Y esta creencia forma parte de la filosofía medieval, de los tratados de la alquimia y del romanticismo europeo. Por tanto, no es extraño que Martí la use como base epistemológica en *Ismaelillo* para representar su cuerpo y demostrar a través de ella la unidad de todo lo creado. Se refería Martí a su raíz etimológica cuando comentaba en uno de sus cuadernos de apuntes: "Adamus— tierra en hebreo. —Y Adam, hijo de la tierra, el 1er. Hombre" (OC, XXI 140). A su vez, en su crónica sobre Walt Whitman, el cubano hace mención del poema del norteamericano que lleva por título "Los hijos de Adán" y allí afirma: "'yo canto al cuerpo eléctrico', dice [Whitman] en 'Los hijos de Adán'; y es preciso haber leído en hebreo las genealogías patriarcales del *Génesis*" (OC, XIII 136). Debo aclarar que generaciones pos-adámicas, que parten del primer hombre, incluyen a Abrahán, Ismael y Jacob, todos personajes del libro. Por lo tanto, sería difícil no relacionar este dato con su propia representación topo-gráfica y no establecer las consecuencias filosóficas de esta comparación.

Al igual que en Whitman o Emerson aparece en Martí un compromiso cósmico y una visión unívoca del universo, que deja anclada la poesía sobre un cimiento que trasciende la literatura. La poesía hablaría así de un "origen" y de una concepción trascendentalista del Universo. En estos autores y en Martí los términos claves de su poética relacionarán el cuerpo con la tierra, la planta y los animales y derivarán principios estéticos del paisaje. En pocas palabras, relacionarán el ser con el cosmos infinito y diverso donde la energía sexual es sólo la forma de representar y relacionarse con el cosmos. Hablando de Whitman, Martí se pregunta "¿qué le importa a él volver al seno de donde partió y convertirse, al amor de la tierra húmeda, en vegetal útil, en flor bella?" (OC, XIII 136). Y aquí las palabras claves son "al amor de la tierrra" y "volver [....] convertirse". Se asume la muerte con el conocimiento de la trascendencia del cuerpo que se transforma en otro estado natural al morir. No hay desaparición sino modificación, metamorfosis. Porque con la muerte lo que se hace es regresar al origen, al estado del primer hombre.

Su creencia de que todo en el universo está intimamente relacionado lo hará que busque elementos de otros seres en sí mismo y que la naturaleza sea una especie de texto con el cual hacer coincidir su poética. Así, el agua además de ser una fuente salvífica en *Ismaelillo*, será su guía poética. Expresará en sus poemas la discursividad y la pureza del hablante, incluso su ser interior atormentado. Por tal motivo, el agua que sale de la roca o del hielo cuando este se derrite es una forma de expresar la catarata de emociones que le viene de adentro.

De este modo, en un fragmento de su cuaderno de apuntes Martí compara dos tipos de poesía, una que asocia con lo profundo y agónico de la existencia y otra con lo superficial y lo etéreo. Los términos claves que utiliza para referirse a la primera hablan del acto poético como una capacidad explosiva y dolorosa, la poesía está asociada al cuerpo sufriente: "sale como río de sangre", del "alma atormentada", del poeta, "flamea [....] con viva llama", se "mueve lentamente como agonizante" y es una especie de "abrasante agua". Sus atributos léxico-semántico se contraponen a los de la segunda que es descrita como "flexibles alambres", "vientos [....] nivosos y alisios" y un "vaso de perfume" (OC, XXI 225). Si la primera está asociada con la esencia que brota del interior del ser, la otra lo está con lo externo y lo suave. La primera representará las categorías románticas de la espontaneidad y la sinceridad como dice Abrams que aparecen en escritores como Wordsworth (*The Mirror* 47) y en Darío (Skyrme 64-65) (Jrade 83). Pero la segunda, parece ser la forma que Martí asocia con las poéticas de fin de siglo y en especial con lo que se llamó el Modernismo rubendariano.

Aún así la forma en que la voz poética habla de su poesía parece ser más dramática que en los románticos; ya que Martí asocia sus poemas con la "sangre" lo vital y agónico de la existencia, convirtiendo la experiencia poética en un rito de paso, un camino tortuoso por donde transcurre su sensibilidad.

En el prólogo a *Ismaelillo* Martí le había dicho al hijo: "Esos riachuelos han pasado por mi corazón. ¡Lleguen al tuyo!" (PC, I 17), lo cual demuestra que este es uno de los tropos poéticos fundamentales del poemario. Asimismo, en otro poema el agua es como las "eternas corrientes" del ser universal que pasan a través del poeta (PC, I 24). Y a su vez en "Musa traviesa" el poeta compara el proceso de escritura con el correr de un río. El recurso de la iteración fonética de las palabras "cálidas/cauces" "falda/valle" y "alba del alma" en este poema le ayuda a establecer dicha analogía. Finalmente, el ritmo de la seguidilla que utiliza en todos ellos, con sus versos cortos como "hilillos", sugiere el mismo motivo.

La escritura intentará, entonces, expresar el objeto que describe y reproducir su arquitectura en el poema. Esta fue según Meyers Abrams la intención de los románticos y su mayor aportación a la estética. En *The Mirror and the Lamp*, Abrams opone a la percepción mecanicista que identifica con la imagen del espejo, la imaginación creativa de los románticos, que incorporaron en el siglo XIX los trascendentalistas a su teoría de las correspondencias. Los románticos, y especialmente Coleridge, divulgaron el principio expresionista de la forma orgánica. La obra de arte lejos de adoptar un patrón arbitrario debía tomar la forma de un organismo. Así la literatura reproduce la cosa expresada y la naturaleza se convierte en su modelo. Anderson Imbert en su estudio sobre la novela *Amistad funesta* anotaba que Martí sigue el principio "expresionista" cuando "aparenta estar hablando de la naturaleza y en realidad, por haber transportado a ella sus contenidos anímicos, está hablando de su propia intimidad; es decir, cuando personifica la naturaleza dando autonomía a sus figuras" (129).

La metáfora expresionista, que intenta re-presentar el acto de la creación poética aparecerá también asociada en *Ismaelillo* con la metáfora de la flor y la "fragancia" de la rosa. El poeta se convertirá figurativamente en una rosa y el aroma que esta produce será la poesía. No obstante, la fragancia de la rosa es una forma de la poesía que Martí parecería rechazar por "blanda" y superficial como sugiere en el fragmento anterior. Favorecerá por tanto en su lugar otras representaciones más dramáticas y fuertes como son la poesía como "sangre" o agua ardiente. Según sugiere en este fragmento, el poeta pide cause de piedras y no un "vaso de perfume" para ella: "¡Vaso de perfume; —no, para abrasante agua, cauce de piedras!—" (OC, XXI 225). Es posible que este planteamiento sea otra crítica velada a la poesía modernista y de fin de siglo en Europa.

El poeta cubano-francés, José María de Heredia, fue otro que utilizó la imagen de la poesía como agua pura en uno de sus poemas juveniles. En un soneto escrito en La Habana en 1860 y dedicado "A la fuente de la India", Heredia dice: "Huyen mis pensamientos, tal como el agua pura / de su colmada urna gotea lentamente" (15). Martí incluiría en el *Ismaelillo* un dibujo, hecho por él mismo, de una fuente de la que sale un chorro de agua. El pedestal de la fuente en el dibujo de Martí es un delfín hecho en estilo renacentista, muy similar a otro de la fuente habanera. Sería esclarecedor recordar con Moreno Fraginals que La Habana era entonces un lugar de disputas simbólicas donde criollos y peninsulares trataban de ejercer una especie de presencia en ciertos espacios construyendo monumentos representativos de España y América (191). Por lo que en la posible alusión a la Fuente en el poemario de Martí subyacería el intrincado mundo de las relaciones emblemáticas entre metrópolis/colonia, cosa también sugerida en el poema de Heredia.

De ahí que los términos retóricos claves que utilizan Martí, Whitman y Emerson para reflexionar sobre sus versos y los de otros poetas tengan una referencia doble: al arte y a la naturaleza. De esta visión del mundo como analogía se deduce que su verso es una ola o un animal del bosque. En un poema de *Versos libres* el poeta comienza diciendo: "Mis versos van revueltos" (PC, I 164), y en otro de *Versos sencillos* afirma que son un "monte de espuma" (PC, I 241)—uniendo así en una misma metáfora el mundo vegetal y el acuático—. E igualmente en su crónica sobre Whitman, halla que su verso jamás pierde su "movimiento rítmico de ola" (OC, XII 141). De hecho, esta comparación es la que más se repite en su obra. Al hablar del poema de Pérez Bonalde afirma que "su estrofa fue esta vez como la ola que nace del mar agitado" (OC, VII 233). ¿Por qué esta insistencia en definir su poesía por el paisaje? ¿Es posible seguir el ritmo de la naturaleza en sus versos? Según Octavio Paz "sería muy difícil probar que hay una relación necesaria de causa a efecto entre versificación acentual y visión analógica" (*Hijos* 98). Sin embargo, esto no quita que algunos escritores traten de lograr un parecido entre ambos e intenten seguir patrones naturales al escribir sus poemas. Si intentáramos deducir un ritmo poético de esta visión analógica—como sugiere Paz—en los versos de Martí podría decirse que dichas metáforas son aplicables a la prosa en tanto que al sucederse las oraciones con un mismo período y con recursos como la iteración y la prolepsis, es posible pensar en las olas del mar o un caballo. De todas formas es de suponer que la acentuación silábica en los versos del cubano debió ser un principio rector para marcar dichas pautas y aunque es sabido que nunca quiso dejar por escrito un "curso de su poética" sí deja entrever en el prólogo a sus *Versos sencillos* (1891) una concepción similar de la composición estrófica. En tal ocasión afirma: "¿Ni a qué exhibir ahora, con ocasión de estas flores silvestres, un curso de mi poética, y decir por qué repito un consonante de propósito, o los gradúo y agrupo de modo que vayan por la vista y el oído al sentimiento [....]?" (PC, I 233). A pesar de lo breve de esta explicación, si tenemos en mente las alegorías de sus poemas, es de suponer que al caer la fuerza de pronunciación en una sílaba u otra, o al agrupar varias consonantes de algún modo, esto produciría cambios de entonación en los versos que es posible asociar al ritmo marino o el paso de un animal en el bosque.

En los poemas donde utiliza el símbolo equino como analogía de sus versos, Martí se las arregla para reproducir también la virilidad y fuerza natural del animal. Según Ivan Schulman, el empleo del símbolo equino "no es totalmente arbitrario ya que se trata de un símbolo de virilidad y potencia, características ambas de los vibrantes *Versos Libres*" (*Símbolo* 265). De cualquier forma el poeta siempre trata que lo interno se vuelva externo, que el poema sea el animal o la ola azul que retrata en sus versos. Intenta con ello adornar la naturaleza con una arquitectura propia como años después pediría Huidobro.

Esta arquitectura de los versos y las frases no se limita a describir procesos naturales sino también leyes que el hablante poético o el cronista encuentra en su experiencia de la vida. Un ejemplo clave, ya mencionado por otros críticos, es la forma binaria, recurrente en los *Versos sencillos* y en las enumeraciones de sus *Versos Libres*. Ambas formas están ligadas al principio de la correspondencia, oposición y lucha de contrarios. En el primer caso la voz poética crea estrofas de versos pareados donde por lo general los dos primeros se contraponen a los dos últimos. Así en el poema I de los *Versos sencillos* el hablante poético afirma:

Yo he visto al águila herida
Volar al azul sereno,

Y morir en su guarida
La víbora del veneno (PC, I 236)

En este caso la voz lírica contrapone dos mundos diversos: el mundo alto, espiritual y hermoso del "águila" y el mundo bajo y cruel de la "víbora". Mientras la primera sube a morir al cielo, la otra se queda enterrada en su cueva. A ambos le corresponde por naturaleza dos formas de morir diferente que el hablante poético utiliza como símbolos para hablar de la vida en su totalidad. De modo que no sólo por lo que dice el hablante nos introduce a un mundo que es reflejo del otro, sino que la misma estructura binaria de los poemas expresa una arquitectura superior de relación en la naturaleza, fuerzas contradictorias o polares que dominan el mundo. Esta idea es típica de la literatura trascendentalista, y aparece con fuerza lo mismo en Whitman que en Emerson. En su poema "Merlin" Emerson afirma:

Balance-loving Nature
Made all things in pairs.
To every foot its antipode; (653)

[Naturaleza amorosa y balanceada
Hizo todas las cosas en parejas.
En cada base su antípoda]

De este apego a la naturaleza como fuente de donde el poeta extrae sus reservas procede la profunda afinidad entre Martí y Emerson que se refleja en la estupenda crónica escrita por el primero sobre el norteamericano. Se refleja también en el compromiso cósmico que ambos manifiestan en sus versos. Así, la idea de correspondencia y relación universal regresa en las metamorfosis y panteísmo del poema "De forma en forma", de los *Versos Libres,* donde la voz lírica se pregunta y se responde: "¿Quién soy? Lo sé. Soy todo:— / El animal y el hombre, el árbol preso / Y el pájaro volante" (PC, I 146). El hablante poético está consciente de que en él están presente todas las demás especies del planeta, que comparte rasgos con el mundo vegetal y animal a tal extremo que en él está el Uno-Todo. Esta idea Martí pudo encontrarla en el filósofo de Concord, en Whitman o en los románticos europeos como Baudelaire quien leyó también a los poetas americanos (Pearsall 36). En su ensayo sobre la "Historia", Emerson habla de lo verdadero de la doctrina de la trasmigración de las almas y afirma que las otras especies están presentes en el hombre: "The transmigration of souls is no fable. I would it were; but men and women are only half human" [la trasmigración de las almas no es una fábula. ¡Ojalá que lo fuese! Pero los hombres no tienen de humanos más que una mitad] (132). Este poema de Martí refleja la filosofía emersoniana del gusano que va remontando las "espirales de la forma". Consecuentemente, el sujeto poético debe abrazar la naturaleza, hacerse una con ella, y la forma más radical de esta filosofía la encarnó Whitman, en quien las imágenes eróticas son la mayoría de las veces sólo un pretexto para deslizarse hacia un trascendentalismo y una compenetración mística y pagana con el mundo: el mar, las multitudes, los animales y una larga lista de objetos e ideas que abarrotan sus poemas. Este *topos* reaparece constantemente en Martí, ya sea en sus cuadernos de apuntes, en su crónica o en su revista para niños *La Edad de Oro*. En el poema que lleva por título "Pomona", deidad de la fertilidad, Martí vincula el erotismo con el compromiso cósmico. Y se vuelve a preguntar:

¿Qué soy—quién es, sino Memnón en donde
Toda la luz del Universo canta,—
Y cauce humilde en que van revueltas,
Las eternas corrientes de la vida? (PC, I 79)

En estos versos celebrados por Darío, el hablante poético se vuelve a cuestionar su esencia ontológica, su lugar en el cosmos y, como siempre ocurre, la pregunta lleva en sí la respuesta. Él es Memnón, el Dios egipcio de Tebas, del que se tiene noticia por vez primera a través de Herodotus. En el auge de la arqueología del siglo XIX sus fotos aparecían en revistas científicas y en libros de divulgación del Egipto. Es la imagen monolítica que Hegel cita como muestra del arte simbólico y es el Dios, que según el padre de la historiografía, recibía los rayos del sol y la transformaba en música gracias a una abertura en la roca; sinestesia que el verso de Martí atrapa en todo su simbolismo moderno "toda la luz del Universo canta". El poeta es capaz de transformar los rayos en material sonoro como ocurre también en "Lírica" de Darío. Él es ese Dios que vehicula, refleja y encarna los símbolos del "Universo", es el "cause humilde" que todo lo recibe y transmite con la misma intensidad. De ahí que el verso siguiente, esa luz/canto vuelva a transformarse en las "revueltas" y "eternas corrientes de la vida". ¿No parecería una contradicción, sin embargo, que el hablante poético se describa como "humilde" y que se vea también como un Dios?

En un nivel metafórico, la luz, el agua y el sonido quedan, de esa forma, interrelacionados. El poeta lo contendrá todo: El es el "cauce", a través del cual circulan estas emanaciones del Espritu creador, donde habita cada partícula y animal del mundo. Esta es la visión propia de un místico y un seguidor de la filosofía panteísta de los brahmanes. Emerson quien hereda y reconstruye ambas tradiciones escribe en su libro *Naturaleza*: "I become a transparent eyeball; I am nothing, I see all; the currents of the Universal Being circulate through me; I am part or parcel of God" [me convierto en un ojo transparente; soy nada, lo veo todo, las corrientes del Ser Universal circulan a través de mí, soy una parte o parcela de Dios] (11). A esta reflexión se refería Martí cuando en su crónica sobre el filósofo afirmaba "a través de cada criatura pasan todas las corrientes de la naturaleza" (OC, XIII 24). En "Pomona", el ojo ocular y transparente de Emerson, se transforma en el dios egipcio y el poeta se convierte en una especie de poeta-Dios, poeta-catalizador y médium. Ambas figuras expresan, de forma dramática, el compromiso cósmico del ser. Rubén Darío, en su lectura de este poema, diría: "Armonías pánicas, de un decoro gracioso y fuerte, compenetraciones con los misterios potentes de la tierra, con el misterio prodigioso y rítmico y fatal de la mujer" ("El poeta", 192). Y en efecto, en "Pomona", Martí alaba el "ritmo de la carne" de la mujer en una forma muy parecida a como lo hace Darío en "Ama tu ritmo" (PC, I 310). Apunta Martí:

> Oh, ritmo de la carne, oh melodía,
> Oh licor vigorante, oh filtro dulce
> De la hechicera forma! (PC, I 79)

Ya sea en el poema "Brazos fragantes" o en "Pomona", el cuerpo y su capacidad sensualista se manifiesta como una corriente vigorizante, que da energía, y encanta con su ritmo a la vez que trasforma. Significa, por otro lado, un gesto subversivo de los estados normales que debe ser reprimido o racionalizado a través del mito o la ética personal. Como afirma Paz, el cuerpo desde Sade se manifiesta en la poesía como un terreno inquietante y provocador. Quien exalta la capacidad natural del cuerpo está transgrediendo las marcas que impone al sujeto la moral ascética de la iglesia, las escuelas y las leyes. De modo que el poeta debe racionalizar dicha imagen sexual-amenazante de la mujer y convertirla en la encarnación de una leyenda: la diosa de la fertilidad y la proveedora de la vida. De todo lo dicho anteriormente podemos deducir que la metáfora hombre-tierra/encarnación del Universo guarda una serie de correspondencias que no pueden entenderse sólo en su sentido figurativo. Tiene también una función heurística. En el siguiente ensayo trataré de explicar como la imagen de la tierra/naturaleza y el yo figurativo del poeta se unen para conformar la base de tal discurso visionario.

ORACULAR:
APROPIACIONES DE LA VOZ MATERNA EN *ISMAELILLO*

Las dos últimas décadas del siglo XIX se caracterizan por lo que Federico de Onís llamó la "crisis universal" (xv) de las letras que estuvo motivada por la pérdida de los asideros tradicionales, la llamada "secularización del mundo" y la continua expansión de la ciudad, el capital y la industria (Girardot 79). En un panorama devastado por la razón instrumental y la prominencia del *homo faber,* el poeta aparece como un ser desplazado y marginal, cuyo producto es incapaz de competir con el comercio. En el siguiente comentario me interesa analizar las tensiones entre poesía e industria, secularización y modernidad. A partir de dicha problemática quisiera demostrar como el sujeto poético martiano construye a base de referentes naturales un ser femenino de donde extrae sus reservas poéticas. En relación con ella, Martí va construir su propia personalidad de profeta y visionario. La importancia que tal acto implica en el panorama secularizado de la modernidad no es poca y sus implicaciones, para entender el resto de la obra martiana, lo son menos. Por último, me propongo resaltar la deuda que Martí contrae con una larga tradición romántica pero fundamentalmente con las ideas de Emerson y Whitman sobre la importancia del poeta como visionario; ya que es precisamente en la crónica sobre Whitman que Martí pregunta: "¿Quién es el ignorante que mantiene que la poesía no es indispensable a los pueblos?" (OC, XIII 135). La respuesta, sugerida ya en la misma interrogación, es que la poesía es más importante aún que la industria debido a que si esta le proporciona la forma de subsistir, la primera le da la fuerza y la esperanza para hacerlo (OC, XIII 135). De esta forma, Martí introduce en la modernidad una versión de la problemática que había conocido el Siglo de Oro, entre el hombre de acción y el letrado, resumida en el discurso quijotesco de Las armas y Las letras. Sólo que en el caso del cubano si las armas representan el discurso fuerte y viril, las letras, especialmente en la forma en que la desarrollaron los poetas decadentistas, eran proclives a desvirilización. Regresaré a esto más adelante. Ahora me interesa aclarar que con esta contraposición de oficios en la crónica sobre Whitman, Martí aprovecha la oportunidad para dotar al poeta con una personalidad distinta al resto de los hombres. Según él "el hombre moderno" debería encontrar en la "libertad" las razones de sus versos y, entonces, aceptarla como si fuera un sacerdocio. Por consiguiente, el cronista re-sacraliza la función de la poesía y el poeta, proveyéndolo del oficio de los sacerdotes o antiguos arúspices quienes en la cultura romana adivinaban el futuro leyendo en las entrañas de los animales. La labor del poeta pasa de ser entonces un simple placer estético a formar parte de una nueva religión, de un nuevo sacerdocio. El poeta articulará las claves de lo social en beneficio de todos. Ellos son, como dice Emerson en su ensayo sobre "El Poeta", "dioses libertadores". Son por esencia hombres libres y liberan al resto a través de sus versos (258). Esta filosofía, central al romanticismo, va a encontrar luego un receptor privilegiado en el chileno Vicente Huidobro, pero mucho antes, en Whitman, Martí y Darío. Con este fin, el cubano en la crónica sobre Whitman se dirige a los poetas que la leen: "Creíais la religión perdida porque estaba mudando de forma sobre vuestras cabezas. Levantaos, porque vosotros sois los sacerdotes. La libertad es la religión definitiva. Y la poesía de la libertad el culto nuevo" (OC, XIII 135). No será extraño entonces, que *Ismaelillo* al decir Julio Ramos, se constituya como un "saber" que "autoriza y estimula la configuración de su escritura" y defina a su vez un interior exótico, onírico y arcaico como crítica precisamente al "utilitarismo" que domina las sociedades modernas (158).

Entre las funciones que Martí vislumbra para él están: aclarar las contradicciones aparentes, establecer la identidad de los dogmas, inculcar el espíritu de "justicia y belleza", "deduc[ir] e ilumin[nar] el futuro y explic[ar] el propósito inefable y seductora bondad del Universo" (OC, XIII 136). Sólo así la poesía sería capaz de superar el momento "ruin" en que había caído y el poeta podría colocarse a la manera de un gran zurcidor, como el agente capaz de cerrar esta herida. Una poesía como ésta—afirma—podría proveer a la "Humanidad, ansiosa de maravilla y poesía" con una religión nueva, ya que los antiguos credos se habían rebelado insuficientes (OC, XIII 135). Si pensamos en la progresiva "secularización" del mundo de la que habló Max Weber y Gutiérrez Girardot, el proyecto martiano debería entenderse como un esfuerzo por re-ligar al hombre moderno con lo trascendente y lo divino. Una visión nostálgica y a la vez crítica que va a desplazar la función de lo sagrado de los dogmas a la literatura y del sacerdote al poeta. Con esto el cronista procurará dotar ambos de una nueva sustancia y un poder que trascienda la temporalidad histórica en que viven. Le permitiría reinsertarse en la sociedad como un sujeto productivo, hacedor de imágenes y símbolos de una vitalidad capaz de competir con industria. La supervivencia del vate y de la poesía dependería entonces de su nuevo papel. Su escritura lucharía a brazo partido por aplacar la ruindad de los tiempos lo cual equivale a sentirse en un mundo echado, excluido y marginado. Dicha actitud del poeta según Ángel Rama en *La ciudad letrada* fue típica de una elite que trató de reposicionar su misión de ideólogos en la sociedad latinoamericana de finales del siglo. "Al declinar las creencias religiosas bajo los embates científicos—dice el crítico uruguayo—los ideólogos rescatan, laicizándolo, su mensaje, componen una doctrina adaptada a las circunstancia y asumen, en reemplazo de los sacerdotes, la conducción espiritual" (111). Rodó los llamaría "curas de almas", médicos cuya función era aliviar el espíritu de sus conciudadanos y ocupar el puesto en la esfera social que antes ocuparon el Trono y la Tiara, los poderes dominantes en Hispanoamérica desde la Conquista (111).

En su libro sobre Emerson y Martí, José Ballón llama la atención sobre lo que llama el "poeta órfico" en ambos autores. Ballón concentra su argumento especialmente en la importancia que dieron a la acción de "ver". Y en efecto, no sólo ellos sino también una larga lista de poetas románticos concentraron en la visión la mayoría de sus capacidades expresivas. Sus textos rearticulan una tradición que se remonta a los orígenes de este movimiento donde la secularización de imágenes religiosas juegan un doble papel: teológico y político. Ellos van a metaforizar el espacio natural en un esfuerzo por reintegrar el ser al cosmos y superar así la escisión de la caída. Como Emerson, Whitman, Hölderlin y Novalis, Martí intentará acortar el trayecto que va del cuerpo al universo y de la mente al mundo físico. La multiplicidad y las diferencias serán exorcizadas en favor de la unidad y del Todo. El acto poético tendrá la función de reintegrarlo a esa totalidad de donde se siente expulsado; de ahí que la naturaleza adquiera la personalidad de una "madre" y "esposa" que abre sus brazos para que se refugie.

Martí señala este motivo en la poesía de Whitman, Pérez Bonalde y Emerson. De este último asegura: "Fue uno de aquellos a quienes la naturaleza se revela, y se abre y extiende los múltiples brazos, como para cubrir con ellos el cuerpo todo de su hijo [....] Toda la naturaleza palpitaba ante él, como una desposada" (OC, XIII 18). Como afirma Abrams, en los poetas románticos aparece de forma secularizada una imagen clave del *Libro de las Revelaciones o Apocalipsis*. Esta es la del casamiento apocalíptico sugerido primero en textos del *Antiguo Testamento* pero desarrollado mejor en la visión de San Juan de Patmos: "Y yo Juan vi la santa ciudad, la nueva Jerusalén, descender del cielo de Dios, dispuesta como una esposa ataviada para su marido" (*Apocalipsis* 21: 2). El motivo del casamiento, afirma Abrams, es uno de tropos fundamentales heredados de la *Biblia*. Este gobierna no sólo la relación entre Dios e Israel, sino también la de Cristo, la iglesia y sus adoradores. La unión erótica entre la novia y el novio servía para materializar el pacto hecho por Dios con el pueblo judío, por lo cual la ruptura de éste convenio transformaba la novia en "la gran ramera" (*Natural*, 43). El motivo aparece en Ezequiel 16, Oseas 2-6 y finalmente en Jeremías se dice: "Tú, pues, has fornicado con muchos amigos; mas ¡vuélvete a mí! dice Jehová. 2 Alza tus ojos a las alturas, y ve en qué lugar no te hayas prostituido" (Jeremías 3:2). En la tradición hispana la primera versión de este motivo aparece en la mística española de los siglos XVI y XVII, especialmente en San Juan de la Cruz y Santa Teresa de Ávila para quienes el erotismo fue una forma de acercarse a Cristo, de hacerse uno con él. En el poema "La noche oscura" de San Juan de la Cruz, el alma asciende hasta el amado y allí se cumple la vía unitiva. San Juan afirma: "¡o noche que juntaste / Amado con amada, amada en el Amado transformada!" (116). Al igual que la poesía mística, el cuerpo permanece en la tierra mientras el alma asciende en "sueños graves" (PC, I 24). No es casual entonces que dicha ascensión a los senos de la luz madre implique un esfuerzo por fusionarse con su elemento opuesto en el poema de Martí.

Partiendo de este motivo principal, Abrams demuestra cómo una forma naturalizada del mito de la caída y la restauración pasó a ser un arquetipo fundamental de la literatura romántica. Se interioriza a Dios y todo el drama del *Apocalipsis* se lleva a cabo en el interior del poeta: la destrucción del antiguo reino, la creación del nuevo y la unión con Cristo (47). Wordsworth, Hölderlin, Novalis y Emerson expresan su deseo de unirse a la naturaleza. Sus mentes buscan esa totalidad de la que algún día fueron expulsados e intentan reactuar a través de la metáfora del matrimonio el momento unitivo y la restauración del mundo. Emerson en su ensayo *Experience* apunta: "The universe is the bride of the soul" [el universo es la novia del alma] (285) y en sus textos esta adquirirá la forma de una madre que en un primer momento mira con condescendencia a su hijo, su "darling child", le muestra sus secretos pero luego espera que los utilice (17).

Martí—lector asiduo de los poetas románticos, los místicos españoles y los trascendentalistas—pudo encontrar en cualquiera de ellos esta alegoría. En su crónica sobre el filósofo de Concord, el cubano intenta con ella explicar su relación con el mundo y su poder visionario. Deja implícito así su deseo de encontrar la unidad primordial y salvar la escisión de la caída. Por tal motivo, el sujeto poético en los textos martianos participará de una dualidad antagónica, será niño y vate a la vez, esposo e hijo de un mismo sujeto. Si la búsqueda de este secreto conlleva una metamorfosis en el plano personal, el ser adulto le proveerá de una voz moral que impone ciertas reglas y un código estricto de virtudes en *Ismaelillo*. Esta dualidad lo perseguirá hasta el fin. Hacerse como un niño será la condición para hallar las respuestas que busca y cumplimentar así la función que propone en el ensayo sobre Walt Whitman: "deduc[ir] e ilumin[nar] el futuro, y explic[ar] el propósito inefable y seductora bondad del Universo" (OC, XIII 136). Estas palabras se traducen en un doble propósito: establecer correspondencias y analogías entre el mundo físico y el mental y revelarle al lector el misterio de su origen. En su prólogo al poema de Bonalde, Martí enuncia: "El poema está en la naturaleza, madre de senos próvidos, esposa que jamás desama, oráculo que siempre responde" (OC, VII 231). Aquí, la imagen del casamiento regresa en la trinitaria relación: esposa, madre y oráculo. En el panorama inestable y caótico de la modernidad, esta relación parecería ser el único asidero seguro para fundar. Irónicamente el mismo poeta que irá en busca de la Unidad, estará condenado a vivir la escisión, de niño y adulto, en virtud del discurso poético.

José Ballón en su análisis del libro resaltaba la importancia que tenía para Emerson la figura del infante. En su poema "Threnody" Emerson le da un poder oracular y cuestionador a esta figura principal del romanticismo. El niño, según Emerson, llegaba ver el universo más de cerca, sus pensamientos eran más profundos y por tanto es capaz de poner en duda las antiguas verdades (Ballón 76).[1] Sin embargo, en el libro, el personaje de Ismaelillo no parecería representar este modelo de voz oracular y subversiva que tiene en Emerson y puntualiza Ballón. Sí es un modelo de percepción diferente, de un valor ontológico distinto pero la función de revelar sólo le corresponderá al padre. Este tendrá que regresar a su condición de "niño" no obstante, para apropiarse de la voz materna. Su mensaje será consecuencia de un traspaso de voces y un sistema de analogías que él leerá en el paisaje. Aún así, es lógico pensar que la naturaleza no muestra símbolos ni da claves de cómo debe ser leída. Por lo cual las referencias de las que habla el poeta quedarán ancladas en las seductoras lecturas que hace de los clásicos. Igual, aunque diga que se vuelve un niño en tales momentos su discurso mantendrá la coherencia del adulto. En "Musa traviesa" la voz poética afirma que mientras sueña suele dar largos viajes y acto seguido pasa a describirlos:

> Me entro en nubes rosadas
> Bajo a hondos mares,
> Y en los senos eternos
> Hago viajes.
> Allí asisto a la inmensa
> Boda inefable,
> Y en los talleres huelgo

De la luz madre:
Y con ella es la oscura
Vida radiante. (PC, I 24)

    Durante el sueño-noche, el hablante lírico asciende a la naturaleza "madre de senos próvidos" y "eternos" y es realmente un viaje que descubre un epitalamio porque el poema se vuelve la celebración de una "boda inefable" donde "huelga" el poeta. Es en este espacio aglutinador de los extremos (lo más hondo y lo más alto, el niño y el adulto), donde tiene lugar el casamiento apocalíptico, la unión eterna entre el espíritu del poeta y la naturaleza. Esta es la vía unitiva con la madre/esposa y el Espíritu Creador y, en términos psicoanalíticos, la vuelta a la condición primaria del útero, a la fusión con lo inconsciente materno. Por tal motivo, el poeta se convierte en el oficiante de un ritual. Re-actúa el primer acto de la creación: su propio nacimiento y, aun cuando este deseo sea un imposible su acercamiento al Otro femenino implica una androginización de la voz poética, pues al partir en busca de la Unidad, une su mente/alma masculina al universo femenino, integrando un Todo. En su poema "Homagno", el poeta vuelve a decir: "En la creación, la madre de mil pechos, / Las fuentes todas de la vida aspiro" (PC, I 82). La unión del poeta con la naturaleza madre-esposa-patria es una forma de sentir el cuerpo latir al unísono con el mundo, de mostrarse a sí mismo como un ser privilegiado. No de otra forma, se le revela el universo a Whitman quien, como dice Martí, "se ofrece a la atmósfera como un novio trémulo" (OC, XIII 138).

    El motivo del casamiento apocalíptico no se reduce, sin embargo, a describir la relación entre el poeta y la musa/naturaleza, sino que Martí la utiliza también para hablar de su compromiso con la patria. En su famoso poema "Dos patrias", Cuba está vestida de luto por la muerte del poeta a quien le han arrancado el corazón. La patria asume aquí el lugar de la amada a quien entrega su vida, en una muestra grandiosa de patriotismo. Pero esta relación no se hace patente sólo en sus versos. Es conocido que Martí utilizó el hierro de los grilletes que llevó en presidio para fabricarse un anillo de bodas donde hizo inscribir la palabra "Cuba". Basándose en esta conocida anécdota, Teresa Aveleyra afirmaba que "el arquetipo junguiano del 'ánima' está en Martí representado por Cuba-Dulcinea, esa 'única esposa' cautiva a la que hay que liberar, 'encantada' a la que hay que 'desencantar'" (37). Esto contrasta según la crítica con la relación difícil que vivió el cubano con sus padres, al extremo de sustituir la figura paterna por la de su maestro Mendive.

Es importante resaltar el hecho de que no obstante aparecer la figura de la madre/esposa en la naturaleza en *Ismaelillo* ésta es literalmente borrada del horizonte de referencias del padre y del hijo. Su presencia sólo es perceptible en lo sublime/maternal del universo aunque no en las enseñanzas que este le imparte. Su imagen sublimada la convierte en menos peligrosa y deseable aunque la aprisiona en un espacio simbólico adonde puede llegar el poeta pero del cual ella simplemente no puede escapar. Si ésta representa la inspiración, él es quien habla. Su personalidad, queda petrificada en un espacio tan ambiguo en el poema que, como dijera Ángel Rama, es difícil saber si "¿están en el mundo o está en el yo?" ("Dialéctica"188). Según la filosofía emersoniana el mundo exterior es un reflejo del interior y ambos se relacionan de parte a parte (Matthissen 107). Existe una relación directa entre el microcosmos y el macrocosmos; y esta similitud es lo que lleva a decir al cubano en referencia a Emerson que "dentro del hombre está el alma del conjunto, la del sabio silencio, la hermosura universal a la que toda parte y partícula está igualmente relacionada: El Uno Eterno" (OC, XIII 24). Este apunte de Martí es en realidad una traducción de un fragmento del ensayo del norteamericano: "La super alma" o "The Over Soul". Martí lo cita sin hacer referencia directa al texto. El casamiento apocalíptico deriva entonces secularizándose en la forma de compenetración entre el poeta-profeta y la musa/naturaleza. Es otra forma de religar a éste con la modernidad secularizada, por lo cual la estrategia de "lectura" de lo sobrenatural reproduce la forma en que el deseo en la mística española manifiesta su gozo ante la presencia de lo divino. No es raro entonces que más adelante en el mismo poema el hablante afirme que, durante este momento nocturno, ocurriera el "trance" (PC, I 26) que corran "a raudales" "lágrimas suaves" por la cara (PC, I 25) y que finalmente se sienta "cual si en magno / Templo oficiase" (PC, I 25).

Al procurar unirse con la "madre", la "naturaleza" y la "desposada", el sujeto poético se ubica en el lugar del padre y se atribuye suficiente valor como para casarse con ella. Las descripciones de la naturaleza ("los aires", "nubes rosadas", "hondos mares", "senos eternos", "talleres") constituyen su propio cuerpo diseminado y es el subtexto que controla e informa la búsqueda del héroe poético en su (re)unión y búsqueda. Su representación queda encuadrada así en el concepto neo-platónico de la *Terra mater* que según Bram Dijkstra se hace tan popular en la década de 1880 en Estados Unidos.

En su libro *Ídolos de perversidad,* un estudio sobre la imagen de la mujer a finales del XIX, Dijkstra afirma que para esta época los científicos habían redescubierto las capacidades sexuales de la mujer por lo cual en a los ojos de muchos hombres su figura sufrió un descenso considerable. Pasó, en un breve tiempo, de considerársele una diosa virtuosa a ser la misma personificación de la tierra. Esta figura alimentaba los deseos de pasividad y sacrificio que los hombres deseaban en la mujer. Por lo cual al representar a la mujer como la tierra, estos la construían como un terreno fértil para ser impregnado, un ser cuya principal motivación en la vida era dar pero, también, consumir vorazmente (83). De modo que su representación como una materia fértil, oráculo y madre de pechos llenos de leche, coincidiría con el consumismo de los años de 1880 y la fascinación con la cantidad: "el placer de poseer". Angustia que Martí transfiere repetidas veces a la mujer moderna y en especial norteamericana con sus gustos por los vestidos y otros placeres. Esta imagen mitológica de la mujer-tierra emerge en los cuadros de diversos pintores de esta década (85). En ellos los senos de la mujer crecen y amamantan a decenas de niños. El famoso pintor francés Adolphe Bouguereau recurre a ella en "Alma Parens" (1883) y León Fréderic la retrata en "Nature" (1894). En ambos, las mujeres adoptan una posición central y aparecen rodeadas de infantes que se disputan sus senos. Según Dijkstra, esta mujer era demasiado madre para ser sagrada e incitaba en el hombre los deseos de ser como niños, de estar apegado a sus pechos y olvidar los problemas de la vida diaria (84).

No sólo en sus ensayos sino también en los poemas "Musa traviesa" de *Ismaelillo* y "Pomana" de *Versos Libres* Martí da una idea similar de la mujer. Ella es vista en su función mitológica, en su arquetipo de dadora de vida y reina de la abundancia. En el segundo, por ejemplo, el principio y el final están dedicados a ella, la diosa de la fertilidad. Representa el mismo universo ya que lo contiene todo: ritmo y licor. Su cuerpo enuncia el "ritmo de la carne", y el "licor vigorante" que da nueva vida al poeta. Y según se auto-describe al final, éste llega a recuperar su energía cuando "Pomona" alza los brazos para abrazarlo y "el cansado brío / Arde otra vez,— y puebla el aire sano / Música suave y blando olor a mieles! / Porque a mis ojos los fragantes brazos / en armónico gesto alzó Pomona" (PC, I 79). De modo que, en todos los lugares donde Martí hace referencia a la figura de la novia y la madre, subyace el mismo patrón de pasividad, abundancia y proveimiento que aparece en este arquetipo. El deseo masculino reconfigura así la sexualidad femenina tomando, como base, la naturaleza e inscribiendo en ella su propia ansiedad de un cuerpo que le provea de satisfacción sexual y los cuidados necesarios que típicamente solo podía dar la madre. No siendo suficiente esta imagen, este mismo personaje femenino deberá también encarnar el ideal de pureza y virginidad que el sujeto poético ve en las flores y en general cualesquiera tópicos que le sugiere el paisaje.

Se puede concluir entonces que si en "Musa traviesa" la mujer/madre/novia es el centro que informa la búsqueda del héroe poético, la figura arquetípica implícita del hablante es la de un Edipo hijo que busca conocer su origen e identidad, usurpando el lugar paterno y deslizándose al terreno del cuerpo y la prohibición que supone el incesto.

El viaje aquí tiene, desde el inicio, un doble objetivo: hallar la voz materna y apropiarse de ella, con el fin de convertirse él mismo en oráculo. En el prólogo al "Poema del Niágara", Martí describe a Bonalde haciendo el mismo recorrido: "hijo de gran padre desconocido, que pide a su madre muda el secreto de su nacimiento" (OC, VII 231). Por lo tanto, el sujeto poético se moverá en dicha dirección, que será no sólo en el espacio, a través de símbolos ascensionales y descencionales, sino también en el tiempo. Su construcción del sujeto femenino como oráculo-origen supondría la reconstrucción de un "illo tempore", (el de su nacimiento entendido también como el de toda la humanidad) que guiará al poeta en su búsqueda de la palabra, la creación y la solución de la crisis. Esta búsqueda unitiva con el Uno-Todo representaría a su vez un intento de re-descubrirse, y una posibilidad de refugiarse de una realidad externa aterradora que el hablante poético describe en el prólogo del libro en términos de "espanto" (PC, I 17). Así de la "boda inefable" el poeta sale transformado. El encuentro con ella equivale a un momento de revelación en el cual este de una forma efectiva logra apropiarse de su voz para hablar.

El motivo con el cual comienza el poema: la ascensión del poeta al cielo-naturaleza, no se reduce a la relación del hablante con el universo, sino que se proyecta también en las acciones del hijo y en las escalas del poemario. Aparece en el mismo poema cuando éste hace referencia a Jacob y ve al pequeño "escala[ando]" hasta su mesa. Entonces afirma la voz lírica:

De beso en beso escala
Mi mesa frágil;
¡Oh, Jacob, mariposa,
Ismaelillo, árabe! (PC, I 27)

Ambos pasajes sirven aquí para reforzar la idea de comunión con el otro y del hijo con el padre. La finalidad apocalíptica y el subtexto referencial de esta segunda ascensión, aparecen en otro relato del *Génesis*. En él la *Biblia* cuenta que Jacob, estando exiliado lejos de la ciudad, se detiene en el pueblo de "Luz", cerca del valle del Jordán y duerme allí utilizando "una piedra de almohada" (Gen 28: 10-19). Durante el sueño—cuenta la *Biblia*—Jacob ve una escala que unía la tierra con el cielo y había ángeles que subían y bajaban por ella. Al subir Jacob se encuentra con Dios, quien le repite las promesas que éste le había hecho a su padre: su descendencia se convertirá en una gran nación y poseerá las tierras de Canán. Si en estos versos el hablante poético parece referirse al hijo, la acción de subir a un plano superior no es sino una repetición de la propia acción del padre al inicio del poema. Esta estructura ascensional y el relato que le sirve de apoyatura son por lo mismo transferidos al poeta.

Varios símbolos importantes de este relato debieron despertar la imaginación del lector decimonónico y servir de referencia directa a la *Biblia*: la escala de Jacob y la lucha que éste entabla con el ángel unos momentos después. El ambiente bélico de esta parte del poema de Martí vendría a relacionar ambos. En la *Biblia* ese combate demuestra la fortaleza espiritual de Jacob ante dios y las adversidades. Es por su valentía que Dios decide en ese momento cambiarle el nombre a Jacob por el de Israel "porque has sido fuerte contra Dios y contra los hombres, y le has vencido" (*Génesis* 32: 25-33). Esta consagración del héroe por el nombre se repetirá en la etimología que Martí crea para el hijo: ser fuerte contra la adversidad. El otro símbolo importante en este relato es el de la "almohada de piedra" que reaparece en una de sus cartas a Gabriel de Zendegui, al enviarle el libro. A éste le cuenta que "Ni esa vez, [cuando escribió los poemas] que dormí en almohada de rosas, pudo olvidar mi cabeza la almohada de piedra en que usualmente duerme"— (OC, XX 298). Mientras tanto, la imagen de la escala es recurrente en la simbología occidental. Aparece en la *Divina comedia* de Dante y en numerosos cuadros religiosos especialmente del Barroco español. En "el sueño de Jacobo" (1639) de José de Ribera, la escala es sugerida por una columna de luz que une la tierra y el cielo. Su simbología tiene la función de establecer un lugar privilegiado dentro del universo. Así, o bien une los cuatro puntos cardinales o es el lugar de ascensión a un plano sobrenatural. Como afirma Mircea Eliade, el lugar por donde se asciende al cielo en todas las cosmologías es un espacio único, representa el "centro" del mundo como las grandes montañas o las cimas. En ese lugar es posible establecer la comunicación con lo sagrado. En los mitos iniciativos, dice Eliade, la función de las "escalas" y "escaleras" es colocar al sujeto en un punto del cosmos donde la comunicación entre el cielo, la tierra y el infierno se hace posible (*Images* 50). Algo similar ocurre en el poema de Martí. La escala es una expresión plástica que transporta al sujeto de un modo de ser a otro. Es a través de ese lugar que se le revela su destino, lo cual equivale a su transformación más radical. La apropiación de este discurso materno/oracular hará que la vida oscura y ordinaria se vuelve llena de luz y significado ya que el poeta confiesa:

> Y con ella es la oscura
> Vida, radiante,
> Y a mis ojos los antros
> Son nidos de ángeles! (PC, I 24)

La sabiduría que adquiere le hace perdonar, empequeñecer las faltas ajenas y acto seguido pasa a hablar de la visión privilegiada que ha tenido en su "trance" durante el sueño.

> Pues, ¿no saben los hombres?
> Qué encargo traen?
> ¡Rasgarse el bravo pecho,
> Vaciar su sangre. (PC, I 24)

Como ocurre en el poema "A mis hermanos muertos" aquí aparece una cadena de significantes similar "rasgarse el pecho" (*Ismaelillo*), "[rasgar] su vestidura" ("A mis hermanos"). En ambos casos éstas son formas de ejemplificar el dolor personal. El dramatismo con que expresa esto la voz lírica es un indicio de la urgencia/ansiedad del mensaje. Con esto trata de influenciar a quien lo lee para hacerlo tomar una resolución a favor de su argumento. Por ello la pregunta que se hace se convierte en un acto de habla que presupone un interlocutor expectante. "Rasgarse el bravo pecho" es un imperativo y una necesidad si el lector desea saber el secreto y a la larga imitarlo. Presupone un paso ritual, una prueba por la que hay que atravesar. Dentro del contexto del ritual iniciático, las afrentas y las pruebas son necesarias porque le brindan al héroe la posibilidad de redimirse y llegar al conocimiento. En el poema patriótico, "A mis hermanos muertos el 27 de noviembre", escrito para conmemorar el fusilamiento de los estudiantes de medicina, el hablante recurre a una alegoría semejante a la de *Ismaelillo*. En ambos se escenifica una trama de sacrificio y redención, sólo que en el poema, "A mis hermanos", la voz lírica personifica a su patria como "la virgen violada de Occidente" y de ello deriva una alegoría sexual. Véase:

> Del vértigo fatal de la locura
> Horrible presa ya, su vestidura
> Rasga y emprende la veloz carrera,

> Y, mesando su ruda cabellera,
> —¡Oh,—clama pavorosa sombra oscura. (PC, II 40)

En este poema Martí hace uso de una escena dramática para encauzar con eficacia la ira que siente contra el gobierno colonial por el asesinato de sus "hermanos". Es claro que con ello intentaba movilizar las reservas morales de sus lectores en favor de la independencia. Cuba es la "virgen" violada que en su desesperación se arranca la ropa. El hablante establece así límites de lo social y políticamente permitido. La importancia que pone en el sexo (la pérdida de la virginidad y del honor) es comparable con el asesinato de los estudiantes lo que implica la disolución de la persona en el marco social (colonial), máxime con la importancia que se le atribuía en aquel tiempo a la virginidad para la mujer. Marca el límite del que no se regresa, el lugar del que ya no se sale. En el *Libro de Samuel* de la *Biblia*, aparece una descripción semejante a este poema. Surge a propósito de la violación de la hermosa Tamar por su hermano Amnón. Cuenta la *Biblia* que entonces en un acto de desesperación, Tamar "tomó ceniza y la esparció sobre su cabeza y rasgó la ropa de colores con la que estaba vestida y, una vez puesta su mano sobre la cabeza, se fue gritando" (2 Samuel, 13. 19). La similitud entre ambos pasajes hace pensar en una posible intertextualidad, lo cual reubicaría la lectura del poema sobre la doble perspectiva del incesto y la violación. El trauma del fusilamiento quedaría sugerido en el texto martiano como el resultado de un acto trasgresor y abyecto entre España y Cuba, y por tanto como una violación a los lazos consanguíneos que mantenían la colonia y la metrópolis. El cuerpo de la mujer-patria, violada por un sujeto de su misma sangre sería pues otra forma de construir imaginariamente la nación y un intento de apelar a sus hijos a reivindicarla. Tal uso de la alegoría sexual no sería extraño si recordamos que el fusilamiento de los estudiantes de medicina marcó un hito importante en la lealtad de los criollos a la patria y en el desprecio que sintieron después por la metrópolis. De todo esto se deriva que sus hijos o su esposo (los hermanos muertos y vivos) deberían borrar la afrenta del acto sexual liberándola.

Mientras tanto, en el poema "Musa traviesa" el hombre que ha hallado el secreto de su nacimiento va a descubrir un significado más amplio de la vida y el universo. Pero para entonces primero debía pasar por un proceso de auto sacrificio. De esta forma el poeta habla del "encargo" que "los hombres traen":

> Y andar heridos
> Muy largo valle,
> Roto el cuerpo en harapos,
> Los pies en carne,
> Hasta dar sonriendo
> —¡No en tierra! —¡exánimes! (PC, I 24)

El viaje a través del "largo valle" es una metáfora del desierto y la vida. Expresa el proceso de moldear la personalidad ética y moral del hombre por lo que también conlleva un propósito educativo. Es de nuevo la imagen de Edipo, logrando resolver el acertijo que le pone la Esfinge. Es el iconócete a ti mismo! del oráculo del Delfos. Para Emerson, tal reto era la misma revelación del alma. En tal sentido, este mensaje, dicho en el tono oracular de las grandes epístolas morales, reforzaría la idea de educación del hijo y la transmisión de códigos redentores y patriarcales en el poemario. Su intención escatológica queda representada por la certeza de que hay otra vida, más allá de la terrena, a la que el hombre está destinado a llegar. Traza un progreso continuo en términos de tiempo por el que el hombre atraviesa. Así, el final del viaje es una visión privilegiada del universo. Es "dar sonriendo /—¡No en tierra! —exánimes!" (PC, I 24).

> Y entonces sus talleres
> La luz les abre,
> Y ven lo que yo veo:
> ¿Qué el mundo frágil? (PC, I 24)

La "luz" que persigue obsesivamente y encuentra al final, es la luz bíblica pero también es la luz de la razón o del *logos* que, según Derrida, está en el centro mismo de la tradición apocalíptica (82). Es la poesía, el arte, el conocimiento y la razón moral. Representa la poesía como epifanía, como método heurístico de penetrar en la realidad. Precisamente, la pregunta final de esta estrofa es la que da paso al mundo como correspondencias: "Seres hay de montaña, / Seres de valle, Y seres de pantanos / Y lodazales" (PC, I 25).

Estas muestras de ansiedad por un discurso oracular, no se reducen pues a sus crónicas y poemas sino que reaparecen en las mismas descripciones del acto poético con las que trata de explicar el proceso por el cual escribió el libro y se repite en sus descripciones de Emerson. En la crónica de 1882, Martí describe a Emerson como recibiendo emanaciones del Espíritu Creador y reflejando lo que veía como una pupila transparente. En su descripción del proceso de escritura que lo llevó a realizar *Ismaelillo* y *Versos Libres* el poeta está como iluminado por una "claridad" mística en el momento del acto de la creación. En el segundo escribe: "Mientras no pude encerrar íntegras mis visiones en una forma adecuada a ellas, dejé volar mis visiones: Oh, cuánto áureo amigo, que ya nunca ha vuelto! Pero la poesía tiene su honradez y yo he querido siempre ser honrado" (PC, I 57). En todos los casos, el poeta privilegia la visión momentánea y trata de mantenerse fiel a ella. Por otra parte, como afirma Enrico Mario Santí, las cartas que Martí le escribió a sus amigos para acompañar el libro vienen a reafirmar el hecho de que el poeta llegó a valorar más el acto de escribirlo que la reflexión que hizo de sus versos una vez terminado, demuestra que "la *experiencia* de la poesía llegó a cobrar más importancia que su *lectura*" [énfasis en el original] (815). Esto como afirma el crítico es consustancial a la actitud del poeta como "visionario" (817). La carta que le escribe a Jugo Ramírez reafirmaría la construcción intencional de sí mismo como ser privilegiado a través del cual fluye el universo: "Pues ¿cómo he de ser responsable de las imágenes que vienen a mí sin que yo las solicite? Yo no he hecho más que poner en versos mis visiones" (OC, VII 271).

Al decir Martí que su función sólo ha sido "poner en verso [sus] visiones", se está colocando a la manera de un intermediario o enlace entre el lector y la palabra, entre el mundo de correspondencias y el hombre. En tales casos el poeta es una especie de recipiente que recibe emanaciones del Universo y las (re)produce con la misma intensidad que las recibió. Esta idea había sido desarrollada por Emerson en "The Over Soul" [la super alma] y es la que Martí retoma en "Musa Traviesa", "Pomona" y otros poemas. Es la visión de un simbolista optimista o un organicista extremo. El poeta se concibe como un agente del lenguaje a través del cual fluyen las imágenes y se acomodan unas a las otras para formar el poema. Sin embargo, el verdadero significado permanece en la naturaleza adonde sólo ha podido llegar el poeta vidente. Quien asuma esta teoría podría mostrarse descuidado con el público ya que la experiencia poética será más importante que la interpretación que se pudiera hacer de los poemas. No obstante, el hecho de que la mayoría de los ejemplares de *Ismaelillo* quedaron guardados sin entregar demuestra la importancia que debió darle el poeta a lo ya escrito y el riesgo de sus posibles interpretaciones.

¿Cómo se explica entonces la paradoja de un mensaje "oracular" que muy pocos llegan a leer? Una respuesta pudiera ser la del poeta satisfecho con su propia revelación que no necesita de un público para validar su punto de vista. De cualquier forma este sujeto retraído no es el tipo de poeta-sacerdote que exige en su crónica sobre Walt Whitman cinco años después. Martí no deja de renunciar a esta voz privilegiada e interpretará el universo, en este poemario y los siguientes, a través de símbolos que intentan expresar una verdad superior. En esto su actitud ante la poesía y el poema es igual a de Emerson y Whitman. Según Martí, para Emerson en "todo ese Universo múltiple, todo acontece, a modo de símbolo del ser humano" (OC, XIII 26). Las descripciones que hace del paisaje en "Musa traviesa" y en "Penachos vívidos", del mismo libro son por ello particularmente propicias para leer estas correspondencias entre el ser interior y el universo: el mundo de los sentidos y la naturaleza. En el segundo ejemplo, la descripción gira en torno a la comparación entre los "pensamientos", el mar y los animales. Así, la voz lírica puede adelantar una serie de correspondencias para terminar estableciendo su similitud: "Como taza en que hierve / De trasparente vino [....] como inquieto mar joven [....] como manada alegre [....]" "Así mis pensamientos / Rebosan en mí vívidos, / Y en crespa espuma de oro / Besan tus pies sumisos" (PC, I 31). En todos los casos el poeta está creando analogías y correspondencias entre el macrocosmos y el microcosmo, entre él y el Universo. Estas analogías relacionan los extremos, unen la mente del poeta con el mundo reactuando así el mismo casamiento apocalíptico que describimos más arriba. *Ismaelillo* es pues un intento de dotar al poeta de una voz oracular, de hacer su visión competente y funcional en una sociedad cada vez más marcada por la racionalidad instrumental y los beneficios de la industria. La estrategia de legitimación del hablante poético será recurrir a la naturaleza, sacar de ella el secreto y llevárselo al estilo de Prometeo o Cristo al resto de los hombres. Por tal motivo la paradoja entre el acto de revelar y transmitir esa revelación se hace más patente ya que como afirma el propio escritor casi toda la edición quedó guardada en su casa.

NOTA

1. Para más detalles, véase José Ballón *Autonomía cultural americana: Emerson y Martí* (1986). A su vez el tema de las correspondencias o analogías ha sido tratado por varios críticos entre ellos José Olivio Jiménez (1993) en "Martí, Darío y la intuición modernista de la armonía universal" (1993) y antes por Octavio Paz quien le dedica un comentario a Martí en *Los Hijos del Limo. Del romanticismo a la Vanguardia.* (1993). También Carlos Javier Morales en *La poética de José Martí y su contexto* (1994) traza la génesis europea de éste concepto a partir de los románticos alemanes (35-45).

Figura 1. Imagen de la Esfinge, *Ismaelillo* (p. 23)

Figure 2. Caravana del Oriente, *Ismaelillo* (p. 24)

Figura 3. Ángel del *Apocalipsis*, *Ismaelillo* (p. 36)

Figura 4. *Ismaelillo* (p. 23): "Las Danaides se hallan en aquellas gemelas Thanes y Tans, que desde el Nilo llevaban en cántaros horadados el agua necesaria a las 360 libaciones que se hacían delante del altar de Serapis diariamente" (OC, XXI 2006)

Figura 5. Fuente, *Ismaelillo* (p. 37)

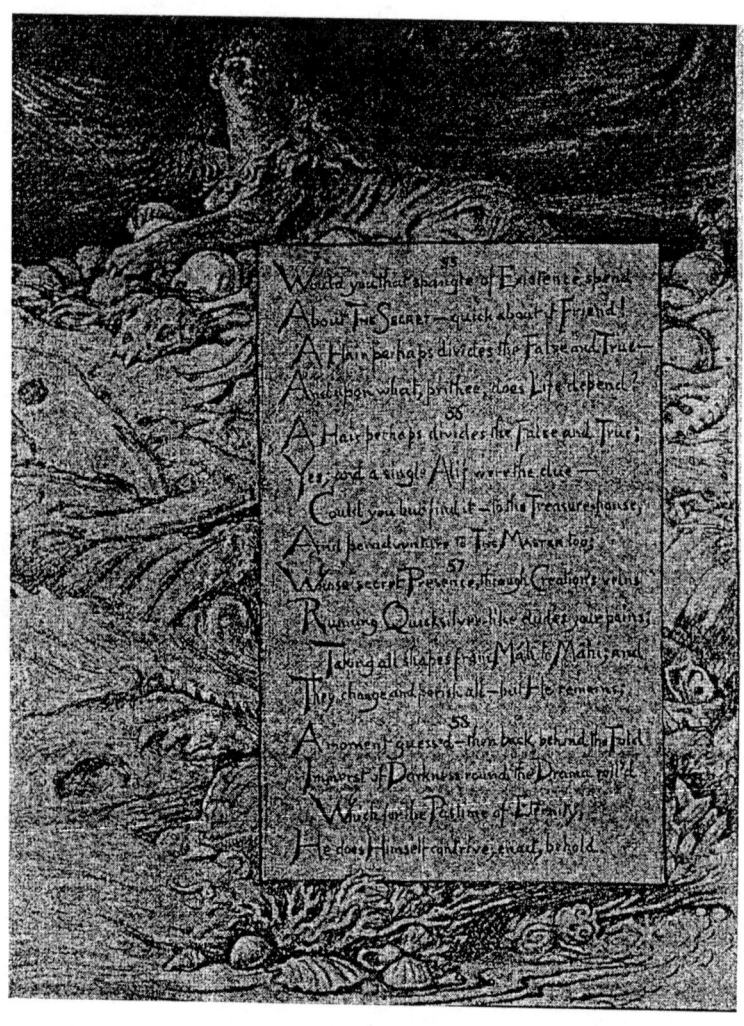

Figura 6. Esfinge, Grabado de Elibhu Vedder Omar Khayyám, *Rubaiyát. The Astronomer-Poet of Persia*, 1884.

LA QUEJA DEL EUNUCO:
LA REPRESENTACIÓN DE UNO MISMO
COMO EL OTRO

> y es representación la vida humana
> Calderón de la Barca

> Give a man a mask and he will tell
> you the truth
> Oscar Wilde

En el siguiente comentario me interesa resaltar la construcción genérica del yo poético martiano en el panorama de la modernidad estética y literaria. Especialmente la definición de identidad que proponen algunos de sus textos cuando se toma como centro del análisis la cuestión de género y la relación entre el sujeto y el público. Parto, para ello, de la propuesta de Judith Butler y la preocupación del sujeto martiano por evitar cualquier marca desvirilizadora en su poesía ya que como ha demostrado la crítica sus textos dejan entrever un inmenso temor a mostrarse poco viril. Aníbal González afirma, por ejemplo, al comentar una de sus crónicas que Martí se refiere a la literatura decadentista como "afeminada" y que el cubano "considered it unsuitable to form the basis for the new American literature he wanted to create" (90). Julio Ramos, por otra parte, llega a una conclusión similar al afirmar que Martí temía que el proceso de "autonomización" e interiorización del poeta, pudiera derivar en una "feminización de la lengua" (17). Y en efecto, en una de las notas que el poeta dirigió al hijo a propósito de *Ismaelillo* (1882), Martí vuelve a hablar de esta ansiedad. Escribe: "Hijo mío, cuando leas esos libros, hinchados, como miembro enfermo, de plañidos; —ten lástima de sus autores; pero desdéñalos. De eunucos, no de hombres, son esos libros" (OC, XXI 218). ¿Qué significa entonces esta corrección en el imaginario y el proceso de escritura de este libro?

La razón de dicha advertencia—sugiero—es doble. Exige una virilidad del hijo que imite a la del padre y lo pone en guardia contra una clase de literatura capaz de corroer el carácter, de volver al sujeto en otra cosa: un eunuco. Lo poéticamente falso queda así asociado con formas genéricas abyectas: lo desvirilizado, lo femenino, incluso lo homosexual, y por lo tanto, escribir sin "plañidos" equivaldría a ser fértil y viril. El eunuco—personaje clave del imaginario orientalista—no puede ser ninguna de las dos cosas: no puede dejar descendencia alguna y es percibido por una larga tradición como el lugar de ausencia—por antonomasia—de cualquier virilidad que le permita hablar y actuar en una sociedad regida por fuertes códigos patriarcales.

En este artículo me interesa demostrar cómo a pesar del temor que indica la voz lírica en Martí por mostrarse desvirilizado, su escritura crea un otro ficticio en la figura del ángel al cual traslada sus penas y lo que percibe como signos de feminidad. Esto lo logra a través del performance y el desdoblamiento y los poemas que mejor lo ejemplifican son "Amor errante" de *Ismaelillo*, "Homagno" de *Versos libres*, y los poemas número VIII y XLV de *Versos sencillos* (1891).

Un indicio claro de este temor, como ya dijimos, es su uso de la figura del eunuco. Cuando Martí toma esta figura como referencia para señalar lo abyecto en la poesía ubica con ello el sexo como lugar de angustia; como el sitio donde se anida el temor a perder cualquier identidad y poder en la sociedad. Esto nos permitiría leer, según propone Judith Butler, no sólo una especie de miedo o tabú en la construcción de sus sujetos sino también una imposición de lo viril como performance del Yo lírico. "La dimensión 'performativa' de la construcción", dice Butler, "es precisamente la reiteración forzada de normas. En este sentido, no se trata solamente de que haya restricciones a la performatividad; antes bien, es necesario reconcebir la restricción como la condición misma" (145).

Butler llega a este argumento a partir de las teorías lacanianas sobre la personalidad del individuo y la noción de límite o transgresión que desarrolla Foucault y a la que me referiré más adelante. De su propuesta se desprende que toda construcción genérica es traslaticia, marcada por el mismo proceso social que ejerce u obliga al sujeto a reiterar ciertos patrones a base—como dice ella—de la "prohibición y el tabú" (145). Pero valga anotar que si la identidad del sujeto está regida por la idea del performance dicha postulación implica a su vez una escisión problemática en el orden identitario y puede entenderse como el origen de una serie de actos que abarcan, pero no se limitan, a lo que se conoce por "pose", "máscara", "disfraz" y otras formas de apariencias sociales. Es preciso por tanto indagar en dicha conciencia de la performatividad del sujeto en el caso de Martí ya que este siempre parece estar muy al tanto de los límites que impone la sociedad y los espacios de permisión para transgredirlos.

El hecho de que Martí recurra a la imagen del eunuco para describir lo abyecto literario, coloca sus textos en una línea que favorece el imperativo patriarcal y difiere la angustia a lo femenino y el mundo desvirilizado. No sería el único de los modernistas en hacer esto. En sus "palabras liminares" de *Prosas profanas,* Rubén Darío utilizaría una comparación similar al afirmar que: "la primera ley, creador: crear. Bufe el eunuco. Cuando una musa te dé un hijo, queden las otras ocho encinta" (246). En el caso de Darío, la experiencia poética se concibe como la unión erótica entre el poeta y la musa, lo cual reflejaría el dominio del autor sobre la inspiración y la necesidad de la racionalidad patriarcal de articular el mundo sentimental de la mujer, hacerlo legible y potenciarlo a través de la metáfora de la reproducción. Martí recurre igualmente a este tipo de unión erótica cuando sublima la esposa/madre en la naturaleza y desarrolla con ello el motivo del casamiento apocalíptico.

Por esta razón, la búsqueda de lo *otro* maternal o virginal en la naturaleza es el resultado de la articulación del discurso poético en términos genéricos. Muestra así la necesidad del sujeto por desplazar al mundo femenino lo emocional, la queja y lo desvirilizado, el elemento pasivo de la relación, mientras intenta preservar para él los valores patriarcales de acción y protección, agencia pública, fortaleza de carácter y determinación. Esta distribución de funciones en la sociedad se corresponde con los papeles asociados tradicionalmente con uno y otro sexo en el siglo XIX. Con frecuencia, como afirma Davidoff, la teoría social decimonónica articulaba el concepto de las "dos esferas" (236). La producción de bienes de consumo, la dirección política y el mundo de los negocios recaían en el hombre, mientras a la mujer le correspondía el ámbito de la casa y el cuidado del hijo.

En *Amistad funesta* (1885) ambas esferas están bien delineadas. Martí hace de la casa de las protagonistas el lugar femenino por excelencia. Mientras tanto, deja para el hombre un afuera, marcado por el mundo de los negocios y la política. En el protagonista principal, Juan Jerez, el autor combina ambos. Juan es un abogado que defiende el derecho de unos indígenas a sus tierras y por tal motivo se debe ausentar de la ciudad. El autor describe su figura como la de un padre postizo y protector de la familia de Sol del Valle que le provee a la madre, que ha perdido el marido, con suficiente dinero para vivir y los contactos necesarios para completar la educación de ellas. Por tanto si Martí piensa al sujeto heterosexual como un ser estoico, que jamás abre la boca para quejarse, en el universo sentimental de este héroe esa marca "femenina" no va a existir. Si bien Juan Jerez pudiera ser confundido con otro de los tantos héroes de la novela hispanoamericana de su época, dicha marca de feminización aparecerá refrenada constantemente en su obra.

Pero si tomamos como referencia la confesión del padre al hijo en el fragmento antes citado, y recordamos su insistente preocupación por mostrarse viril, el tratamiento de la angustia en sus poemas es, cuando menos, paradójico ya que en varios de sus poemas Martí sí exterioriza la pena e incluso se muestra llorando. ¿Cómo logra en tales casos reconciliar ambas posiciones? ¿Cuáles fuerzas jalonan el texto poético martiano para insertarse dentro de los requerimientos de dicha lógica binaria? ¿Hay acaso rasgos performativos en Martí?

En *Ismaelillo* la voz poética se queja o al menos se muestra llorando dos veces, una en "Musa traviesa" y otra en "Amor errante". En el primer poema, después de contar el viaje que el hablante poético da al cielo, afirma que corren por su rostro "lágrimas suaves" (PC, I 25). Aquí, no obstante, el hecho de llorar es justificado por la misma experiencia poética, que es descrita en términos casi místicos: "estallo, hiervo, brillo, / Alas me nacen!" (PC, I 25). No es propiamente una queja. El motivo del llanto le sirve a Martí para compararse con un monte y el correr de un río, siendo ésta una forma de manifestar la idea expresivista de los románticos. Sus sentimientos salen de dentro de sí como un manantial o una fuente e "inundan" la página. Dice: "Cuento el viaje / Contándolo, me inunda / Un gozo grave: / Y cual si el monte alegre, [....] Sus hilillos sonoros / Desanudase, / [....] Mi espíritu encendido / Me echa a raudales / Por las mejillas secas / Lágrimas suaves" (PC, I 25). El acto de llorar queda asociado aquí a la esfera del conocimiento y la revelación. La intensidad de la experiencia poética "autoriza" ese momento de relajamiento del código viril.

Debo aclarar que dicho gesto en sí es permitido por una larga tradición romántica que une al poeta con los sentimientos más hondos, el interior, la catarsis poética y su intento de demostrar y mostrarse como su ser al tanto de sus sentimientos. Martí es fiel a esta retórica cuando en el "Presidio Político en Cuba" afirma por ejemplo: "la lágrima es la fuente de sentimiento eterno" y se ve a sí mismo como el llamado por Dios "a romper en las almas españolas el vaso frío que [las] encerraba" (PC, I 45). Al menos para el escritor joven y marcado por esta experiencia desgarradora, tal forma de expresar el dolor era válida. Pero si entendemos—como parece entenderlo Martí para el tiempo que le escribe esta confesión al hijo—, que el acto de llorar y quejarse eran actos poco varoniles ¿dónde se ubican sus textos con relación al sentimentalismo romántico y novelas como *María* de Jorge Isaac donde el sujeto principal se muestra sollozando varias veces?

Según Doris Sommer esta característica del héroe es común en la novela fundacional decimonónica, la que va de los años de 1850 a 1880. Según la crítica, este héroe parecía, con relación a como lo vemos hoy, "excepcionalmente feminizado" lo que le permitía desarrollar a su pareja un papel más destacado en la épica nacional. Así la mujer del héroe se enfrentaba a la policía y lo rescataba de las situaciones difíciles en las que cae (16). ¿Cómo entender entonces este desvío de la norma en Martí? La razón podría hallarse en un cambio de paradigma de la masculinidad a finales del siglo XIX, justo por la época en que el cubano escribe su primer libro de poemas.

A partir de ese momento, será cada vez más visible en sus escritos un intento de restringir cualquier signo de debilidad, tachándolo de poco masculino; intento que no es del todo coherente ya que a veces se conjuga con otro de signo contrario. De esta doble postura sentimental surge un sujeto ambivalente que en ocasiones recurre al llanto y otras veces trata de reprimirlo, un sujeto que rechaza la escritura por ser hembra y en su lugar alaba el acto como heroico y digno del hombre. En *Ismaelillo*, el tópico de la dureza se hará presente una y otra vez en las descripciones del pecho como una roca o coraza.

Pero a propósito de este nuevo patrón de masculinidad, recordemos que Martí no fue el único en la época en aceptarlo. Manuel González Prada en Perú reaccionaría de una forma similar. Según Prada los poetas que le precedieron y "los héroes de los antiguos tiempos lloraban como niños y mujeres, los hombres de hoy no sabemos, no queremos llorar, y cuando sentimos que las lágrimas pugnan por subir a nuestros ojos, realizamos un supremo esfuerzo para detenerlas en lo íntimo del corazón" (34). Como explica Ana Peluffo, el escritor peruano desarrolla en sus textos una idea de la virilidad basada en el auto control emocional que contrasta con la pose anterior de los "hombres de sentimientos" bastante común en el siglo XIX (3). De modo que la decisión "viril" en ambos de no quejarse o manifestar la emoción llorando, pudiera leerse como una reacción a la literatura sentimental y lacrimosa de la segunda generación romántica. *Ismaelillo* es por tanto ese intento de distanciarse de esta estética y perfilar una visión de sí mismo más masculina. Esta es la razón por la cual Martí al hablar de su amigo y compatriota Francisco Sellén dice: "ni de sus penas, había de cantar, porque es como quitarse el sexo, esta queja continua" (OC, V 183). De nuevo, en Martí quejarse significaba un acto de autocastración, quitarse el sexo, ser un "eunuco". En el poema "Estrofa nueva" vuelve a decir: "la queja / A la torpeza y la deshonra añade" (PC, I 92). Tanto Martí como Prada estaban reaccionando con esta retórica viril contra los poetas y escritores de la generación anterior, aquellos que como dice Prada, eran los herederos de Heine y de Bécquer, cuyos poemas eran "un dejo de lágrimas y de amor" (11). Para Martí, la nueva literatura debía dejar atrás esas formas y por eso alaba a Pérez Bonalde, de quien afirma no es un "gemidor de oficio", de esos que fuerzan a los hombres honrados a esconder sus "pesares" y "sagrados lamentos" como culpas (OC, VII 223). El buen poeta dado la vulgarización de este sentimiento tan íntimo se ve obligado a refrenarse e incluso a arrepentirse cuando decide hacerlo. A tal dilema es al que se enfrenta el lector cuando lee por ejemplo los poemas que Martí dejó sin publicar a su muerte y muchas de sus crónicas y poemas. En tales casos, el cubano se llega a quejar e increpa incluso con fuerza a los que lo maltratan. Pero en todos estos casos lo que parece prevalecer es el desplazamiento de la voz traumada a una tercera persona de lo cual es una muestra su poema "Amor errante" de *Ismaelillo*.

En este poema Martí descubre una forma de evadir dicho conflicto: la personificación, el performance, el desplazamiento de la primera persona a la tercera. Utiliza el recurso sentimental del llanto pero esta vez no ya como el resultado natural de la intensidad de la experiencia poética, sino como un desasosiego interno, como una auténtica queja o "plañido". Esta queja se origina de la angustia tremenda de sufrir el sujeto un doble exilio: sentirse en un mundo caído y hostil, y vivir en una país y una cultura en la cual se encuentra "espantado de todo" (PC, I 17). Aun así, la voz poética en su temor de mostrarse poco viril, va a desdoblarse en alguien más, en este caso un otro ficticio al cual desplaza sus sentimientos. A través de este recurso propio del *performance* la flaqueza del autor implicado queda salvada y los valores patriarcales que tanto le recalca al hijo permanecen intactos.

El poema lo constituyen dos tiempos diferentes y dos elementos que describen el temple de ánimo de la voz lírica de forma paradójica: la proeza y la flaqueza, el deseo de acción y la imposibilidad de hacerlo. Por último, el final esbozará la promesa de redención y el desasosiego por salir de esta angustia a través de signos apocalípticos.

Consecuentemente, "Amor errante" comienza con otra confesión al pequeño: "Hijo, en tu busca / cruzo los mares" (PC, I 35). Lo que sigue es una especie de lamentación, resumida en un deseo de lucha y martirio insatisfecho. El poeta confiesa que va triste "porque en los mares / Por nadie puedo / Verter mi sangre" (PC, I 35).Y a continuación, la voz lírica se auto-describe con una capacidad superior y aun sobrenatural para enfrentar cualquier enemigo. Se refiere a sí mismo como un domador de "huracanes", que tiene "—la frente / hecha a domarles!" (PC, I 36), un ser valiente y ascético que se resiste a los "lascivos besos fugaces" de las brisas que encuentra en el camino (PC, I 35). Incluso, el hablante poético llega a sugerir que tiene una fuerza demoledora y vengativa al afirmar que "y a los cansados / que de él se amparen / Y en él se nutran" (PC, I 36). Una imagen de conjunción de opuestos donde se unen el temor y la bondad en una misma figura poética. Este carácter sobrenatural se refuerza cuando el lector asocia el acto de "cruzar" el mar y "los aires" con otra confesión, que hace poco después. En su pecho nace un ángel. "Y ¿a quién, el blanco, / pálido ángel / Que aquí en mi pecho / Las alas abre [....] / Busca anhelante?" (PC, I 36). El yo poético presenta así al Otro, especie de *dramatis personae* y, seguidamente, va a desdoblarse en él. Ya aquí la voz poética comienza a trasladar la carga de protagonismo de la primera persona a la tercera, en un intento de desplazar al personaje ficticio y mitológico el peso de la culpa. Su angustia parte del conocimiento de que nada puede hacer, sólo quejarse. Así el ángel sería una especie de *alter ego* de la voz lírica a quien le toca representar la peor parte.

> Y llora el blanco
> Pálido ángel:
> ¡Celos del cielo
> Llorar le hacen,
> Que a todos cubre
> Con sus celajes! (PC, I 36)

De nuevo, la imposibilidad de acción y sacrificio en un mundo donde el poeta es un excluido parece ser el motivo de su pena. Desde el punto de vista político tampoco faltaban razones para lamentarse. En términos del discurso performativo el ángel representaría ese espacio utópico donde lo no permitido se hace posible. La trasgresión hacia el ámbito que la voz lírica percibe como desvirilizado, castrado o femenino es autorizada precisamente en virtud de ese travestismo poético, de esa apropiación de la máscara para transgredir la noción del límite que él y la sociedad le imponen. El dibujo del ángel que aparece al final de este poema traduce de forma ejemplar los sentimientos del poema. La cabeza del ángel está rodeada por un par de hoces y debajo hay un ramo de hojas que se confunden con su pelo. El rostro ambiguo del ángel así como la posición amenazadora de las hoces implican una especie de temor de castración, de rechazo y violencia ante esta figura. Asimismo, las cuencas de los ojos de este ángel están vacías, son blancas, lo que nos dice que estamos en presencia de un ángel ciego y segador. Dicho rasgo emparenta esta figura de Martí con una larga tradición de seres exterminadores como los que aparecen en la ilustración del Apocalipsis hecha por Alberto Durero. Los ángeles de Durero lucen con una fuerza en el rostro casi demoníaca. El ángel de Martí, sin embargo, tiene un rostro más suave lo cual junto con la abundante cabellera que lleva, hace imposible que lo podamos distinguir como hombre o mujer. Simplemente, es un ser andrógino. Pero también, el hecho de que el ángel sea ciego, entronca esta figura con una larga tradición, la del poeta que no puede ver pero que es portador de una visión interior privilegiada y sobrenatural: Tiresias, Homero incluso el propio Milton. Su visión se desarrollaría hacia dentro no hacia fuera. No puede penetrar con sus ojos al otro, pero sí puede revelarles su futuro. Sobre el poeta Milton, Martí escribió que estando ciego "¡como se debía estar cuando no se puede encender en los demás la luz!" dictaba a sus hijos el *Paraíso Perdido* (OC, XXII 372).

Resulta interesante señalar por ejemplo que la misma preocupación con los ojos aparece en otros poemas que hablan también de ángeles visionarios o seres sobrenaturales que observan el ambiente de degradación que ocurre a su alrededor. En "Isla famosa", la voz lírica se identifica con un "hombre triste" que mira desde una roca, iluminada por un rayo de luz, una pareja de amantes. La escena se describe como una especie de orgía de "galanes blancos y Venus negras" en un "bello campo tropical". Y afirma: "Sacra angustia y horror mis ojos comen" (PC, I 85). En este caso lo horrible de la escena es lo que deja sin ojos al poeta. Por tanto no es casual que este poema termine poco después con una especie de cataclismo y la muerte de ambos. Al decir el poeta: "A cada giro nuevo / Bajo los muelles pies la tierra cede! / Y cuando en ancho beso los gastados / Labios sin lustre ya, trémulos juntan, / Sáltanles de los labios agoreras / Aves tintas en hiel, aves de muerte" (PC, I 85).

Una posible explicación por la cual Martí escogió el personaje del ángel en *Ismaelillo* y en sus otros poemas es la carga de ambigüedad genérica y a su vez de revelación que lleva implícita esta figura. Esto no sólo está avalado por una larga tradición en la cultura y la iconografía clásica que los percibe como seres andróginos, virtuosos y proféticos, sino también por la percepción simbolista que ve en ellos la confluencia de los extremos y la unión de ambos sexos. Martí hacía referencia a esto al mencionar al teósofo y visionario sueco Swedenborg cuando afirma que los misioneros de su país iban "describiendo, con la lengua de llamas de Swedenborg, la fusión de los sexos en los ángeles" (OC, XI 430). Que Martí se sentía particularmente atraído por esta figura lo demuestra uno de sus apuntes de esa época donde afirma: "el ángel es la más bella creación humana" (OC, XXI 234).

La voz lírica, que al principio aparece en el poema "Amor errante" con rasgos sobrenaturales, termina reconociendo pues su incapacidad y conformado ese otro abyecto pero secretamente propio que se cuela por los intersticios del discurso poético. Sus quejidos y lágrimas son las del eunuco, el hombre que no puede crear, convertir la palabra en acción, ni el deseo en realidad. Es el ángel que aparece al pie del poema armado con dos hoces pero que más que intimidar con ellas lo que parece es amenazarse a sí mismo. Ese ángel es otro disfraz de la voz lírica, otro "fantasma" que como afirma Sylvia Molloy en su artículo sobre la "pose" en Rubén Darío sugiere que sea visto como la construcción de lo que no se puede ver, de lo que no tiene visibilidad porque no tiene nombre (145). El cambio del discurso de la primera persona a la tercera, de su confesión a la del ángel, podría entenderse como un tipo de "tecnología del yo", según la expresión de Foucault (*Technologies* 18), a través de la cual la voz lírica se refugia de la mirada del otro (lector), para su comodidad y libertad, separando lo masculino-feminizado de lo viril normativo. Esto es, separando el Yo biográfico de estirpe romántica de un *dramatis personae* que funda la poesía en el performance, la actuación y el distanciamiento. Con esto el poemario sugeriría una especie de economía de lo (in)visible, del ocultamiento que presupondría a su vez necesariamente un "exceso de sentido" en la lecturas que se hicieran de este poema (Ricoeur 883). Pues ¿quién habla en el texto? ¿Quién es el autor implicado en dicha transgresión de la norma? Sugiero que con este poema y otro del mismo libro, "Brazos fragantes", Martí enfrenta al lector latinoamericano por vez primera con otra de las "estrategias de decepción" tan propias a la poesía y la novela moderna (Ricoeur 883). Dicha estrategia consiste en frustrar la capacidad del lector para asignar roles genéricos o identificar al poeta con el yo romántico y autobiográfico de sus versos—un Yo que reaparece con marcado sentido de identidad autorial en *Versos sencillos*. Y esta "frustración" proviene justamente de la tensión irresuelta que hay siempre en Martí entre la prohibición y la transgresión: entre mantener la compostura sentimental o verse como un "eunuco" si se queja o si se rinde a los brazos de la mujer seductora. No en balde, Pessoa, Borges y otros poetas del siglo pasado, recurrieron a este recurso para distanciarse de la voz autorial y con ello exigir de sus lectores mayor competencia y creatividad en la lectura.

Según Stuart Hall uno de los mecanismos más poderosos de representación es precisamente el desplazamiento o lo que llama en inlgés "disavowal", el proceso de repudiación o desautorización de una figura, a través de la cual un deseo o una fascinación muy fuerte es ambas cosas: gozado y negado. Es lo que siendo un tabú de todas formas logra encontrar una forma desplazada de representación dentro del texto (267). De modo que si Martí insiste en desplazar su angustia, su dolor y su "plañido" a otro personaje que se niega a reconocer como propio, es porque en el fondo, tal mecanismo es de por sí ambivalente. A través de él la voz lírica hace catarsis, exterioriza su pena y goza exteriorizándola. Pero a un mismo tiempo esta imagen que da de sí le repugna y por tanto la niega. El ángel y los otros sujetos angustiados de sus versos le permiten entonces expresar su dolor, pero al identificarlos como "los otros", logra distanciarse de ellos lo suficiente, al menos, como para que no se le asocie con estas formas adyectas del carácter. Repito, si la voz lírica evita en estos poemas quejarse en primera persona es porque esto implicaba para él, el reconocimiento del fracaso y una debilidad de carácter inaceptable. Especialmente para el político que está organizando una guerra y que debe mantener una imagen frente al público.

Un ejemplo claro de este juego con el lector aparece en el poema que le sigue a éste en el libro, "Sobre mi hombro", donde el hablante poético se dirige al lector con una invitación paradójica. Lo invita a que lo "vea" jugar con el hijo y automáticamente cancela esta invitación afirmando que sólo él es capaz de verlo. Dice: "Ved: sentado lo llevo / Sobre mi hombro, / Oculto va y visible / Para mi solo" (PC, I 37). El hijo por tanto ocupa el mismo lugar que las figuraciones de su Yo. Sus representaciones estarán controladas por la autoridad del sujeto que hace que aparezcan o desaparezcan según desea. Esta doble percepción del otro y de sí mismo está presente también en los personajes dramáticos de los cuales habla en el poemario (Ismael, Abraham, Jacob) cuyos roles asumen simultáneamente él y el hijo así como en otros poemas de *Versos Libres* y *Versos sencillos*.

Tomando en cuenta esta visión escindida del poemario, en todos estos poemas habrá dos espacios que indagar: uno interior y otro exterior. Si el primero será propio del sujeto poético que ve el mundo oculto que se desarrolla tras lo aparente, el segundo espacio lo será del lector. El primero va a reflejar el mundo de correspondencias que rige el universo y la vida angustiosa del poeta, de modo que cuando dice que el "cabello hirsuto / Yérguese" sea esto "de interna tormenta / Símbolo torvo" (PC, I 37). Dualidad que se refuerza en el juego lingüístico que hace referencia a una doblez de la representación ya que cuando el padre sirve de santo al hijo también lo lleva "a caballito" en su cuello: "su mano amansa / El bridón loco!—" (PC, I 37). Todo lo cual ayudaría a entender el juego de aceptación y rechazo de sí mismo en el poemario y sus crónicas, algo propio de quien rehúsa el escrutinio del lector y postula una Otredad radical que podría resumirse en la visión rimbaudiana, del Yo como el Otro, cuya función como afirma Vitier es de estirpe órfica.

Según afirma este crítico al comentar los poemas del francés "la alteridad del yo conduce a la teoría del vidente; porque el intocable otro conserva la frialdad de la mirada al mismo tiempo que es impulsado a romper sus propios límites" (*Poesía de Rimbaud* 12). La constatación de tal otredad fungiría como referente a una serie de narraciones y poemas en la literatura de finales y principios de siglo. Junto al poeta francés están Pessoa, Huidobro, Borges, Arlt y otros, que utilizan la misma percepción descentrada para ir más allá de las apariencias. Esta es una idea esencialmente moderna que conlleva en el orden social a una escisión problemática y es el origen de una serie de actos performativos que abarcan, sin límites, lo que se conoce por "pose", "máscara", "disfraz" y otras formas de apariencias sociales. Por lo general estas sirven para actuar un guión aceptado dentro de una comunidad con el riesgo o temor de ser censurado si se sale de la norma. Abandonar dicha "máscara" implicaría el rechazo, la crítica e incluso la cárcel. Pero sobre todo la performatividad lleva implícita una conscientización del sujeto. Este se va a verse a sí mismo como un actor y un espectador de su propio drama. Como dice Marvin Carlson:

> El reconocimiento de que nuestras vidas están estructuradas de acuerdo a modos de comportamiento repetitivos y socialmente sancionados, abre la posibilidad de que toda actividad humana sea tenida por un "performance", o al menos cualquiera que se ejecute en base a un cuestionamiento consciente de sí mismo. (4)

Asimismo la consciencia de la performatividad del sujeto es un tópico central en el prólogo al poema "Al Niágara" de Pérez Bonalde, donde Martí compara al mundo con una basta morada de enmascarados. Estos están obligados a actuar una "vida aparente". En ese ensayo Martí llega a afirmar que la vida verdadera está en otra parte. Que en panorama hostil de la modernidad: "la verdadera vida—dice—tiene que ser como corriente silenciosa que se desliza invisible bajo la vida aparente" (OC, VII 230). José Olivio Jiménez en su ensayo sobre lo que llamó el "existencialismo" martiano, señalaba algunas ocasiones en que Martí hace referencia al símbolo del "disfraz" y la "máscara" tanto en sus crónicas como poemas. Jiménez hallaba varias razones para esto. Según él, representan una crítica de las convenciones sociales, más aún en una sociedad que le era extraña al poeta y era, a su vez, una necesidad del sujeto para relacionarse con el mundo y llevar a cabo sus planes. Por tal razón, Martí habla de una "máscara" que le es impuesta al sujeto desde niño, junto con unas "vendas" y arreos que desvirtúan su ser natural: las filosofías, las religiones y los sistemas políticos. Su conciencia de tal falsedad lo lleva a rechazar todo tipo de restricciones tanto en el arte como en la sociedad y a depositar su fe ilimitada en las posibilidades de emancipación del hombre moderno. El deber del sujeto está, según el cubano, en arrancarse esas vendas preconcebidas y revelar su propia naturaleza. En el prólogo al poema de Bonalde lo explica con la frase "dejar a los espíritus su seductora forma propia" (OC, VII 230).

Las crónicas de Martí muestran con insistencia pues una especie de galería de grandes hombres cuyo eje común es esa fe irrefrenable en el espíritu rebelde y personal. Whitman, Emerson, Oscar Wilde, los Impresionistas, y los reformadores políticos y sociales son alabados por Martí en cuanto son capaces de romper esas ataduras y propiciar un espacio de libertad política, religiosa o formal que la sociedad les negaba. Son los libertadores del pensamiento. Pero como es lógico, una ruptura tan radical de las normas, nunca es una tarea fácil. Por consiguiente la mayoría de las veces, la máscara y la aceptación de tales convenciones, al menos de forma pública, son la única opción que le permite al sujeto relacionarse con el mundo y la cultura circundante. Como afirma Martí en su ensayo sobre Oscar Wilde, frente a las limitaciones que impone una sociedad intolerante, el poeta no tiene otra opción que replegarse al interior de sí mismo como una "violeta herida de casco de caballo" (OC, XV 368). Esta es la condición natural de dicho extrañamiento y el motivo de una duplicidad constante. El mismo caso de Oscar Wilde, en la cuestión sexual, definiría brutalmente las relaciones del poeta y los márgenes que imponía la sociedad londinesa de ese momento.

De modo que renunciar a la máscara o "posar" como algo que no se era, podía acarrear graves consecuencias y no representaba solamente una simple trasgresión de las normas. El ser original que decide ocultarse tras el disfraz, es quien tiene un fin pragmático en mente y se niega no tanto a conocerse, sino como a darse a conocer. Quien lo hace debe mantener en silencio sus motivos para poder hacerlos realidad. Por eso parece tan paradójico que quien dice llevar una "máscara" en el poema "Homagno", diga igualmente en *Versos sencillos* que "odio la máscara y vicio / Del corredor de mi hotel:" (PC, I 238). Lógicamente, que el poeta diga que la "odia" no significa que no la use, sino que simplemente está atestiguando la imposibilidad de no usarla cuando sale de su habitación.

Porque, según sugiere Martí, debajo del disfraz que le obligan a ponerse las circunstancias es posible encontrar un espacio virgen, que en algunos casos parece definir como el "hombre natural". Un ser por encima de su temporalidad histórica, capaz de actuar libremente y de una forma más creativa que el resto. La voz lírica de los poemas de Walt

Whitman, según Martí, ejemplificaría mejor este caso. En él residiría una fuerza interior que las vendas y las filosofias heredadas habían sido incapaces de desvirtuar. De modo que su modo desembarazado y la conciencia de su duplicidad salvarían a este hombre de quedar atrapado en la superficialidad de sus actos y en la banalidad de los sistemas filosóficos y literarios que les imponía la moda.

Según José Olivio Jiménez, el epistolario martiano ofrece incontables momentos en que Martí alude a la necesidad de "esconderse" o usar una "máscara" cuando entra en contacto con otros. En especial "cuando su persona se veía acosada, o en otros momentos impelida, por su acción apostólica, o por su innato amor al hombre" (109). Y en efecto, ya para la década de 1880 Martí era una personalidad pública y carismática, con todas las consecuencias que dicha construcción de imagen implicaba. Identificarse políticamente con la dirección de dicho proyecto exigía actuar y crear, desde el punto de vista de la imagen mediática, una personalidad política que en muchos casos entraba en disputa con el hombre privado. ¿Cómo lucha pues el hablante poético con la conciencia de su duplicidad en las circunstancias restrictivas donde se mueve? ¿Cómo aparece la queja en dicho escenario? "Homagno" de *Versos Libres* podría ser una respuesta que aclare algunas zonas oscuras del yo escindido del héroe, reprimidas en virtud de la agencia pública.

En este poema, publicado después de su muerte, aparece el conflicto entre las dos caras del mismo sujeto: la verdadera y la falsa, la del hombre natural y el disfraz que le obligan a ponerse las circunstancias. Una cara es la valerosa y responde a los altos sentimientos. La otra es la que rechaza pero llega a comprender en virtud de dicho pragmatismo. El título del poema es un neologismo creado por el propio poeta que significa "hombre magno o grande". En él supuestamente residirían las cualidades más admiradas del ser humano: la virtud, la inteligencia y el sacrificio, para mencionar sólo algunas. La voz lírica lo presenta al lector utilizando la tercera persona y su monólogo en el poema recuerda el de otros personajes teatrales de fin de siglo o del Siglo de Oro, que se confiesan ante el público. Las descripciones que hace la voz lírica a través del montaje de la escena, la adjetivación y los gestos ayudan al lector a ubicarlo dentro de un cuadro psicológico específico: la angustia que siente por ser la víctima de una situación inmerecida lo cual rompe con el equilibrio de fuerzas que debía haber en la naturaleza. Consecuentemente, el hablante poético lo caracteriza como un "homagno sin ventura" [que] "con sus pálidas manos se mesaba" la cabellera. Después de esta descripción sucinta, la voz lírica escribe en primera persona las palabras del propio Homagno que afirma: "Máscara soy, mentira soy, decía:" Así, desde el inicio, el poema plantea la angustia y la falsedad de un *dramatis personae* cuyo parlamento va a ocupar casi la totalidad del poema. Sigue diciendo:

> Estas carnes y formas, estas barbas
> Y rostro, estas memorias de la bestia,
> Que como silla a lomo de caballo
> Sobre el alma oprimida echan y ajuntan,—
> Por el rayo de luz que el alma mía
> En la sombra entrevé, —no son Homagno! (PC, I 82)

En esta primera estrofa la voz lírica establece una dualidad esencial entre lo que es digno de ser él y lo que es despreciable por no serlo. Lo abyecto se circunscribe al cuerpo físico: "carnes, barbas, rostro". Es solamente a través del "alma oprimida" que dicho sujeto puede llegar al conocimiento de su duplicidad. Es precisamente en este reconocimiento de sus actos lo que hace que el sujeto se sienta vivir en un continuo "performance".

Martí privilegia al "alma" pues como el lugar desde donde se ve la imagen exterior del sujeto: su imagen falsa. Se sirve de su comparación con el caballo para expresar que el hombre nace libre pero que vive en todos los lugares lleno de cadenas—idea que puede rastrearse hasta el mismo Rousseau. Que el ser humano lleva en sí al animal del cual es difícil deshacerse. A esto llamaría las "memorias de la bestia". A partir de este momento el poeta pasará a establecer una doble visión y abandonará la aparente neutralidad del inicio para describir la forma en que percibe a través de sus ojos un cuerpo y una personalidad extraña que no refleja su ser interior: "mis ojos solo, mis caros ojos / Que me revelan mi disfraz, son míos!" (PC, I 82). Martí entiende pues que el interior puede ser un refugio para resguardarse de los desajustes de vida moderna, pero al mismo tiempo comprende que es el lugar de la duda por excelencia, el lugar donde el sujeto se enfrenta a sus propios demonios o "fieras", el espacio que le revela sus otros Yo. A través de la constatación de esta dualidad—donde siempre una parte puede fungir como víctima de la otra—la voz lírica reconoce que su vida es una especie de actuación, un continuo dramatizar la vida "aparente"; que el verdadero Yo siempre permanece oculto.

Consecuentemente, la voz lírica se desdobla en dos entidades distintas que se reparten las dos mitades del ser. El poeta deja para el interior los valores de lo moralmente correcto y la pureza original mientras describe su cuerpo como un terreno indiferente donde se ejerce un traspaso de noticias de las que él no sabe nada [Mis ojos] "le cuentan de mí, y a mí dél cuenta!" (PC, I 82). Esta incapacidad total de decidir sobre sí mismo hace que percibamos al sujeto con una mirada de extrañamiento, su propia mirada. Esta focalización hacia y a través de la tercera persona le permite nuevamente distanciarse de sí mismo. Desde el punto de vista de las ideas Emerson sobre la transmigración del alma y la evolución de la forma, el espíritu que alberga en su interior, parece decir la voz lírica, no se corresponde con su cuerpo. Las "memorias de la bestia" son un peso sobre él. Sólo su alma responde a su Yo deseado.

Esa ausencia de poder sobre el cuerpo, su escisión radical y la imposibilidad de reconocerse como una entidad, ilustran el dilema de la voz lírica de los mejores poemas martianos. Habla de la identidad como algo performativo y condicionado por el medio social en que vive. Habla del ser como heredero de una larga sucesión de formas sobre las cuales el sujeto tiene muy poco control. Sin embargo, la misma constatación de su escisión es una forma de tomar control sobre él/ella, ya que en lugar de ser barrido por las circunstancias alienantes que lo provocan, el sujeto trata de dominar dichas circunstancias con el fin de reconstruirse "como un Cristo roto" y llegar a conclusiones con las cuales poder vivir.

Charles Taylor encuentra este cuestionamiento del Yo a partir de lo que llama "el sujeto escindido" de Descartes. Su importancia radica en la elaboración de un método racional que le posibilita al hombre un control instrumental sobre su personalidad y el mundo. Su deuda principal está con los filósofos estoicos cuyas normas hacían énfasis en el auto dominio de la persona y como bien ha explicado Foucault, la instrumentalización de dicho método provocó la puesta en práctica de nuevas y más rigurosas formas de disciplina en todas las instituciones modernas. Según Taylor lo que tienen en común todas ellas es el deseo de rehacerse el sujeto a través de una acción disciplinada y metódica y es la base sobre la que Locke erige en el siglo XVII la necesidad del auto-control racional y la responsabilidad del individuo (159). Este proceso de escisión radical exige que el sujeto deje de vivir simplemente en el cuerpo o dentro de las tradiciones y los hábitos heredados y convierta estas reglas en objeto de un escrutinio radical con el fin de reformarlas (Taylor 175). Al mismo tiempo, quien reconoce dicha escisión renuncia a la representación del ser como algo único y continuo y debe aceptar la idea de la multiplicidad, lo performativo y circunstancial en la vida. El yo a partir de entonces sólo puede cobrar vida si se piensa a través de una serie de actos estilizados, en una incesante teatralización de las normas sociales, en un continuo rehacerse con el tiempo.

Ralph Waldo Emerson en su ensayo "History" llega a una conclusión similar de la personalidad del ser humano. Según el filósofo norteamericano todo lector debía enfrentarse al dilema de la "máscara" como una forma de reconocer su "naturaleza proteica". Según afirmaba dirigiéndose al lector, este debía reconocer que: "each new law and political movement has a meaning for you. Stand before each of its tables and say, 'under this mask did my Proteus nature hide itself'" [Cualquier nuevo movimiento político, como toda nueva ley tiene un sentido para ustedes. Levántense y digan, midiendo cada una de sus frases: "Bajo esta máscara se ocultó mi naturaleza de Proteo"] (116).

Según la mitología clásica Proteo era hijo de Poseidón, rey del mar y podía cambiar de forma siempre y cuando lo quisiera. En el ensayo de Emerson Proteo representa la toma de conciencia del sujeto ante la historia, en lo que tiene de común con otros personajes conocidos. Según él, con este autoreconocimiento el sujeto "evitaba el peligro de la excesiva proximidad a sí mismos", donde podía ver "sin apasionamiento [sus] propios vicios" (116). De modo que no es extraño que momentos después el norteamericano afirme que este personaje representa en la mitología griega, el símbolo de la percepción filosófica y de la "identidad a través de los infinitos cambios de la forma". Más adelante, Emerson usa esta idea en su otro ensayo "La super alma" donde llega a hablar de los "avances" del alma en oposición al desarrollo físico, avance que se daba a través de diversos estados o metamorfosis: la del huevo al gusano y la del gusano en mariposa. Por eso esta figura tiene también un sentido trascendente en su obra.

José Martí menciona esta figura en 1879, en los debates sobre el idealismo y el realismo en la literatura dramática. En los apuntes que nos quedan de ese debate, Martí escribe: "Se vale de Proteo, idealismo" indicando tal vez que otro de los participantes allí lo había mencionado. Y a continuación sigue escribiendo: "—Fuerza que evoluciona" (OC, XIX 418). Pero dos años antes, en una reseña sobre el drama de Peón Contreras "Impulsos del Corazón", el cubano ya lo había utilizado para expresar la idea de lo amorfo en la poesía y dice "la poesía es panforme; hija de Fénix y Proteo" (OC, VI 445). Todo lo cual nos indica que antes de llegar a los Estados Unidos, incluso antes del debate en el Liceo de Guanabacoa, Martí ya conocía las implicaciones filosóficas de Proteo y venía elaborando una idea del arte poético basado en ella. Si el cubano encontró más tarde esta idea en Emerson o si la aprendió de sus maestros en Cuba o en España es algo que no sabemos. Pero en lo que sí parecen coincidir estos apuntes es en la preocupación que ambos ponen en la idea de las metamorfosis, del cambio y la "panformidad" que caracteriza sus *Versos Libres*. El poema "Homagno", por tanto, como otros del mismo libro, vendría a ejemplificar esa concepción multiforme del arte poético que sirve de base en el texto a la idea de transformación y metamorfosis de la personalidad. Es en este poema tal vez donde el examen del Yo en la obra de Martí se vuelve más radical, angustioso y problemático. ¿Hasta qué punto podría decirse el estilo de Martí refleja esa multiplicidad del ser que expresan sus poemas? La crítica ya ha reparado en la hibrides del estilo martiano y vale la pena relacionar ambos aspectos. Como dice Fina García Marruz, la prosa del cubano exhibe una calidad "proteica" que le viene, según ella, de la identificación en su persona de "arte y vida". Por eso, dice, a Martí "ha podido compararse[le] con los tan opuestos de Santa Teresa, natural y abundante, y Gracián, ceñido y artístico" ("El tiempo en la crónica" 384). Este "estilo proteico", según Fina, explicaría cierta ambivalencia en su obra. La búsqueda, por un lado, de un "arte 'con base de hecho real' y [que] a su vez haya polemizado contra el realismo artístico" ("El tiempo en la crónica" 385). Fina, sin embargo, no fue la primera en comentar este aspecto de la obra de Martí. Miguel de Unamuno fue quien primero lo hizo, cosa que más tarde han corroborado ella y Schulman.

Según Unamuno, fue leyendo un ensayo de Robert Luis Stevenson sobre Walt Whiman, en su libro *Familiar studies of men and books* que dio con el concepto de verso "proteico", un verso que lucía ante el lector algo descuidado, pero que podía identificarse lo mismo con la prosa que con la lírica. Y transcribe Unamuno las siguientes palabras de Stevenson en su ensayo sobre Whitman: "Ha escogido un verso rudo, no rimado, lírico; a las veces tocado de un bello movimiento procesional, a menudo tan abrupto y descuidado que sólo puede describirse diciendo que no se ha tomado la molestia de escribir prosa" (*Insula* 9). En este ensayo Stevenson sigue afirmando que pensaba que Whitman había escogido este tipo de verso "principalmente" porque era más fácil, pero que a pesar de estos "descuidos", Whitman llegaba a lograr momentos de gran valor poético (105). Y de paso menciona sus semejanzas con la prosa del *Antiguo Testamento*—algo en lo que ya había reparado el cubano—y que Unamuno retoma cuando dice que tal hibrides "es la forma que representan los salmos hebraicos", y los versos de ambos poetas (*Insula* 9). Naturalmente, no se puede entender ninguno de los dos estilos sin analizar la enorme influencia que ejerció en el romanticismo la disolución de las formas poéticas tradicionales y la aparición de otras nuevas como el fragmento o el "pequeño poema en prosa" de Baudelaire. Martí, lector de ambos, trató desde muy temprano en su carrera literaria de fundir dichas formas y crear algo nuevo y dinámico acorde con las nuevas circunstancias históricas.

Lo que me interesa señalar en estos poemas de Martí es precisamente el hecho de que dicha adopción de una forma distinta lleva implícita la aceptación de otra autoridad, de otro *dramatis personae*, ya sea literario o filosófico y que tanto la forma como el contenido del poema se relacionan de parte a parte, son una imagen especular del otro. En tal sentido podría hablarse de una voluntad mimética por parte de Martí que trata que lo interior se vuelva parte de lo exterior y viceversa; que uno refleje al Otro para formar así una imagen proteica de él y de sus versos.

Téngase en cuenta además que dicha intención mimética hace que por momentos sea imposible discernir quien es el autor implicado en las crónicas y poemas del cubano. Si bien el romanticismo y el modernismo trataron de romper con los moldes tradicionales en Martí dicha ruptura está abalada por una filosofía de la hibrides que metonímicamente refleja el mundo. Esto es la relación esencial entre el hombre y la bestia, el mundo vegetal y el ser humano, el pensamiento y el universo. Una hibrides, en resumen, que se manifiesta a través de la filosofía de las correspondencias. Por tanto, sus poemas y crónicas hablarán con voces disímiles al tratar de expresar dicha diversidad y esto hace que por momentos sea imposible determinar quien es el autor implicado en sus poemas e incluso cuál es su género. Sus poemas y crónicas escenifican una especie de continua polifonía como si se disputaran el significado y la identidad dentro de una obra de teatro o una novela. Este es el caso de la "madre" que habla en "Yugo y estrella", del "muerto" que regresa de la tumba y da un largo discurso en "Astro puro" o el de las otras voces anónimas que aparecen en sus crónicas con un marcado desequilibrio emocional. En su presentación de Emerson y Whitman, por ejemplo, Martí cita sus textos sin hacer muchas veces mención de donde los tomó y los usa con tal profusión y con un estilo tan parecido que a veces es imposible separarlos. Esto, sugiero, es parte de la voluntad modernista de cambiar, de tratar de reconocerse como un ser distinto y único a través de los Otros. Tal voluntad es perceptible en el uso del seudónimo, del disfraz y la diversidad de estilo. Por eso nada más extraño le fue a Darío y a Martí que escribir un documento programático de lo que debía ser el arte moderno. Para ellos, la poética debía ser "acrática". Eran hijos de Proteo y reconocieron en el cambio y la diversidad el signo distintivo de la época. Un ejemplo que ilustra con fuerza este punto es el libro de José Enrique Rodó que lleva precisamente este nombre: *Motivos de Proteo*. En dicho libro Rodó exalta desde el punto de vista filosófico esta figura para demostrar las formas concretas en que el espíritu moderno, el escritor y en especial la juventud debían evolucionar. Se sabe que Rodó leyó y admiró profundamente a Emerson y a Martí; que su discusión de esta figura filosófica le debe mucho a los análisis del norteamericano; que su admiración por Martí le hizo dedicar a su memoria la edición de *Ariel* en Cuba. Incluso, Rodó llegó a pensar su libro como algo necesariamente incompleto al cual iría adicionando otras vivencias y fragmentos con los años. De esta forma, la estructura siempre metamórfica del libro de Rodó habría que relacionarla con el de Whitman, *Leaves of Grass,* quien también profesó este concepto de la obra literaria.

Me interesa ahora resaltar el hecho de que a pesar de que la voz lírica en el poema martiano está consciente de su duplicidad, en el poema "Homagno", el sujeto mira con lástima a ese Otro, demostrando una vez más los sentimientos de piedad que alberga: "con demencia amorosa su invisible / Cabeza con las secas manos mías / Acaricio y destrenzo:" (PC, I 82). Nuevamente, el Otro es un ser "invisible" que sólo toma vida en sus pensamientos. Lógicamente, quien muestra tal sentimiento de piedad se considera superior al Otro, por la simple razón de que conoce cual es la causa de su aflicción pero entiende además que es necesario remediarlo y compadecerlo. Es, para utilizar la frase de Starobinsky, una forma de *"largesse"*. De hecho, este verso es en sí la repetición del primero, con la particularidad de que ahora está enunciado desde la conciencia de la propia escisión y la voluntad de sobrepasarla. Esto refuerza la idea de que ambos personajes dramáticos son uno mismo y que uno depende del otro.

A su vez, esta actitud compasiva trae nuevamente a la discusión el tema del "plañido" ya que este poema ejemplifica más que ninguno otro la enorme frustración y el dolor de ser un homnbre superior obligado a llevar una vida miserable. En este poema la angustia se deriva de tener que sufrir un destino diario inmerecido. Esto lo demuestra la doble acepción de la palabra "ventura". Este sujeto no tiene ni felicidad ni suerte. Y ya que el poema se refiere a la lucha interior de un gran hombre, es importante leer en uno de sus cuadernos de apuntes, una nota que hace referencia a la correspondencia, que según él, debía existir en el mundo. Martí escribe: "las grandes ideas y las grandes acciones son la familia natural de un hombre grande" (OC, XXI 252). Una ruptura de dicha equidad provocaría en el sujeto un trauma del que nunca podría recuperarse. Trauma que sugiero, es perceptible en las metamorfosis del sujeto poético en "Amor errante", "Homagno" y otros textos de Martí.

Debo aclarar que en la cultura de finales del siglo XIX, aparecen con frecuencia seres virtuosos que sin embargo sufren un destino inmerecido. Estos personajes provenían casi siempre de la mitología clásica y la religión judeocristiana: Prometeo, Cristo y el propio Ismael. Martí se compara con todos estos personajes. Para él, estas narraciones tienen un trasfondo de verdad y una estructura aprovechable en términos de experiencia humana. Por ello, en su búsqueda de héroes trágicos, el cubano no sólo aprovecha las figuras arquetípicas de la antigua Grecia y de la *Biblia* sino también las narraciones románticas de los mitos propiciatorios aztecas. Dos ejemplos son la virgen hermosa que es lanzada aun viva a la laguna y el mito de Chac-mool que habla del sacrificio de los guerreros en virtud de la comunidad. A estos mitos se refiere Martí en sendos poemas y el último sirve de base para la representación del hablante poético en "Dos patrias". En tal oportunidad, el poeta se deja arrancar el corazón y la diosa Cuba es su destinataria.

Esta concepción de la vida, basada en una narrativa de carácter mítico, sustenta su creencia en el sacrificio personal y la necesidad de disciplinar el alma para resistir el sufrimiento. Por un lado, los que van a morir siempre son los mejores: Homagnos, que lo hacen no por ganancia personal sino para el beneficio de los otros. A cambio de esto, reciben un castigo ejemplar que va de ser atormentado por un águila mientras está encadenado a una roca o a morir como el propio Cristo en la cruz. De este sentido de vida como agonía y sacrificio parte la visión martiana que halla una especie de injusticia o falta de equidad en dicho contrato. El suyo es un presentimiento del *fatum*, la gravedad de la *moira* griega, que impulsa a los mejores a perecer mientras los otros sobreviven. De estos seres excelsos se nutren una legión de hombres metamorfoseados en animales que el poeta describe en "Banquete de tiranos" como un verdadero festín de caníbales. Dice: "De alma de hombres los unos se alimentan: / Los otros su alma dan a que se nutran" (PC I 107). En el poema "Yo sacaré lo que en el pecho tengo" repite esta idea y afirma: "¡Así, para nutrir el fuego eterno / Perecen en la hoguera los mejores! / ¡Los menos por los más!" (PC, I 172). Esto nos dice que el poeta hereda una visión cristiana y romántica de la vida, que ve en sí un predestinado a toda clase de sufrimientos y dolores. Insistentemente en sus poemas y crónicas, Martí busca datos en la historia que pueda sustentar dicha visión, y así por ejemplo, en ambos poemas, menciona los ritos aztecas para probar su punto de vista. En "Yo sacaré" afirma: "al hondo de cisternas olorosas / [los sabios de Chichén] A su virgen mejor precipitaban" (PC, I 172).). Dicha visión está basada en un concepto de superioridad del carácter que a su vez le permite tener una visión privilegiada de sí mismo y del mundo. Pero esto lo convierte de facto en víctima de quienes no lo reconocen o lo hieren. El poeta se compara de esta forma a los grandes redentores de la humanidad: Cristo, Prometeo, aunque reconoce también que la misma ley inviolable que lleva a que se "nutran" de él los más bajos, no es justa ya que provoca la infelicidad e invariablemente la muerte. Pero el poeta sabe además que sería otra fatalidad que no se le diera la posibilidad de transformarse en ellos, y cumplir de este modo todo lo que él espera de sí. Esta opinión, repetidas de muchas formas en toda su obra, es lo que ha establecido la imagen del héroe como víctima propiciatoria que alcanza una muerte necesaria pero igualmente inmerecida en Dos Ríos. Por tanto, la queja de la voz lírica en Homagno no se dirige a otro que al propio "Creador" quien habiendo dispuesto los dones y los castigos en este mundo, dio al poeta una herencia magra:

Por qué, para qué, para cargar en ellos
Un grano ruin de alpiste maltrojado
Talló el Creador mis colosales hombros? (PC, I 82)

La desproporción entre los dones que le son asignados encerraría el angustioso dilema de dicho sujeto, quien se ve a sí mismo capaz de acometer hazañas mayores, pero que a su vez pierde el tiempo en cosas insignificantes. Esto hace que el poema se vuelva un largo plañido, donde no faltan ni el llanto ni las imágenes capaces de suscitar un fuerte sentimiento de empatía; sentimiento que sólo llega a sentir el lector si aceptamos que en realidad este hombre es un "Homagno" y entendemos que el sentido de justicia o equidad "natural" no se cumple.

Por otro lado, téngase en cuenta además que en Martí el sacrificio, el sufrimiento y el dolor son esenciales para la formación del individuo. El poeta nunca se ve a sí mismo evitándolos sino que los busca continuamente. Es necesario que estén allí para vencerlos y salir del trance purificado. Dicha idea proviene de una larga tradición y se encuentra lo mismo en los pensadores estoicos, los teólogos cristianos o incluso en religiones orientales como la budista de la que Martí era un ávido lector. Según esta última filosofía, el sufrimiento es inevitable. Se viene a la vida a sufrir y solamente dejamos de hacerlo cuando logramos escapar del ciclo repetitivo del samsara. Para los seguidores de Buda, el sufrimiento era producto del karma destructivo que había creado el hombre en vidas anteriores. Por tal razón, este debía aceptarse y trabajar con la finalidad de mejorar su vida espiritual.

Al mismo tiempo que Martí se interesa por la filosofía de los brahmanes, lee las historias y preceptos budistas con un profundo sentido moral. Al extremo de que en su revista para niños *La Edad de Oro*, le dedica gran parte de su artículo sobre la tierra de los anamitas, a la vida de Buda. Según Roberto Agramonte en *Martí y su concepción de la sociedad,* un rasgo budista en el pensamiento del cubano es su renuncia a matar ya sea un insecto o un animal (178). Asimismo, según afirma Kelsang Gyatso, los maestros de esta doctrina afirman que "el sufrimiento posee buenas cualidades. Gracias al dolor, el orgullo desaparece, nace la compasión por los que están atrapados en el samsara, se evita el mal y se practica la virtud con alegría" (90). El dato de que la vida es un constante sufrimiento aparece en su artículo para los niños, donde además destaca lo positivo de esta filosofía. No nos debe asombrar entonces que haya encontrado en ella un mensaje de amor y de benevolencia para todas las criaturas humanas, una doctrina: "generosa, conciliadora, serena, justa, tolerante, [y] amorosa" (OC, XXI 260). En este cuaderno de apuntes, el número nueve, aparecen pues numerosas referencias al budismo. Sin embargo, Martí nunca acepta la renuncia a la vida o la simple contemplación como el método espiritual a seguir. Escoge, más bien, la lucha y la agonía como su camino y esta decisión es la que finalmente lo trasforma en héroe.

Y repito, las ideas orientales u orientalistas son esenciales a la hora de leer los textos de Martí, ya sean sus apuntes íntimos, sus arengas políticas o sus poemas. Una muestra de ello es el poema que le sigue en el libro *Versos libres* a "Homagno", este es "Yugo y estrella". Ambos poemas hablan de la misma figura y se desarrollan de un modo casi idéntico: es otro personaje quien articula la queja, mientras deja entrever su valor excepcional. Si en "Homagno" ese otro era quien llevaba la máscara y el disfraz, en esta ocasión, el poeta hace hablar nada menos que a la madre para que lo explique y justifique. Y apunta: "Cuando nací, sin sol, mi madre dijo: /—Flor de mi seno, Homagno generoso / De mí y de la creación suma y reflejo" (PC, I 84).

Además de ser ésta la mejor explicación del neologismo que sirve de título al poema anterior, en éste se equipara el concepto de naturaleza al de madre, y de nuevo se encuadra su discurso en una estructura de lamento. La voz poética describe al sujeto según la idea transmigratoria y evolucionista propia de los brahmanes, Buda, Emerson y Darwin. Él es "suma y reflejo" de la Creación. "Pez que en ave y corcel y hombre se torna" (PC, I 84). Esta constatación del ser unívoco, del universo como una repetición de formas híbridas es otra forma de acceder a una visión privilegiada del universo. Es parte de ese mismo discurso oracular que lo convierte en Homagno. A continuación la voz de la madre habla del hijo durante toda la primera estrofa, los próximos diecinueve versos, describiendo sus virtudes. Llegado el momento, ésta le muestra al poeta las dos insignias, supuestamente contrarias, de las que debía escoger una. La primera es el "yugo" (lo usa quien hace de "manso buey") y la otra la "estrella" que trae consigo la fatalidad de que todo quien la lleva sufre el castigo: "todo el que lleva luz, se queda solo" (PC, I 84). Al final del poema aparece de nuevo la voz del hijo/poeta quién le pide entonces, en una respuesta conciliatoria, ambas insignias, primero el "yugo" para que en su frente pueda lucir mejor "la estrella que ilumina y mata" (PC, I 84). Me interesa resaltar dos cosas en este poema. Por un lado que la aceptación del "yugo" aquí significa aceptar la pena y en última instancia las condiciones difíciles y degradantes en las que vive en virtud del acto redentor. Acepta la esclavitud, el exilio, la soledad como un paso para llegar a ser Homagno. Escoge el "yugo" y la estrella que "ilumina" y "mata". La primera insignia para apoyarse sobre ella y la segunda para que le abra el camino al porvenir. Es, en todo caso, una aceptación del sacrificio por lo que es también un reconocimiento de su potencial para dirigir a su pueblo y morir por la patria. Pero nuevamente, los mejores no son felices. Son las víctimas propiciatorias que sufren y se sacrifican por los demás. Son lo que terminarán muertos por esa misma luz que llevan.

En el contexto en que escribe Martí estos poemas, liberar la patria debió ser el sacrificio y la hazaña más grande que podía acometer este sujeto. Pero en "Homagno" el poeta sólo se queja y se limita a manifestar su angustia por no emplear sus enormes fuerzas en beneficio de una causa superior. La incorporación total de este sujeto a la guerra seguramente debió hacer este poema "obsoleto" por lo cual se entiende que no lo haya publicado en vida. Pero ¿sería esa la única razón? ¿Cuál podría haber sido la reacción de sus tabaqueros, amigos y otros futuros guerreros de la Patria, ante unos poemas que hablan de una escisión radical del héroe, de una "máscara" y una total imposibilidad de mostrarse tal como era? Una muestra de esa reticencia a dar al conocimiento del público algo que podía ir en contra de su imagen parece ser su renuncia a publicar sus *Versos cubanos:* "tan llenos de enojo que están mejor donde no se les ven" (PC, I 233). Por otro lado, difícilmente pudiera encontrarse en la literatura cubana una voluntad como la suya para crear una imagen tan coherente de sí mismo. Cada uno de sus gestos está premeditado y puede leerse como un intento de trasmitirle al otro (amigo o futuro soldado de la patria) una imagen purificada de contradicciones, una personalidad acorde con el proyecto que se proponía dirigir. Desde sus oratoria sacralizadora de la patria y de sí mismo, hasta las breves notas que le mandaba a sus amigos acentuando su disponibilidad para morir por ella, su prosa y sus versos dejan entrever repetidas veces un ser superior, que no deja espacio para la flaqueza, la queja o el llanto, un sujeto que se impone continuamente ante toda dificultad incluso física, para llevar adelante la obra que comenzó y dio sentido a su vida. En consecuencia habría que leer estos poemas y sus cuadernos íntimos como verdaderos agujeros negros de donde escapan sus contradicciones y angustias. Estos son los intersticios que aprovecha el sujeto para revelarse y enfrentar sus "fieras interiores".

No es casual entonces que ambos poemas, "Homagno" y "Yugo y estrella", cuestionen el ser y expresen su angustia a través de una estructura dramática que actúa "el plañido" por un mecanismo de desplazamiento: no es él sino otro quien se queja. Que ambos se piensen con un público en mente y la voz lírica se desdoble en "actores" que deben representar insistentemente el mismo guión. Parecería pues que la pasión de Martí por el teatro, (no en balde su primera gran obra fue un drama) reaparece en la creación de dichos personajes que intentan apropiarse del grado de intimidad que provee la poesía, al hacer pasar por una confesión del alma cada una de sus frases. En el poema "Amor errante" otro rasgo que demuestra el carácter performativo de dicha figura es el personaje del ángel que es en sí una cita del *Apocalipsis* bíblico.

El grabado que aparece al pie de este poema al igual que los otros del mismo libro, según Gonzalo de Quesada, fueron hechos por el propio poeta. Este en particular representa un joven de rostro bello y ambiguo, rodeado por dos hoces. De su cabeza y su abundante cabellera, surgen rayos como de un sol. Debajo de la cabeza hay unos ramos de trigo o uvas. Cintio Vitier, al referirse al simbolismo de los grabados del poemario, señalaba: "el racimo de uvas que parece un corazón, la paloma junto al arco y las flechas, el infante dormido en la hoja, son como emblemas serenadores de las candentes palabras" (150). La mención de Vitier al simbolismo de estos grabados es tal vez la única que aparece en la extensa bibliografía de Martí. Sin embargo, Vitier nunca menciona las dos "hoces" que rodean la cabeza del ángel—que tampoco menciona—y por consiguiente con ellas difícilmente este grabado podría tener un significado "serenador". Por lo contrario estas hoces, como he dicho, relacionarían el sujeto con los ángeles justicieros que aparecen en la *Biblia* y en especial en el *Apocalipsis* de San Juan de Patmos. Allí, el profeta habla de estos seres que salen al mundo a segar con sus hoces devastadoras la "mies" de la tierra durante el Admagedon por el mandato de Dios.

Según la interpretación teológica tradicional, estos ángeles debían expurgar el pecado y extirpar el mal de la tierra. El hombre sentado sobre la nube "semejante a un Hijo de Hombre", según San Juan, es identificado con Cristo, que a su vez se transfigura o adquiere cuerpo material en ellos. De acuerdo con Beato de Liébana, uno de los tantos comentaristas de este pasaje bíblico, estos ángeles son los mensajeros de la predicación y los llamados a eliminar los enemigos de la iglesia (525-31). Afirma San Juan: "Y salió del altar otro ángel, que tenía poder sobre el fuego y llamó a gran voz al que tenía la hoz aguda, diciendo: 'Mete tu hoz aguda y vendimia los racimos de la tierra, porque sus uvas están maduras'" (14-20). El dibujo que hizo Martí para ilustrar este poema y la misma representación del ángel pudo estar inspirado en estos versículos. Pero a diferencia del primer ángel que aparece en el poema, aquel que crece y llora en el pecho del poeta y por tanto representa su impotencia ante las condiciones adversas que le presenta la vida, este es "risueño y vivo". ¿Qué significado tiene este "otro ángel"? Representa posiblemente la transformación del primero en el segundo, el resurgimiento de la fe y la necesidad de seguir adelante. La confesión de la pena da paso así a una solución. Al igual que en otros poemas del romanticismo su tono es profético. Debe leerse dentro de la tradición de los ángeles apocalípticos y virtuosos que inundaron la literatura y la pintura de finales del siglo XIX. Estas figuras se caracterizan por su belleza y ambigüedad. Las pinturas de Moreau y los grabados de Vedder y Doré, abundan en este tipo de imágenes.

Por consiguiente, la salida del ángel de la ciudad en "Amor errante" para irse por mar, o por el cielo en busca del hijo, representa metafóricamente un intento de reunirse con el infante, pero también un afán por abandonar el lugar caído para reencontrarse consigo mismo. Si bien la simbología romántica y la tradición cristiana edificaron un mundo paradisíaco en el cielo y en el campo, lugares aún no corruptos por la civilización pero siempre más allá del alcance del sujeto que lo describe, salir en busca de él e irse a otro sitio podría entenderse no sólo como un intento de reunión familiar sino también, como un acto desesperado por superar su propia escisión, su máscara. Es necesario dejar atrás la tristeza y lograr la felicidad, superarse a sí mismo a través de una acción redentora.

En el panorama desquiciado de la modernidad, el poeta/ángel se presentaría en un mundo donde ya no es necesario el sacrificio, donde la guerra ha pasado de moda, y el heroísmo se vuelve innecesario. En dicho poema, la voz lírica afirma que se encuentra triste porque "Por nadie pued[e] verter su sangre" (PC, I 36). De modo que late en estos versos una especie de "nostalgia de la hazaña", de la que habla en el prólogo al poema de Bonalde (OC, VII 228). Así, la aparición de esta figura ciega y segadora al final del poema pudiera ser una forma de resolver esta angustia y asociaría el poema con la explosión de fuerzas que es común hallar en el *Apocalipsis*. Porque como se sabe, la visión de San Juan no sólo la constituyen las imágenes desastrosas por las que se recuerda comúnmente el libro sino también representa la creación de un mundo nuevo y la instauración de una época mejor para los cristianos. La aparición del otro cielo y la otra tierra es según Abrams en *Natural Supernaturalism* uno de los motivos fundamentales que pasan de forma secularizada al romanticismo. Southey, Coleridge y Blake la utilizan en sus versos y funden sus revelaciones con las revoluciones. Para Abrams tanto las revoluciones como el *Apocalipsis* siguen un patrón teológico: buscan la abolición de un régimen de miseria y opresión para sustituirlo por uno nuevo de igualdad y justicia social. ¿Pondría en esta figura Martí las capacidades redentoras que se le asumen tradicionalmente en la lírica romántica? En su artículo sobre Cecilio Acosta, publicado en la "Revista Venezolana" en 1881, Martí hace mención precisamente de esta figura y la coloca en el término de un tiempo y el comienzo de otro, afirma:

> Son los tiempos como revueltas sementeras, donde han abierto surco, y regado sangre, y echado semillas, ignorados y oscuros labriegos; y después vienen grandes segadores, que miden todo el campo de una ojeada, empuñan hoz cortante, siegan de un solo vuelo las mies rica y ofrecen en bandejas de libros a los que afilan en los bancos de la escuela la cuchilla para la siembra venidera. Así Cecilio. (OC, VIII 157)

Téngase en cuenta que este artículo aparece el mismo día que su editorial de la "Revista Venezolana", donde el cubano cancela una literatura y una época para hablar de otra que era necesario inaugurar. Por lo tanto, su poema, su revista y por extensión su libro harían hincapié en este modelo como una forma de distanciarse de la literatura anterior e inaugurar una nueva. Si bien en la tradición cristiana el significado figurativo de cortar la mies ha sido el momento en que se convierte al cristianismo a una muchedumbre de gentes no cristianas, Martí utiliza este tropo con un fin regenerativo en mente. Intenta mostrarle al lector una continuidad de generaciones, primero la de Cecilio Acosta, uno de los "grandes segadores" y luego la de él, que aun afila en la escuela la cuchilla para la "siembra venidera". Cecilio Acosta les traería a ellos, los frutos de esa primera cosecha, la "mies", convertida en pan-libro para la nueva generación.

Aun así, me interesa aclarar que la literatura, en el caso de Martí, es un pobre substituto de la acción lo cual nos indica que la verdadera redención estaría en las transformaciones sociales y políticas que luego le tocaría llevar a cabo al poeta. En el caso de Martí, se sabe, que dicho momento culminante lo representa la lucha por la independencia de España y la liberación de su país. Es de suponer entonces que la nostalgia de la lucha y todos los correlatos que de ella se derivan, vendrían a ser consecuente con el discurso de este héroe/ángel "errante" y lacrimoso quien por nadie puede verter su sangre. La repetición del tema en sus versos, los publicados y no publicados, y hasta en sus crónicas periodísticas, serviría como muestra de la ansiedad que suscitaba y de la enorme importancia que tenía. En su artículo sobre la inauguración de la Estatua de la Libertad en Nueva York, Martí vuelve a invocar esta figura jeremiaca y fantasmática contra la cual se vuelve algo violento. Esto, además de ser una obsesión en él, se revelaría como un fin discursivo de la propia escritura, con la cual el autor trata de construir su propia imagen.

Quien haya leído la crónica sobre la inauguración de la Estatua de la Libertad, recordará que Martí al inicio de ésta, relaciona el evento con su propia experiencia de exiliado político. La estatua le recuerda a Cuba, aún bajo el poder colonial y este pensamiento le atormenta. Martí comienza la crónica afirmando: "terrible es, libertad, hablar de ti para el que no te tiene" (OC, XI 99). El lector podría preguntarse en este punto ¿quién no tiene libertad? y la pregunta quedaría sin responder porque el cronista nunca establece una conexión directa entre él y "el que no te tiene". Sin embargo, si seguimos leyendo lo que continúa es una amplificación de esta primera oración. En el mismo estilo impersonal que deja en suspenso el sujeto, el cronista afirma: "se muerde el aire como muerde una hiena el hierro de su jaula. Se retuerce el espíritu en el cuerpo como un envenenado" (OC, XI 99). Así se siente, según afirma, quien no la posee. Pero la cuestión aquí no está solamente en lamentar su ausencia y demostrar los terribles sufrimientos a que se puede llegar sin ella sino, más bien, su función es introducir otra instancia performativa, que va actuar como en sus textos poéticos, la misma angustia. Será esta la personificación del Jeremías, en una especie de heteroglosia bajtiana, que la voz principal del texto (la que se identifica con el autor) tratará de reprimir. El pecado de esa otra voz reside precisamente en no haber obtenido todavía su propia libertad, lo cual lo convierte en un ser indigno para celebrar la fiesta e incluso hablar: "los que no te tienen no deben hablar de ti, sino conquistarte" dice en la misma crónica (OC, XI 99). Esta frase va a ejemplificar de forma dramática la disolución de ese Otro y su pérdida de cualquier valor, incluso el de responderle al cronista. Este se dirige a él para amonestarlo:

> Pero levántate ¡oh insecto! que toda la ciudad está llena de águilas [....] ¡Anda, aunque sientas que a pedazos se va cayendo la carne de tu cuerpo! ¡Ah! pero si supieran cuánto lloras, te levantarían del suelo, como a un herido de muerte:

¡Y tú también sabrías alzar el brazo hacia la eternidad!. (OC, XI 99)

Esta conversación imaginada entre el cronista y ese "otro" sugiere varias preguntas. Primero: ¿quién es ese "insecto" cuyo interlocutor nunca nombra? ¿Cómo es posible que haya pasado de dirigirse en segunda persona a la Estatua para reparar en él? Y finalmente, ¿por qué ese trato tan agresivo? Sugiero que nuevamente Martí esta recurriendo a la estructura de la queja con un doble fin: crear un contrapunto en el discurso entre él y el otro, (el insecto que no tiene libertad) y poder exteriorizar su propia ansiedad ante esa culpa. Esto en sí haría problemático la misma legitimidad de la voz narrativa para hablar y celebrar la fiesta. Su presencia serviría como algo negativo y daría lugar a un contraste monstruoso. En este rechazo del "insecto" la angustia reaparece a través de los intersticios de la voz autoritaria del cronista quien sólo pudiera hablar si no se identifica con él.

Ahora bien, sería importante preguntarnos además hasta qué punto esta heteroglosia en el discurso de la crónica martiana, ese desdoblamiento de la voz autorial en dos entidades discursivas claramente separadas, es o no un recurso que contribuye a fortalecer la imagen que quiere dar de sí mismo el cronista o, incluso, si podemos hablar de verosimilitud en sus descripciones. Su apelativo al otro parecería funcionar como un recurso teatral a través del cual puede insertarse de forma dramática en la narración sin ser visto. Por un momento, el cronista podría verse a sí mismo y objetivarse en su propia mirada. ¿Es acaso ese Otro el lado abyecto de una personalidad que intenta reprimir insistentemente? ¿Por qué tanta violencia en la voz? Una respuesta válida a esta interrogante podría estar en la necesidad que tiene el sujeto, como líder carismático, de favorecer un discurso fuerte y una personalidad heroica más consecuente con la imagen del guerrero que busca llevar el país a una "guerra necesaria". La voz (voces) de esta crónica coincidiría con la de otros poemas donde ésta(s) se muestra(n) a un mismo tiempo fuerte y comprensivo. Así, el despliegue de la otra personalidad, a la cual responde dicha locución, le serviría en términos pragmáticos como una estrategia de auto-legitimación, a través del contrapunteo, y el despliegue de una personalidad superior, de "Homagno", a expensas de sí mismo. Al contrario de la otra voz de insecto, la segunda emanaría seguridad, firmeza y precisión,.

Algo similar ocurre con su famosa descripción en la revista *La Edad de Oro* del "viajero" que llega a Caracas al anochecer, y sin sacudirse el polvo del camino, ni preguntar donde se comía o se dormía, fue directamente hasta donde estaba la estatua de Bolívar. La crítica martiana ha identificado invariablemente esta descripción con la del propio escritor. Sin embargo, tal identificación se hace de una forma indirecta a través de su biografía ya que Martí en dicha crónica nunca habla de sí mismo como si fuera el "viajero". De nuevo, la razón de tal ocultamiento estriba en el desequilibro emocional que muestra dicho sujeto al llegar al pie de la estatua. Martí dice: "Y cuentan que el viajero, solo con los árboles altos y olorosos de la plaza, lloraba frente a la estatua, que parecía que se movía, como un padre cuando se le acerca un hijo" (OC, XVIII 304).

Aquí la relación que se establece entre Bolívar y el "viajero" es semejante a la de un padre y su hijo. El hijo viene a visitarlo y logra con su llanto despertar la estatua en una especie de falacia patética. Bolívar lo reconoce entonces como suyo lo cual nos indica que estamos nuevamente en presencia de una búsqueda de legitimación, de una genealogía fundadora que autorice al héroe a continuar su labor independentista.

Con esto quiero aclarar que, difícilmente, cuando hablamos de la crónica martiana, puede hablarse de un texto que reproduce objetivamente lo que pasa a su alrededor. Sino que estamos en presencia de un juego de voces, de visiones ocultas de uno mismo y del Otro, que en la misma medida que se crean, construyen un texto híbrido y un lector ansioso por descifrar esas identidades anónimas. Este juego es parte de la dialéctica de la invisibilidad o del camuflaje en sus crónicas y poemas.

Como ha señalado Aníbal González con relación a Manuel Gutiérrez Nájera, el uso del seudónimo en el siglo XIX le permitía al autor ser otros personajes y al mismo tiempo protegerse del público. En una sociedad donde las disputas literarias podían terminar en peleas sangrientas o en la cárcel, el seudónimo seguía siendo una herramienta privilegiada del escritor, otro recurso de la escritura. Pero sobre todo, desde el punto de vista literario como afirma González, la seudonímia hecha sus raíces en la psicología y en última instancia se relaciona con lo que Freud y Lacan han identificado como la búsqueda simbólica de la identidad, el deseo y el lenguaje (76). Partiendo de un caso clínico que menciona Freud en *Más allá del principio del placer* (1920), donde el psicólogo analiza el juego de un niño que hace aparecer y desaparecer un juguete y que Freud relaciona con las idas y venidas de la madre, Lacan llega a la conclusión de que en ese momento el deseo se humaniza y el niño asimila el lenguaje. Lacan llega incluso a relacionar este acto con la muerte, algo que podría ser esclarecedor cuando nos enfrentamos a la angustia del sujeto en Martí y su continua obsesión con el suicidio o la muerte (*Ecrits* 103). De ahí que estas intermitencias del sujeto en sus escritos, se repitan en sus valoraciones de otros autores y demuestren hasta que punto las consideraba importante. Hablando precisamente del poeta venezolano Cecilio Acosta, Martí afirma que este era "eminentemente personal" por lo cual "el autor gana con esto; pero las ideas corren peligro de empequeñecerse" (OC, XXI 238). Y sigue diciendo:

> No todas nuestras penas y placeres, ni nuestras opiniones interesan. Bueno es sacar de sí, como de la fuente más pura, y la más cercana, experiencia, —las ideas; —pero no hacer de éstas meros puntales y señaladores de nuestra personalidad. *Se tiene más interés en ver al que se oculta, que al que a todo paso, nos sale a los ojos.* (OC, XXI 238) [énfasis nuestro]

Martí parecería describir aquí entonces una literatura que juega con el lector, con su curiosidad de descubrir o inventar al sujeto del cual lee. De tal forma que la poética y la crónica martiana se emplazaría como una combinación de visibilidades y sujetos desunidos, donde paradójicamente estas representaciones lindarán con lo abyecto y apelativos como "eunuco", "hiena" e "insecto". La intención podría estar en la necesidad de hacer pública una capacidad de auto disciplina que trascienda el sufrimiento y la angustia para privilegiar objetivos más altos. Su propósito es la paciente construcción de la auto-imagen que le posibilita al héroe hacerse de los hilos que controlan la política. Una imagen forjada sobre la base de una incuestionable voluntad y una férrea determinación, de ahí su herencia estoica y cartesiana.

Una idea clara de tal voluntad en Martí la dan diversos fragmentos de sus cartas, apuntes y poemas. En ellos Martí habla de la necesidad de acostumbrarse al sufrimiento como algo necesario para la vida. En el poema "Musa traviesa" afirma que los hombres traen un "encargo" que describe en términos de sacrificio. Pero incluso en sus enseñanzas y referencias al hijo aparece el mismo motivo. Al hablarle de él por vez primera a Manuel Mercado en una carta, Martí le decía: "no tiene esas prematureces portentosas" de otros niños pero "sabrá sufrir, sabrá pensar y sabrá amar" y de los tres "saber sufrir es lo que más importa— aunque se muera de esto" (OC, XX 61). De forma similar le escribe a su "niña", María Mantilla desde el barco camino de Cabo Haitiano. Le aconseja que no debía tener "miedo a sufrir", porque "sufrir bien, por algo que lo merezca, da juventud y hermosura" (OC, XX 212). Dicha idea de las bondades del sufrimiento tiene un fuerte trasunto oriental. Ahora me interesa hacer notar lo preparado mentalmente que debió estar alguien que tuviera esta filosofía para enfrentar una vida de penurias y sufrimientos. Martí naturalmente la tenía, pero Carmen Zayas Bazán, su esposa, nunca la compartió.

Basándose en esta justificación del sufrimiento, el sujeto poético martiano lucha continuamente por aclimatar el alma a la pena y disciplinar el cuerpo y las emociones. Quejarse, por tanto, no era una opción. Consecuentemente, la voz poética de varios de sus textos oscilará entre las tensiones que provoca la angustia—cualquiera que esta sea—y el rechazo de la queja. Aprendizaje estoico donde la voluntad intenta convertir al sujeto en una hoja de acero lista para el combate. Habituarse al sufrimiento implica entonces crearse una "coraza" y hacer del pecho un "peñasco" (PC, I 53). Entre los poemas que muestran esta tensión están el número VIII y XLV de *Versos sencillos*. En estos dos, a diferencia de "Homagno" la voz lírica no se identifica abiertamente con el otro abyecto sino que trata de mostrar su dominio sobre él con el objetivo de seguir adelante y cumplir con su deber. No por casualidad en una de las cuartetas del primer poema del libro, la voz lirica dice: "Oculto en mi pecho bravo / La pena que me lo hiere:" (PC, I 236) y el mismo topos se repite en el poema *VIII*, que comienza precisamente atestiguando la presencia de ese otro Yo, de eso que no puede decir. Martí afirma: "Yo tengo un amigo muerto / Que suele venir a ver:" y a partir de aquí, la voz lírica cuenta como este amigo "se sienta y canta" "Canta en voz que ha de doler" (PC, I 244). Las cuatro estrofas que le continúan son las palabras del "muerto" que cuenta el fracaso de su matrimonio. De éstas sólo citamos dos:

> Hay una loca más fiera
> Que el corazón infeliz
> La que le chupó la sangre
> Y se echó luego a reír

> Corazón que lleva rota
> El ancla fiel del hogar,
> Va como barca perdida,
> Que no sabe a dónde va (PC, I 244)

La voz lírica reproduce estos parlamentos entrecomillas reforzando así la idea de que es otro quien habla. La mujer descrita en las estrofas como una vampiresa que le chupa la sangre al poeta es otra de las representaciones tradicionales de lo abyecto femenino de finales del siglo XIX. Sin embargo, al final de la cuarta estrofa, la voz central del poema retoma el control del mismo y afirma:

> En cuanto llega a esta angustia
> Rompe el muerto a maldecir:
> Le amanso el cráneo: lo acuesto
> Acuesto el muerto a dormir. (PC, I 244)

Nótese que el gesto que pone fin al poema es el mismo de "Homagno": Acariciarle el cráneo en señal de conmiseración. También, como en el poema anterior, la voz lírica habla aquí en primera persona sólo al inicio y al final, cerrándolo como un círculo. Tal es la estructura poemática que más se repite en sus versos. En el poema que comienza "sueño con claustros de mármol" aparece otra figura quejosa la cual en un gesto de desesperación para convencer a los héroes a ir a pelear por su patria, se aferra "lloroso" a un mármol (PC, I 282). Pero el mismo final sugiere que esta figura muere después al ser agarrada violentamente por el cuello y dar con su cabeza por tierra uno de los héroes que momentos antes permanecía dormido.

En todos los casos la angustia toma la forma de un ser extraño, que como afirma en su crónica sobre el poeta Walt Whitman entiende como un ser menor, una parte de su personalidad que debe ser reprimida. Por lo cual el sufrimiento queda prohibido. Afirma Martí del norteamericano: "Padece, sí, padece; pero mira como un ser menor y acabadizo, al que en él sufre, y siente que por sobre las fatigas y miserias hay otro ser que no puede sufrir, porque conoce la universal grandeza" (OC, XIII 139). Ese otro ser "que no puede sufrir" es el que habla casi siempre en Martí desde la primera persona.

En este comentario sobre el poeta de *Leaves of Grass*, Martí no cita texto alguno para sustentar su opinión, pero sí sugiere que es un conocimiento particular del universo lo que lo consuela y lo lleva a sobrepasar los momentos de fatiga y miseria. En todo caso el ser superior que alberga el poeta en oposición a ese que se queja y es "menor y acabadizo" es también una especie de pequeño dios, llámese Memnón u Homagno. Dicha forma de ver el mundo, reprimiendo la queja y exaltando las posibilidades creativas del ser, es una de las notas que más se repite en su crónica sobre el bardo. Reaparece en otro fragmento al explicar que en la naturaleza ningún animal—según Whitman: "se arrodilla ante otro, ni es superior al otro, ni se queja" (OC, XIII 136). La cita, que aparece en Martí sin referencia alguna al texto original, pertenece al poema número 32 de "Song of Myself" del poemario *Leaves of Grass*. El texto original es algo más extenso que lo dicho por Martí y dice en inglés: "Not one kneels to another, nor to his kind that lived thousands of years ago, / Not one is respectable or unhappy over the whole earth" (60). De las distintas interpretaciones de este poema de Whitman, la de Ronald Wallace es la que más se acerca a la visión del cubano. Wallace señala que Whitman en estos versos critica a las personas identificando las cosas negativas que hacen (60). Los animales vivirían en un mundo más feliz que el hombre, por lo cual sugiere, estos deben de servirle de ejemplo a imitar. Esto coincidiría pues con la relación que establece el cubano y el trascendentalismo entre el hombre y el universo. Si el hombre es cada una de las criaturas que lo forman, entonces no tiene razón para hacer algo que estos no hacen.

En su traducción de los versos de Whitman Martí escribe "respectable" (respetable) como "superior al otro" ya que en este adjetivo la idea de diferencia social queda implícita y se acentúa; y a su vez traduce "unhappy" (triste) por "ninguno se queja". A su vez, dos páginas después el cronista volverá a hablar de la "majestad" de dicha frase, porque "la verdad es que ya sobran los acobardadores" y continua hablando de: "la queja estéril de los que no tienen energía necesaria para domar la vida, ni la discreción que conviene a los cobardes" (OC, XIII 140). Sin embargo, llama la atención que en su primer poemario Martí deja escapar lo que parece una queja, cuando le dice a su hijo/ labriego en el mismo poema "Valle lozano" lo siguiente:

> Otros con dagas grandes
> Mi pecho araron:
> Pues ¿Qué hierro es el tuyo
> Que no hace daño? (PC, I 45)

La queja, aun cuando muy leve en estos versos, deja entrever las angustias del escritor. Martí tratará por tanto que ésta no se trasluzca en sus poemas. Por eso tal vez donde se muestra más entusiasmado al hablar de Whitman es en la forma en que el norteamericano subvierte las convenciones de la época y celebra el mundo. Pero lo fundamental aquí es señalar que esa prohibición en lugar de desaparecer, regresa en sus poemas y crónicas, y crea una tensión irresuelta que es posible leer en múltiples niveles: individual, social y político. La construcción de estas instancias imaginarias, representativas de lo Otro abyecto, será una forma de desplazar esa angustia, de exteriorizarla con el doble propósito de vencerlas y mostrarse como un ser superior. Por tal motivo, tales representaciones serán seguidamente rechazadas por ser poco viriles, falsas o monstruosas. Servirá igualmente como recurso retórico para apelar a la sensibilidad del público, un recurso de creación de auto imagen que le permitirá mostrarse como un ser capaz de domar el sufrimiento personal y dar su vida en beneficio de los otros.

JOSÉ MARTÍ Y LOS DEMENTES RELIGIOSOS DE LAS ESCENAS NORTEAMERICANAS

En la crónica fechada el 1 de septiembre de 1883 en Nueva York, Martí narra uno de los sucesos más horrorosos de fines de siglo en Norteamérica: el asesinato de unos niños a manos de sus padres, los religiosos Silvestre Knobb, Charles Freeman y los esposos Hicks. Según el cubano Silvestre Knobb atormentado "por las pláticas de ese Ejército de Salvación que anda de moda ahora", había crucificado al hijo y quemado viva a la hija y lo mismo habían hecho los otros dos (OC. IX, 455). De acuerdo con Philip Jenkins, el incremento de las sectas religiosas en los Estados Unidos y el tono cada vez más sensacionalista que adoptaron los medios de comunicación a finales de siglo, hizo que cuando apareciera un caso de este tipo en la prensa se interpretara invariablemente como resultado del fanatismo en lugar de ser simplemente un caso de locura (42). Jenkins cita el caso de Charles Freeman quien en mayo de 1879 imaginándose él mismo otro Abrahán, asesinó a su pequeña hija: Edith.

En este ensayo me interesa explorar la representación martiana de estos religiosos así como la de los librepensadores de Rochester que menciona en la misma crónica. Dicho análisis me llevará a establecer semejanzas entre la filosofía de Martí y la de Emerson en cuanto a sus conceptos de transmigración y evolución, y del mismo modo, intentará dejar al descubierto las estrategias retóricas de persuasión que Martí utiliza para convencer al lector.

Como es bien conocido, en el *Génesis* Dios le pide a Abraham que sacrifique al hijo como prueba de lealtad hacia él. Pero una vez dispuesto a cometer el crimen Dios detiene al patriarca hebreo convencido de su firmeza y lealtad (22:2). El primero de mayo de 1879 Charles Freeman, uno de los asesinos que Martí menciona en su crónica, actuaría literalmente dicha escena por lo cual la noticia se convirtió en una de las más sensacionales del momento. Un panfleto de Filadelfia describía el asesinato con el siguiente título *Poor Little Edith Freeman: The Victim of a Father's Fanaticism!* José Martí quien llega siete meses después a New York, en enero de 1880, pudo todavía ser testigo de la polémica que suscitaron estos crímenes y en su crónica de 1883 reúne este y otros dos para presentárselos al lector (OC. IX, 453).

En realidad, el suceso tenía todos los visos de una noticia capaz de suscitar el interés de los criollos al otro lado del continente: hablaba de la locura y la violencia y ponía al descubierto la fragilidad del orden familiar en la sociedad norteamericana. Con estas noticias, el cronista apelaba también a un público con una fuerte tradición religiosa, si bien Católica en lugar de Protestante. Por lo cual el simple crimen se convierte en el artículo de Martí en un terreno fértil donde este va a analizar los hechos, va a cuestionarse la historia e incluso va a proponer conclusiones que tienen que ver con la misma factura del universo. Su crónica va a reflejar una insistente preocupación con el tiempo, a la vez trascendental e histórico, y esta es la razón por la cual el cronista no se detendrá en la simple descripción de los crímenes y pasa a explicarlo del siguiente modo: "Y se detiene el pensador y se pregunta: ¿A qué pasan los siglos si el bárbaro Silvestre Knobb,— como Abrahán bárbaro, oveja fiera, sombrío ejemplo de la bestia humana" [sacrifica a sus hijos en nombre de dios]? (OC, IX 455).

Con esta pregunta, Martí comienza la reflexión de dicho "pensador" sobre estos crímenes y trae a colación la figura de Abrahán, hombre "bárbaro, oveja fiera" cuya actitud había servido de patrón al criminal. Su mención aquí, sugiero, va a ser más que anecdótica e incluso literaria. Martí aspirará a que el lector establezca con ella una analogía entre el tiempo del patriarca y el de la "bestia humana" que resurge en la modernidad en la figura de estos religiosos. De modo que, desde un inicio la cuestión del tiempo, el significado que Martí le atribuye, va a ser esencial y estará resumida en la misma pregunta que se hace el cronista. Con ella va a explicar la forma en que se estructura la historia y enunciará su propia posición con relación a ella y el Otro. A primera vista, pareciera que la pregunta que se hace muestra cierta duda sobre esa gran alegoría que define la historia como el avance continuo y ascensional de las sociedades modernas. Sin embargo, la respuesta que haya va a reforzar esa idea ya que unirá en su explicación el desarrollo espiritual de la humanidad en su conjunto. Explica Martí:

> Y es que donde quiera que nace el hombre, y en cualquier época y ambiente de civilización donde aparezca, tiene mientras no lo afinan siglos sucesivos de infusión de razas viejas,— la credulidad y necesidad del milagro de la infancia, la crueldad y temor supersticioso de las razas vírgenes, los acontecimientos y las brutalidades de la aún no olvidada fiera. (OC, IX 456)

Es decir, si Martí comienza dudando del avance sostenido de la civilización, su respuesta es un atrincheramiento en ese mismo concepto, que él define como una polaridad y un continuo afinamiento de la raza. En sus descripciones de los Estados Unidos, Martí reitera el carácter embrionario de su sociedad, por lo cual puede construirla en términos de precariedad, de una falta de tiempo y reacomodo de sus "razas" que era lo necesario para su buen funcionamiento. Al entenderlo así, el cubano no estaría describiendo el asesinato como un simple acto de fanatismo y ni siquiera como un arrebato de locura. Su explicación iría más lejos y se convertiría en una regla que se repite de forma invariable desde el momento que comienza la vida en cualquier "época y ambiente de civilización" hasta que estos individuos logran perfeccionarse. El caso de los religiosos le demostraba rasgos propios de la infancia de estos sujetos, un presente que no había sido "afin[ado]" como dice por "siglos sucesivos de infusión de razas viejas". "Afinar" significa perfeccionar, armonizar, pulir. El supuesto avance de la raza (reflejo de la humanidad) se concebiría entonces en términos de un progreso positivo donde se iba depurando de ella lentamente lo que no servía. Para un reformador social, incluso para cualquier lector que leyera el texto atentamente, la pregunta a este dilema sería: ¿cómo era posible resolver dicha situación que tomaba "siglos" en sociedades "vírgenes" en países del Norte y Latinoamérica? ¿De dónde podía salir esa "infusión" o extracto? Martí no sugiere ninguna respuesta a este dilema que él mismo plantea, sino que se limita a constatar algo que le parece obvio y es la necesidad de ir "matando" la "fiera" y la posibilidad de que dado un elemento externo pueda resurgir dicha bestialidad en cualquier ser humano. Y afirma seguidamente:

> ¿Qué es pecho humano si no suma de todo ser viviente, y junta de todas las formas el Universo, y prodigiosa sementera de donde a quererla regar el agua desconocida, surgiría en todas sus vestiduras y encarnaciones la naturaleza? Y está el progreso del hombre en ir matando fieras. (OC, IX 456)

En esta explicación del ser humano, Martí recurre a una metáfora geológica para describir el pecho del hombre. Este vendría a ser una especie de archivo donde al igual que la tierra guarda todo tipo de semillas, o "ser[es] viviente[s]". Este es una "sementera", un lugar fértil de donde sale la vida si se le riega. De modo que nuevamente Martí construye al individuo en base de una imagen temporal, la que cada uno trae consigo cuando nace. Si bien todos somos iguales en algunos hombres vuelve a nacer la fiera y en otros no. De este modo, Martí expresa una visión muy particular del universo, y pone a competir su explicación con la de los religiosos, como hará más adelante con los librepensadores. Pero ¿sobre qué bases se construye dicha visión?

Según la filosofía unívoca que propone, cada ser humano (incluyéndose él mismo) sería un compendio de "todo ser viviente" (animal, vegetal, incluso sexual) en quien dado un factor externo, como era la prédica del Ejército de Salvación, resurgiría la naturaleza virgen en todas sus vestiduras; esto es: la fiera que la virtud personal no había podido vencer; lo que el "progreso", entendido en términos espirituales y de la humanidad, no había podido desechar o afinar. Esta visión ordenadora del mundo revela la condición primaria/primitiva del hombre; así como la posibilidad de su perfección en el futuro a través de la virtud y el tiempo. Por tanto, es de interés notar que Martí utiliza la palabra progreso con una doble acepción: desde el punto de vista de la evolución espiritualista de cada individuo y en un contexto que necesariamente remite también al "avance" por el que han apostado las sociedades modernas: el tiempo que va de Abrahán al sujeto moderno.

La visión unívoca del universo que Martí expresa aquí reaparece en otros artículos y poemas, por lo cual difícilmente la utiliza como un simple argumento retórico. Más bien, con ello, la voz lírica demuestra una convicción panteísta del ser humano que tiene sus raíces en las creencias teosóficas, espiritualistas, trascendentalistas y otras corrientes ocultistas de finales de siglo. Esta visión aparece en Martí unida a la idea de la trasmigración de las almas y la unión indisoluble del universo ambas ideas propias de la filosofía emersoniana y oriental. En su ensayo "History", por ejemplo, Emerson afirma que la idea de "transmigration of souls is no fable. I would it were; but men and women are only half human" (132) [la trasmigración de las almas no es una fábula. ¡Ojalá que lo fuera! Pero los hombres no tienen de humanos más que una mitad]. Si tomáramos como referencia comentarios de este tipo, Martí establecería entonces en su artículo una sutil semejanza con la idea darwiniana de la evolución natural de los organismos vivos y la idea espiritualista del desarrollo personal según la concibió Emerson. Como afirma en más de una ocasión Martí, Emerson se había adelantado a Darwin en plantear dicha idea, en especial, en unos versos suyos que sirven de prefacio a la segunda edición de su libro *Nature* (1849). Dice Martí: "Emerson se anticipó a Darwin. La poesía vio antes: se anticipó en verso" y a continuación, cita el poema: "And striving to be man, the worm / Mounts through all the spires of form" (OC, XXI 391) [Y luchando por ser hombre, el gusano / asciende a través de todas las espirales de la forma].

La relación que establece Martí entre ambos autores es importante resaltarla por varios motivos. Primero, porque refuerza la idea que tenía el cubano sobre del papel visionario e heurístico de la poesía y el poeta en la sociedad, y porque une la visión espiritualista de la trasmigración—tal y la tendió Emerson—con la teoría científica. En ambas corrientes aparece el mismo denominador común: la idea de evolución o transformación de los organismos. En el caso de esta crónica, "el espíritu" que según Emerson y Martí tomaba formas más avanzadas en la escala animal. ¿Cómo llega a relacionar pues el cubano este idea y la noción de un *continuum* en la historia y la naturaleza? ¿Cómo logra hacer pensar que el hombre debe *matar* la fiera que lleva en el pecho y que en esto estriba el *progreso* humano?

Fernando Ortiz en su libro *La filosofía penal de los espiritistas* explica cómo el pensamiento del siglo XIX logró hacer converger una idea fundamental—la evolución—en pensadores tan disímiles y de la talla de Comte, Darwin y los espiritistas. En su conferencia, Ortiz se confiesa un lector ávido de ambos: los filósofos positivistas y los espiritistas y asegura encontrar en ellos una serie de semejanzas cuyo hilo conductor es el antiguo principio de la evolución. Y para probar su punto de vista hace un repaso a las ideas León Hipólito Denizart Rivail (1804-1866), más conocido por Allan Kardec y la teoría de su propio maestro, Cesar Lombroso, quien ya en esa época había alcanzado gran fama por sus conceptos del *criminal nato* y el *atavismo*. Debido a que las ideas de Allan Kardec eran anteriores a la de su maestro, Ortiz se pregunta si hubo alguna influencia del primero en el segundo a lo cual se responde que no, que era la "idea madre: la de la evolución" lo que ambos tenían en común (133-34). Según cuenta Ortiz para la época en que Allan Kardec comienza a escribir, 1854, las ideas de Jean-Baptiste Lamarck ya estaban establecidas y Herbert Spencer había publicado sus ensayos. Un año después, en 1858, Wallace y después Darwin publicaban su *Teoría de la Selección Natural* y *El origen de las Especies* (1859). Por lo tanto, sugiere el etnólogo, que el evolucionismo como doctrina es bien antiguo y reúne adeptos tan disímiles como los brahmanistas, los jónicos, Heráclito, Empédocles, llegando hasta Hegel y Comte (135). Esta relación que establece el cubano entre ambas teorías es importante enfatizarla porque demuestra que de forma contraria a como se piensa usualmente, las fronteras entre la ciencia y las creencias esotéricas de la época eran bien porosas. Esto explicaría además en el contexto americano la existencia de poetas como Emerson, Whitman, Martí y Darío quienes trataron de reconciliar ambas. En otra de sus conferencias: *Martí y las razas*, Ortiz concluye que Martí está entre "los espiritualistas modernos" y que de su apego a esta filosofía, le venía al cubano su rechazo del concepto de desigualdad racial (14).

Según Ivan Schulman, hablando a propósito de Martí, el impulso a reconciliar los sistemas en aquella época era una prolongación del eclecticismo de Cousin (112). Y en efecto. La tendencia en el cubano siempre está en unir y relacionar ambos saberes en lugar de desecharlos. Su preocupación estriba en suplir con las ideas del norteamericano lo que la ciencia era incapaz de resolver. Por ello como sugieren Miguel Jorrín y Raquel Catalá, Martí establece una relación ambivalente con la ciencia. Esto se deduce de su reproche tanto a Comte como a Darwin por no haber ido más lejos e incluso entorpecer lo que se sabía, pero a un mismo tiempo aceptarlos. Jorrín afirmaba, por ejemplo que a la par de la deuda de Martí con el trascendentalismo de Emerson, el orientalismo de los brahmanes, el espiritualismo de Luz y Caballero, y sobre todo, con el krausismo español, este había aceptado las ideas de Comte: "sólo como ciencia". Decía Jorrín: "el positivismo, para Martí, vale como ciencia, pero sólo como ciencia y nunca como filosofía" (13). Por otra parte, además de reconocerle Martí a Darwin el valor de su teoría, le reprocha que sólo haya visto un lado de la cuestión—la evolución de los organismos vivos—y no prestara cuidado al desarrollo del espíritu. Todo esto hace que su crónica sobre el inglés se vuelva un contrapunteo entre las ideas del científico y las del pensador espiritualista.

No es de extrañar entonces que cada vez que Martí hable de Darwin, saque a relucir lo que el científico había olvidado. Afirma el cubano: "bien vio, a pesar de sus yerros, que le vinieron de ver, en la mitad del ser, y no en todo el ser" (OC, XV 380). Es esta parcialidad de su teoría y su "desdén de inglés" por las razas no europeas, lo que le critica. En cuanto a su falta de interés en lo espiritual, Martí sigue afirmando: "no comido del ansia de saber a dónde se va, se encorvó sobre la tierra, con ánimo sereno, a inquirir de dónde se viene" (OC, XV 380). Es imprescindible leer, por lo tanto, en estos reproches un doble gesto: el testimonio de su admiración y a la vez, el recordatorio de que toda la vida no era el lado simplemente animal del ser humano. Cree necesario explicar sus "yerros" y enfatizar la necesidad que siente el individuo del "coloquio inefable con lo eterno" y "la certidumbre real [....] de una vida posterior" (OC, XV 380). Por supuesto, en la teoría de Darwin no había lugar para estos coloquios y estas ansias. No obstante, Martí continua sus reproches y si no deja de aceptar las "semejanzas" que Darwin encuentra entre el hombre y el resto de los animales, similitudes—como dice—"de inteligencia" y "de forma", afirma también que a esta conclusión llega el inglés "sin que por eso pueda probarse, con lo que no hay alarma para los que mantienen que el espíritu ha venido ascendiendo en los animales, en desarrollo paralelo a medida que ascendía su forma" (OC, XV 373). Martí termina esta idea afirmando:

"la alarma viene de pensar" que cosas como los efectos y las ideas nazcan del "cuerpo acabable" (OC, XV 373). En otro artículo sobre las ideas de este científico, Martí relaciona su teoría con lo que había dicho el Talmud mucho tiempo antes. Halla semejanzas entre los dos y explica también que el positivismo: "con el sano deseo de alejar a los hombres de construcciones mentales ociosas, está haciendo el daño de detener a la humanidad en medio de su camino" (OC, XV 403). ¿Cómo debería entenderse entonces este doble gesto de aceptación y rechazo? Debería entenderse en el contexto del inmenso vacío espiritual que significó el siglo XIX con su énfasis en las ciencias, el método racional, las matemáticas y la consecuente "desmiraculización del mundo" y no como un rechazo de plano (Girardot 79).

En realidad Martí, como otros modernistas, esperaba más de los científicos, quería que fueran más allá del mundo material y respondieran las grandes preguntas que el hombre se había hecho siempre. En tal sentido, la ciencia había aportado muy poco, pero la filosofía emersoniana y orientalista prometían mucho. Esta le daría finalmente la seguridad al individuo, en términos espirituales, sobre su futuro. En vista a tal crítica del cubano al inglés, es importante leer la crónica de Enrique José Varona de mayo de 1894 en respuesta a otra anterior de Enrique Gómez y Carrillo. Este cronista había dicho que la ciencia había "hecho bancarrota" al apenas haber conseguido mejorar las condiciones materiales de la vida del hombre. En respuesta, Varona argumenta que desde hacia tiempo, se le venía reprochando a los científicos no haber resuelto: "los problemas transcendentes, como el origen y destino del mundo y del hombre" pero que en realidad, esta nunca fue una promesa (7). Que su único objetivo era "examinar y clasificar el fenómeno y ver si puede utilizarlo para la obra sólida y duradera que edifica" (10).

Pero si Martí buscaba en los científicos una validación de sus ideas espirituales era porque los respetaba y de cierta manera su prestigio era difícil de ignorar. Mas bien, será la parcialidad de sus paradigmas y su "desdén" lo que lo detiene (OC, XV 380). Por tal motivo, no se cansa de afirmar que Emerson se había adelantado a Darwin al elaborar su teoría e incluso cita a científicos famosos como Tyndall, Draper y Huxley— este último, el defensor más osado de Darwin—, quienes avalaron el trabajo de los poetas. De Huxley, Martí llega incluso a reproducir un fragmento donde se afirma que en el "hombre de genio" el espíritu científico tomaba la forma de "sitema filosófico o teológico, o poesía" (OC, XXI 255). De nuevo, los poetas eran seres privilegiados que habían intuido las grandes verdades antes que todos. De John Draper, profesor de química de la Universidad de Nueva York y autor de varios libros de historia y un tratado de fisiología humana, Martí afirma:

Y estos seudo-científicos soberbios, ¿Por qué no leen lo de Draper que dice así, hablando de las formas sucesivas de la fuerza solar?— "Las metamorfosis que han fingido los poetas de la antigüedad no son simples ficciones, y el mundo vegetal y animal están indisolublemente ligados uno al otro." (OC, XXI 430)

El fragmento que cita Martí, desprovisto de toda referencia bibliográfica, aparece en uno de sus cuadernos de apuntes, y se refiere a un pasaje del segundo tomo del voluminoso libro de Draper: *History of the Intelectual Development of Europe* (1876). En este libro el científico e historiador regresa sobre la antigua tesis de la influencia del clima (*climata*) sobre el organismo, en especial, el influjo de "la fuerza solar", y halla semejanzas entre la fisiología de las plantas y del hombre. Según él, la luz que recibían las plantas del sol, era absorbida por los animales y luego por el hombre a través de la digestión y sus partículas transformadas en "fuerza nerviosa, luz o electricidad" (341-42). Se debe aclarar que la teoría del clima es una de las más antiguas. Desde Hipócrates—pasando por Santo Tomás de Aquino y Las Casas—dicha teoría se ha venido utilizando de una forma u otra para explicar el desarrollo de las razas en diferentes lugares del planeta. No es difícil suponer entonces que al igual que Draper, Martí encuentre una continuación entre los poetas antiguos y los modernos y que esta vez, el influjo del sol fuera el factor distintivo entre los hombres. Martí, parece aceptar dicha teoría cuando afirma su influencia sobre la elocuencia, que a su modo de ver es diferente en los países del Norte y del Sur. Dado, dice el cubano, la "excesiva luz" de la zona tórrida, "los cuerpos frágiles" que contienen la palabra, "la echan a rodar llena de esmaltes como los ríos de agua clara de que cuenta Mahoma". Y se pregunta el cubano: "¿Quién no conoce la relación visible del sol y la elocuencia?" (OC, XI 263). Por eso afirma en otro lugar: "Y el culto indio al Sol ¿no resulta ser estrictamente científico?" (OC, XXI 429).

Dicha teoría, en la forma que le dio validez Draper, le servirá a Martí para destacar la correspondencia existente en la naturaleza. El hombre, desde el punto de vista fisiológico, sería un microcosmos, una "suma" de partículas muy diversas. En su interior estaría contenido el universo. De nuevo, Martí admiró profundamente a este científico, tanto que en una crónica llegó a afirmar que su libro sobre Europa era una obra tal: "que parece al que la lee, que se le abren en la sombra luminosos horizontes" (OC, IX 227). Para luego seguir afirmando: "cuanto nos avergonzamos ante estos cíclopes, nosotros los que hacemos grandes méritos de tal o cual librillo medicante" (OC, IX 227). La ciencia y la poesía se unen entonces en un intento de explicar el mundo. Las metamorfosis de la que habían hablado los poetas antiguos como Ovidio eran ciertas y probadas por la ciencia. El gusano se transforma en hombre al igual que en la vida diaria podía apreciarse la transformación de la oruga en mariposa.

Si bien es muy probable que Martí conociera la idea de trasmigración de las almas antes de leer a Emerson, su contacto con la filosofía del norteamericano debió ser decisivo. Emerson llegó a hacer una síntesis original de las ideas de Lamarck y la metafísica hindú del samsara, la idea de que el mundo material y el universo estaban en constante transformación y eran un ciclo continuo de vida, muerte y renacimiento. Basándose en este ciclo Emerson llega a concebir su propia filosofía de evolución del espíritu. Según esta creencia oriental el alma reencarnaba varias veces hasta que después de ser "purificada" iba a parar al seno de Brama. En cada una de estas reencarnaciones el individuo recibía "la justa retribución de sus actos", como dice Raquel Catalá, haciéndolo responsable de su propio destino en la tierra (327). ¿Cuándo comenzó Martí a interesarse por estas ideas? En fecha tan temprana como 1882, ya la menciona en uno de sus cuadernos íntimos de apuntes, y la asocia lo mismo con la cultura egipcia que la hindú. Dice el cubano al comentar el culto a *Serapis*, basado en el toro sagrado de los egipcios, "De allá vienen en *Serapis* y los *serapeum* griegos.— Eso es lo verdadero:— 'transubstanciación de las almas hasta su completa unión con el espíritu del mundo!'—'La precedía, entre los egipcios, el dios de *Sakari*'" (OC, XXI 206). Un momento después, en la misma página, sigue describiendo el método de "purificación" que seguían sus sacerdotes, de lo cual se deriva las diferencias entre la vida contemplativa y de renuncia que estos seguían y la que escogió el propio poeta. Dice el cubano: "como los brahmanes en las selvas,— luchaban los servidores de Osiris por la íntima purificación al servicio de *Serapis*.— ¡Esa lucha no es meritoria!— Se ha de vencer a la vida— ¡viviendo!—" (OC, XXI 206). Esta idea va a ser fundamental cuando se analiza luego su crítica y comprensión del suicidio tanto del "padre suizo" como de los otros que ocurrieron en la época.

Debo añadir además que a pesar de que en la cultura católica la idea de la "transubstanciación" se asocia en general a la Eucaristía, (el pan y el vino transformado en el cuerpo y la sangre de Jesucristo), Martí lo usa aquí para indicar un fin trascendente y propone un método, el suyo propio, para lograrlo. Todo esto nos indica que ya para la fecha en que el cubano escribe su famosa crónica sobre el filósofo de Concord estos conceptos están siendo sometidos a un intenso laboreo, y que para el tiempo en que escribe sobre los asesinos, su idea del progreso espiritual ya había echado fuertes raíces en su pensamiento.

Según Emerson en el hombre se podía encontrar huellas de animales en las vidas anteriores del espíritu y para ello partía de la idea optimista de que el hombre en lugar de degenerar después de la "caída", iba mejorando y ganando en formas sucesivas de reencarnaciones. Según Gordon-McCutchan, varios aspectos predispusieron al pensador norteamericano a aceptar dicha idea. Uno fue sus lecturas de Plotino y los neoplatónicos, otro su fe en que la misma existencia del gozo implicaba una duración lo suficientemente amplia como para lograr satisfacerlo—idea que reaparece en Martí; y por último, lo que consideraba la responsabilidad de cada hombre por sus actos morales y la explicación de la existencia de personas malvadas en el mundo (214). Esta influencia hindú en su filosofía es uno de los puntos en que Martí hace énfasis en su crónica sobre él; ya que afirma:

> A veces deslumbrado por esos libros resplandecientes de los hindús, para los que la criatura humana, luego de purificada por la virtud, vuela como mariposa de fuego, de su escoria terrenal al seno de Brama, siéntase a hacer lo que censura, y a ver la naturaleza a través de ojos ajenos, porque ha hallado esos ojos conforme a los propios, y ve oscuramente y desluce sus propias visiones. (OC, XIII 27)

Parece interesante notar que en este fragmento, Martí sólo critica este rasgo de su filosofía. Le reprocha al norteamericano que haya tenido que ir a otra escuela a buscar lo que según su propia prédica en "self-reliance" [confía en ti mismo], cada hombre debería concebir individualmente. Es decir, Emerson se pone a observar la Naturaleza "a través de ojos ajenos". No crea nada nuevo sino que asume las ideas de otros. Si Martí lo había alabado, aunque erróneamente, por adelantarse a Darwin, aquí reconoce que dicha actitud es una muestra de "lo mismo que censura". Pero este reproche, sugiero, es a su vez ambivalente ya que de inmediato, Martí lo disculpa afirmando: "Y es que aquella filosofía india embriaga como un bosque de azahares, y acontece con ella como con ver volar aves, que enciende ansias de volar" (OC, XIII 27). Esta actitud algo distanciada de la filosofía hindú en la crónica sobre Emerson, es lo que le hace decir a Raquel Catalá, que en dicho fragmento hay como una especie de "resist[encia]" por parte del cubano "a la seducción de esta metafísica" lo cual era en sí paradójico ya que como afirma seguidamente: esta "fulgura a través de todos sus pensamientos"

(331). En su ensayo "History" que citamos más arriba, Emerson, después de afirmar que no es una fábula la idea de la transmigración del alma, explica:

> Every animal of the barn-yard, the field and the forest, of the earth and of the waters that are under the earth, has contrived to get a footing and to leave the print of its features and form in some one or other of these upright, heaven-facing speakers. Ah! Brother, stop the ebb of thy soul, – ebbing downward into the forms into whose habits thou has now for many years slid. (132)

> [Cada animal del corral, del campo y del bosque, de la tierra y de las aguas que hay debajo la tierra, ha conseguido introducirse y dejar la huella de sus características y formas en uno u otro de esos seres que hablan, que se sostienen en pie, que miran al cielo. ¡Ah, Hermano!, contén la marea decreciente de tu alma, que te arrastra hacia las formas inferiores, bajo las cuales has vivido durante muchos años.]

Por consiguiente, en el filósofo de Concord la idea de trasmigración y metamorfosis está indisolublemente ligada a la idea de pena o castigo. Cada ser humano es responsable de sus actos morales y así tendrá que expurgarlos. El alma evolucionará hacia formas superiores, en la medida que logre superarse a través de la "virtud". No es casual entonces que en varios lugares de su obra Martí hable de esta doctrina de forma abierta y con un sentido de aceptación que no es común encontrar en sus textos. En una crónica de septiembre de 1884, publicada un mes después en *La Nación* de Buenos Aires, el cubano dice: "El mundo animal está en concreción, en toda asociación o persona humana: cada hombre lleva en sí todo el mundo animal, en que a veces el león gruñe, y la paloma arrulla, y el cerdo hocea;— y toda la virtud está en hacer que del cerdo y del león triunfe la paloma" (OC, X 79). De esta visión del hombre como "concreción" o suma del universo surge un mundo metafórico exuberante en Martí. Ese mundo está asociado a una bioética y la biopolítica—según lo plantea Foucault—, a patrones de comportamientos en los seres humanos y los animales que el hablante poético resalta como dignos o indignos. Si por un lado está sujeto a una ética, por otro se enmarca dentro del discurso del poder del Estado que trata de controlar a través de estas reducciones a los Otros. De modo que si la necesidad de libertad en los animales es digna de ser imitada por el hombre, el acto de devorar al otro, cuando se aplica al hombre es percibido como un gesto violento y despiadado que debe ser evitado a toda costa.

Esta es la razón por la cual en sus textos, los vicios toman la forma de animales despreciables—chacales hambrientos y tábanos fieros—, mientras que animales como el elefante y la llama son reverenciados por negarse a permanecer en cautiverio o soportar una fuerza excesiva. No es una sorpresa entonces que Lucía, la protagonista de su novela, sufra a los ojos del narrador, varias metamorfosis repugnantes y que en un poema de *Ismaelillo*, los vicios en forma de animales feroces se peleen por poseer el cuerpo del poeta. Su ser se convierte entonces en un campo de batalla donde se enfrentan unos y otros. De esa lucha quien sale vencedor es siempre el héroe, quien lo hace con la ayuda del hijo. Su propio cuerpo es por ello el escenario de las mutaciones de las que habían escrito los poetas antiguos. Es el escenario de sus batallas. A través de ellas el lector podrá ver el animal que le mora en el alma, y la lucha mortal que entabla todos los días contra sus pasiones e instintos bajos.

Esta estrecha relación entre la naturaleza y el hombre, expresada en sus textos de muchas formas, fue tal vez, lo que llevó a Miguel Jorrín a afirmar que tenían las ideas de Martí "una marcada semejanza con las filosofías orientalistas" aunque seguidamente arguye que sólo era una "concepción vaga sobre el Universo y la vida" (11). Pienso no obstante, que tal concepción es mucho más profunda de lo que se ha reconocido. Catalá, incluso llega a afirmar que su concepción karmática del universo no se reduce al hombre sino que abarca también toda la comunidad cubana. Esta debía pagar por los actos terribles que cometiera en el transcurso de su historia. "Es la justicia histórica; es, en lenguaje teosófico—dice Catalá—el *karma* colectivo" [énfasis en el original] (330) y cita a continuación un fragmento de un discurso de Martí donde afirma se evidencia esto. Hay que aclarar no obstante, que la idea de pena o castigo que una comunidad debe pagar por los actos que hizo la generación anterior se encuentra igualmente en la *Biblia*, la literatura antiesclavista y la independentista cubana. Resultó ser parte de la prédica revolucionaria contra la colonia. El dramaturgo Luis García Pérez (1832-1893), en su obra "El grito de Yara" escrita en Nueva York en 1873, pone en boca de uno de sus personajes el siguiente comentario: "Dios tu entusiasmo bendiga / y de esta tierra se apiade / porque yo tengo, Roberto / como una cosa indudable / lo que la *Biblia* nos dice / *Que la falta de los padres / recaerán sobre los hijos*" (*El grito* 55) [énfasis en el original]. La obra de García Pérez es de un hondo carácter patriótico e independentista y su propia vida fue un ejemplo de su labor azarosa a favor de la causa. Esta misma idea reaparece con fuerza en Martí.

Por otro lado, el cubano logra cristalizar la idea de la trasmigración del alma en varios poemas y apuntes. En "Yugo y Estrecha", de *Versos Libres,* el sujeto lírico a través de la voz de la madre afirma que él es "suma" y "reflejo" de la Creación (PC, I 84). Es decir, este no sólo se ve como cúspide sino que también reactúa el mismo proceso de metamorfosis que va del animal al hombre, y del pez al sujeto bípedo, ya que él es "pez que en ave y corcel y hombre se torna" (PC, I 84). Martí ordena esta cadena de animales de forma ascensional lo cual reflejaría su propia creencia en las escalas evolutivas y su incesante metamorfosis en otra cosa. El hombre, al final de esta cadena, representaría un estadio superior al de su origen y el elemento alado sería la culminación de todos. Es significativo pues que Martí escriba esta serie en el presente: "se torna"—dice—sugiriendo que la metamorfosis continuaba en el momento que escribe. La misma idea reaparece en "Estrofa Nueva" donde explica: "Naturaleza siempre viva: el mundo / De minotauro yendo a mariposa" (PC, I 93). La naturaleza en este poema adquiere su plenitud precisamente por estar en constante movimiento y expansión; por tratar de perseverarse frente a la muerte. Todo lo que se asocia a la vida en este poema vale más que el pasado y la muerte. En estos versos Martí resume el pensamiento metamórfico de los poetas latinos, al igual que el mito de psiquis que abandona la crisálida. Dicho mito Darío lo interpretó en el sentido cíclico del alma-mariposa que abandona su cárcel-cuerpo (Skyrme 19) y en Martí está presente esta idea, abalada por la filosofía emersoniana de la trasmigración y la creencia de que el espíritu ascendía por las diversas formas. Esto le hace estar al poeta una y otra vez muy consciente de su lado bestial y de la necesidad de "domar" la bestia que lleva adentro, ya que como le confiesa a la amada en "Bosque de Rosas":

> Esa es la lidia humana: la tremenda
> Batalla de los cascos y los lirios!
> Pues los hombres soberbios ¿no son fieras?
> Bestias y fieras! Mira, aquí traigo
> Mi bestia muerta, y mi furor domado.— (PC, I 75)

A travé de esta filiación con el mundo animal, el poeta intenta resaltar su vínculo ontológico con el universo en su conjunto. Los instintos bajos y sucios siempre estarán representados por atributos como la "uña", la "garra", el "diente", y el "casco". Si el sujeto es "soberbio" retrocede en la escala animal y se convierte en una "fiera". Esto hace que la mejor ofrenda para la amada sea su propio vencimiento: entregarle su "bestia" muerta. El poeta se convierte así en una especie de cazador de sí mismo, en un sujeto vigilante y muy alerta de los instintos que lo dominan. De ahí que su idea del hombre no sea estática y predecible sino que esté ligada a las posibilidades de mejoramiento individual. Esta es una cualidad y una posibilidad que tiene el hombre independientemente de su raza. Es, a través de "la utilidad de la virtud" como dice en el prólogo de *Ismaelillo*, que se rehace (PC, I 17).

Pero de hecho la idea emersoniana de las metamorfosis ejerce tal fuerza en su pensamiento que en otro de sus apuntes, el cubano le reprocha a "todo el mundo" que no pensara como Emerson y afirma: "¿Y por qué no ha de ser todo el mundo como Emerson que escribió en un lugar: *the world es* [sic] *mind precipitated*, y en otro,—como para probar q[ue] no veía contradicción entre que el mundo fuese espíritu, y el espíritu tomase formas graduadas y crecientes". Y a continuación vuelve a citar los versos donde el "gusano" va subiendo por las "espirales de la forma" hasta convertirse en hombre (OC, XXI 408).

Estos apuntes y otros demuestran hasta que punto Martí estaba enfrascado en dilucidar una tipología ética del ser que le permitiera explicar el cosmos y en especial la irrupción de lo monstruoso en la vida contemporánea. Por lo cual, Martí parece estar describiendo en su crónica sobre los fanáticos religiosos una especie de irrupción de lo bárbaro irreflexivo en el hombre moderno y un estado del alma en sus múltiples metamorfosis. Su énfasis en el caso de los primeros parecería estar en el entramado psicológico que los llevó a cometer el crimen, en las "prédicas" del grupo religioso que recién comenzaba a diseminar su doctrina, en su grado de locura, y en su incapacidad de reconocer en ello un acto monstruoso. Esta es la razón por la que Martí se distancia temporalmente de ellos convirtiéndolos en residuos de un tiempo lejano y en seres de impulsos infantiles.

En su libro *Time and the Other*, Johannes Fabian afirma que el concepto de tiempo es crucial para entender la relación desigual que establece la antropología con relación al Ser y el Otro. El tiempo, afirma, es un "carrier of significance", [portador de significado] tanto como el lenguaje o el dinero (ix). A través de él, el Otro es percibido como un concepto temporal que ocupa un espacio definido en términos de "allá y entonces" mientras el sujeto habitará un "aquí y ahora". Su condición epistémica, dice, depende de una "persistent and systematic tendency to place the referent(s) of anthropology in a Time other than the present of the producer of anthropological discourse" [tendencia sistemática y persistente en colocar el/los referente(s) de la antropología en un Tiempo otro al presente del productor del discurso antropológico] (31). Al temporalizar Martí a los dementes religiosos los estaría recluyendo en un tiempo pre-moderno, estaría rebajando su condición ontológica con el fin de restarles valor y negarles cualquier derecho a hablar. Al ubicarlos en un "allá", el cronista cancela cualquier interacción entre ellos, niega que sea posible un diálogo y se erige como la única voz con razón en el texto. Todo lo contrario de lo que ocurre en el poema del "padre suizo", donde dicha distancia se acorta hasta convertirse el poema en un diálogo entre el poeta y el suicida/asesino.

Con gestos como estos la crónica martiana se acerca a la visión del etnólogo que observa, analiza y prescribe una solución al problema. Esta preocupación es propia también de la filología, ya que como explica Aníbal González esta ciencia va a meditar y problematizar: "la naturaleza del tiempo, del devenir, [y] de la historia" (76). Es precisamente el uso de esta categoría/significante en la modernidad decimonónica lo que le permitirá a las ciencias sociales crear una singular verticalidad a través de la cual se legitimiza y se atribuye el poder para hablar por los Otros.

No obstante, estas ciencias no son las únicas que desubican al sujeto dotándolo de una temporalidad diferente. Las corrientes espiritistas y Emerson también lo hicieron. Ambos la utilizaron como una forma "metodológica" para explicar las diferencias. Por lo cual, sería tentador analizar las posibilidades de la metáfora de la "infusión de razas" según las prácticas "seculares" de la modernidad: la inmigración y el mestizaje. Pero Martí en ningún momento de la crónica plantea dicha posibilidad y su argumento parece circunscribirse solamente al aspecto espiritual de la cuestión. No obstante, al entender el paso de la humanidad (su historia) como una progresión de etapas diferentes, una más avanzada que la otra, Martí estaría recurriendo a una de las alegorías más repetidas por la antropología de finales de siglo y la literatura de viaje, lo que James Clifford señala como el describir al Otro en términos del origen de la humanidad o "premiers temps" (101). ¿En qué medida Martí utilizaría este tropo para diferenciar u homologar el sujeto civilizado y el primitivo?

A diferencia de los cronistas de Indias, quienes recurrieron a ella al ubicar la creación del continente dentro del gran mapa de la creación del mundo por Dios, la antropología secular tiende a emplazar al Otro en una distancia temporal dentro de lo que presupone como "el progreso indetenido de la civilización" (Clifford 102). Esta idea une la escritura de Martí a las narrativas más modernas de autores como Alejo Carpentier, Jorge Luis Borges y otros, obsesionados con la idea del archivo y el origen. Hablando de las crónicas del viajero francés George Revoil sobre los somalíes, Martí dice:

> Lo cierto fuese que cada vez que el hombre aparece en una parte de la tierra antes no habitada, comienza a vivir en la edad primitiva, aunque los demás pueblos de la tierra para él ignorados, que ya existen de viejo, vivan en edad mucho más avanzada. ¿Viven acaso los indios del Orinoco en la misma edad histórica que nosotros, que estamos viviendo al mismo tiempo que ellos? (OC, XXIII 270)

Como se sabe, la novela de Carpentier *Los pasos perdidos* (1953) es el resultado del recorrido de un hombre de la civilización a la selva, para lo cual va remontando el río Orinoco. A medida que el protagonista avanza se da cuenta que va adentrándose en épocas históricas cada vez más remotas. Su viaje es un desplazamiento no sólo en el espacio sino también en el tiempo. Dicho recorrido a veces tortuoso demuestra la ansiedad de la literatura moderna por encontrar sus orígenes, un espacio edénico y alejado de la civilización donde todo comienza.

El fragmento de la crónica de Martí que incita esta reflexión sobre los aborígenes del Orinoco demuestra hasta que punto Martí se sentía atraído a esta idea y piensa el mundo en sociedades menos o más "avanzadas" viviendo en un mismo tiempo histórico. Dicha simultaneidad es la preocupación de un antropólogo o de un viajero que busca las diferencias y su propio "pasado" en la historia.

Pero de nuevo, Martí aprovecha esta referencia del viajero francés para resaltar el hecho de que en todas partes del planeta el hombre es el mismo. Nace bueno y se desarrolla con valores iguales o superiores a los de las sociedades más avanzadas, aún si en su momento "tienen fama" de terribles. Y afirma: "y aunque tienen fama de terribles, el viajero Revoil dice que en la vida de familia son benévolos y hospitalarios, que aman y respetan a los extranjeros que les inspiran confianza, y que es notable el cariño tierno y la reverencia con que miran a los idiotas, a los locos, y a los ancianos" (OC, XXIII 270). En base de esta descripción no-monstruosa de los africanos, Martí busca sensibilizar al lector con ellos al demostrarle que algunas costumbres que se estiman como buenas en las sociedades contemporáneas occidentales eran igualmente compartidas por los africanos. El recuento de lo que dice alguien más, cuya autoridad emana de haber estado allí y haber sido testigo de lo que cuenta, le ayuda a posicionarse ética y moralmente de su lado, a encontrar valores encomiables en ellos, por lo cual introduce el relativismo en el discurso cultural decimonónico donde abundaban los argumentos racistas.

En los escritos de los antropólogos y escritores de fines de siglo, esta alegoría era otra fábula de legitimación, otra forma de demostrar la superioridad de la cultura occidental sobre las llamadas bárbaras. Sin embargo, aquí Martí logra ver valores positivos en las tribus somalíes y utiliza estos datos con un fin pedagógico y político en mente: educar y cambiar la actitud del lector en referencia a las culturas africanas usualmente vilipendiadas. Esta preocupación con lo diferente y un sujeto pre-moderno se refleja pues en su crónica sobre los religiosos, en su representación de los negros y en su crónica sobre Whitman, donde Martí intenta articular una utopía del hombre virginal en la literatura. Pero mientras en la crónica sobre los religiosos, el tiempo pre-moderno es satanizado, el del hombre virginal y desnudo de la crónica de Whitman es reverenciado.

El artículo donde aparece su reseña del libro de Revoil se publicó en la "Sección Constante" del periódico *La Opinión Nacional* de Caracas mientras que el referido a los religiosos se dio a conocer el 21 de octubre de 1883 en *La Nación* de Buenos Aires. Como afirmaba Ángel Rama, con sus crónicas Martí se dirigía a una elite de letrados, a un público de empresarios, comerciantes y políticos "a los cuales trataba de orientar y poner en guardia" (158). En tal caso ¿cuál era el contexto de estas ideas? O para decirlo de otra forma, ¿dónde encaja en términos de la política del gobierno argentino el artículo sobre los religiosos? ¿Acaso el lector pudo encontrar en ella una confirmación a las políticas del momento?

Si relacionamos la crónica del 21 de octubre con la política del estado argentino y la iglesia católica este diálogo podría ser esclarecedor. Durante el gobierno de Julio A. Roca en la Argentina, quien fue presidente entre 1880 y 1886, se llevaron a cabo una serie de reformas como las llamadas "Leyes Laicas" que pusieron en manos del Estado funciones que antes tenía la iglesia. Estas reformas se extendieron a la educación, cosa que provocó un duro encontronazo con el Vaticano. El artículo de Martí de 1883 vendría a coincidir justo con ese período de reestructuración y secularización de la nación y, como ocurre con los reformadores argentinos, el cubano apuesta también por dichos cambios. Esto parece indicarlos dos cosas. Primero su crítica a los dementes religiosos y la última noticia del artículo.

Para cerrar la crónica, Martí habla de Convención de los Librepensadores de Rochester, que se había celebrado hacia poco en esa ciudad. El cronista habla de ellos con una marcada complacencia y muchos de los argumentos que ya había dado a lo largo de la crónica ayudan a situar al lector en el contexto de los excesos religiosos en el país. Esta convención era un ejemplo clave de los esfuerzos secularizadores de algunos grupos de la sociedad norteamericana y servirían de contrapunto a las acciones de hombres como Silvestre Knobb, Charles Freeman y los Hicks. Entre las demandas de los librepensadores estaban, según Martí, que el Estado no le diera preferencia a ningún credo, habiendo varios en la nación; que toda iglesia o propiedad de la Iglesia debía pagar el tributo público como cualquier otra institución; que no hubiera tampoco representación del clero en el Congreso, ni la armada, ni la milicia, ni en ningún otro sitio institucional, y que se prohibiera el uso de la *Biblia* en las escuelas como libro de culto ya que "no hay derecho de imponer traidoramente a inteligencias indefensas" este libro (OC, IX 466). El cronista establece una especie de empatía con estos librepensadores e incluso para concluir propone una demanda propia: que los maderos del Cristo crucificado se utilicen para el trabajo. Esta inclinación por esta forma de pensar aparece también en su crónica de 1888 a propósito de la muerte del librepensador y positivista Courtland Palmer.

    La identificación del cronista con ellos se sugiere además en las citas que reproduce de los padres fundadores de la nación norteamericana. Así las palabras de Washington y Jefferson descalifican el predominio de un credo religioso sobre otro y apuntaban a la necesidad de restringirlo. De tal forma, su discurso político apela a las autoridades fundadoras para auto-legitimarse. Estas reformas, podría pensar el lector, eran parte de la solución del problema que describió el cronista al inicio del artículo. Pero Martí no lo dice. Las escenas tan gráficas de los religiosos asesinando a sus hijos le aseguraban al lector lo que estaba ocurriendo, pero el cronista no las relaciona directamente con los librepensadores. Esto indica una estrategia de persuasión indirecta donde el lector debía por sí mismo unir ambos cabos. ¿Por qué si no, esta desconexión entre una y otra? Acaso, ¿trataba de evitar exaltar los ánimos del lector a favor de uno u otro bando? ¿Forma parte de su estrategia de ocultamiento? Cualquiera que sea la respuesta a estas interrogantes—sin excluir la posibilidad que sean todas ellas—la relación que se establece entre dichas noticias parece más bien sugerida que señalada.

    De hecho, la ubicación de ambas a cada extremo del artículo ejemplifica una especie de estructura de opuestos y "a saltos" de la que el cronista habla en otros lugares de su obra. Una técnica asociada al *leit-motif* que repite un mismo asunto o comentario en distintas partes del texto o poema largo. En la superficie dicha estructura reflejaría un movimiento caótico de sucesos noticiosos, pero también, dicha narratividad ejemplifica una especie de ordenación histórica. El cronista, consciente de tal diseminación de la notica y la confusión que podía causar, se justifica argumentando en el mismo artículo: "Y así se mezclan aquí—porque no sin intención las pongo juntas, para que como son se vean—las feroces de la vida virgen, las parodias pueriles de la vida monárquica, las convulsiones aceleradas de la vida moderna" (OC, IX 457).

Varios argumentos se derivan de esta ordenación; 1) su carácter mimético ya que reflejan fielmente una realidad "para que como son se vean;" y 2) responde a una organización social en forma continua. Esto es: va de las formas más primitivas de organización social a las más altas. El cronista dibujará así un mapa de etapas históricas por las que ha pasado y sigue pasando la humanidad y en especial los Estados Unidos. Etapas diversas que aparecen juntas, estados germinales/modernos que se mezclan. Por ello describe tres estadios bien delimitados y perceptibles: al inicio, "la vida virgen", después "la vida monárquica", y al final la "vida moderna" cada una con sus adjetivos específicos: "feroces", "pueril" y "acelerada". Estos son los diversos estados por los que atraviesa la nación en su continuo reacomodo. Así la crónica reproduciría en su linealidad la vida de los Estados Unidos. Comparados con los religiosos ("bárbaros" y "feroces") los librepensadores eran, sin lugar a dudas, el elemento civilizador a que toda sociedad debía aspirar.

Los emblemas que caracterizan a la barbarie en este artículo son la "cuna", el "niño", el animal ("oveja", o "bestia"), la locura y el fanatismo. A estos infanticidas los domina una fe "supersticiosa" e infantil que es igual, según el cronista, al tiempo de Abrahán dispuesto a asesinar a su hijo Isaac en nombre de Dios. Este énfasis en lo monstruoso de los tiempos remotos es de lo que se servirá el cronista para resaltar la modernidad. En ese Otro, definido de forma espacial y temporal como lo "bárbaro", no hay nada que alabar. Él será la clave que hará funcionar su argumento y extraerá al final una moraleja del panorama caótico de la vida norteamericana a finales del XIX.

En esta crónica Martí presenta sus argumentos a través de una tercera persona. Según comienza diciendo, estos sucesos monstruosos suscitan la reflexión de un "pensador". Dicho desplazamiento de la enunciación del cronista a un otro ficticio abriría la interrogante de cómo leer el texto (sus textos) y si se pudiese hablar en ellos de una voz única. ¿Es el cronista u otro filósofo quien habla? ¿Se identifica este "pensador" con los "librepensadores" de Rochester? ¿Cuál es el propósito de hablar en tercera persona? Algo que parecería unir las tres figuraciones de la escritura es la apuesta que hacen por la Ilustración y la secularización como solución al problema. Su autoridad parte de la seguridad de que sólo el progreso y las nuevas medidas que restrinjan el culto pueden evitar acontecimientos de este tipo en lo adelante.

En otra crónica, publicada cuatro años después con motivo de la inauguración de la Estatua de la Libertad en New York, Martí vuelve a utilizar una comparación similar para hacer énfasis en el carácter "infantil" de los tiempos del *Génesis*. Resalta el avance que había obtenido Norteamérica en comparación con el nacimiento de la humanidad en el Oriente. A semejanza de pensadores positivistas como Comte, Martí habla de la historia de Abrahán en términos de "infancia" de la humanidad y en relación con ellos, la modernidad norteamericana era una especie de figura adulta, padre "viril" que había superado dicha etapa. En su famosa crónica con motivo de la inauguración de la Estatua, Martí afirma que con la expulsión de los ingleses de los Estados Unidos, este país "ponía en sublimes palabras los mandamientos de la Enciclopedia, por donde la especie humana anunció su virilidad, con no menor estruendo que el que acompañó la revelación de *su infancia* en el Sinaí" (OC. XI, 101) [énfasis nuestro].

En el caso de la crónica sobre los asesinos y los librepensadores, el cronista apostaría por los segundos quienes representan en la imaginación del cubano "la vida moderna", caracterizada por los valores positivos de la técnica, el progreso y el espíritu secular en cuanto rechazo a la religión organizada y sujeta al culto. Dentro del mismo *continuum* histórico, el segundo vendría a ser un estadio superior al primero. Los casos de Freeman y Knobb, ilustrarían no sólo la idea de retroceso, sino también la necesidad que tiene la sociedad de hacer que se superen y que cada individuo elimine dichos rasgos arcaicos. Por ello, le da al individuo esperanzas de una mejor vida y junta las bases para el perfeccionamiento del hombre. Cree que el mejoramiento individual sólo podía darse a través de la dinámica reformadora de la educación y la utilidad de la virtud. El individuo moderno, siempre vigilante de sí mismo, estaría obligado a disciplinarse y "matar" cualquier resurgimiento del animal que lleve dentro. Esto era pues una condición imprescindible si la sociedad quería progresar y sus individuos alcanzar su plena realización.

"GACETERO DE CRÍMENES":
LA CRÓNICA ROJA, EL POEMA Y
LA FICCIÓN EN JOSÉ MARTÍ[1]

En su crónica del 23 de abril de 1885 para el periódico *La Nación* de Buenos Aires, Martí comienza diciendo que por la quincena que corría eran pocos los sucesos importantes, excepto para los que tuvieran "la mente de gacetero de crímenes" (OC, X, 225). Y añade que algunos de estos habían sido "terribles" y entre gente de cierto pro, revelando la "agonía" "de un país donde los efectos íntimos no son bastante dulces y sagrados para sobrellevar esta vida de bestia de hipódromo" (OC, X, 225). "¿Qué es lo que falta"—como diría en su poema "Amor de ciudad grande"—"que la ventura falta"? (PC, I, 90). En el siguiente comentario me interesa llamar la atención sobre la reescritura que hace Martí de otro de los "fait-divers" más horrorosos que aparecieron en la prensa norteamericana de la época: el asesinato de unos niños a manos de su padre. Voy analizar su poema "El padre suizo" y la nota criminal que lo acompaña para descubrir en esa relectura las posibles omisiones y recreaciones que incitan al lector a leerlo de una forma específica.

Entre las noticias que Martí menciona en su crónica de abril de 1885 está la referente a este suizo, la noticia de otra mujer que hizo lo mismo y luego se quitó la vida, y la de un joven que mató a su hermana y a su madre, antes de dispararse un tiro a la cabeza. Todas estas noticias ocuparon importantes espacios en la crónica roja de los periódicos de la época. Pero de todas ellas, la única que le motiva a Martí escribir un poema es la primera. Este se titula "El padre suizo" por lo que viene a ser la reescritura de un "suceso diverso", en donde la voz lírica adopta una posición ambivalente entre condenar el asesinato o justificarlo. Martí acompaña el poema de un telegrama publicado en la ciudad de Nueva York por esos días. El telegrama dice lo siguiente:

> Little Rock, Arkansas, Septiembre 1.— El miércoles por la noche, cerca de París, condado de Logan, un suizo, llamado Edward Schwerzmann, llevó a sus tres hijos, de dieciocho meses el uno, y cuatro y cinco años los otros, al borde de un pozo, y los echó en el pozo, y el se echó tras ellos. Dicen que Schwerzmann obró en un momento de locura.— (PC, I, 73)

Martí no precisa ni la fecha ni la fuente de donde sacó esta noticia, pero después de revisar los distintos periódicos de la época, encontramos que fue publicada en el *New York Times* el sábado 2 de septiembre de 1882. Se publicó en la sección: "Criminals and their deeds" y junto a ella aparecieron otras no menos sensacionales como fue la del robo de un tren de Montreal, y la pateadura y apuñalamiento de una mujer en Cincinnati. De todas ellas, Martí escoge la del suizo que había ocurrido el miércoles antes en Arkansas y reproduce el telegrama al inicio del poema aparentemente tal y como se publicó. Y digo, aparentemente, porque la versión que transcribe Martí no es exactamente la misma. Esta dice en inglés:

> Little Rock, Ark. Sept 1. –On Wednesday night, near Paris, Logan County, a Swiss named Edward Schwerzman took his three children, aged 18 months, 4 and 5 years respectively, *to a well in the yard and threw them in. There were only 13 inches of water in the well, but the children were dead before assistance could reach them.* As soon as the last child was thrown down the well, Schwerzman leaped in and was also drowned. *The man was laboring under temporary insanity.*
> (1) [énfasis nuestro]

Martí sólo incluye al inicio de su texto poético su traducción y deja a un lado la noticia original, y a pesar de que mantiene la mayoría de los datos de esta versión, ambos telegramas difieren en varios aspectos. En su versión, Martí sintetiza aun más los datos que da el periódico neoyorquino y escoge no traducir algunas partes. Incluso adiciona elementos en el poema que no aparecen en ninguno de los dos. Pero ¿quién fue Edward Schwerzman?

Una crónica, publicada en la *Gazeta de Arkansas* ese mismo día, da los únicos datos que se conocen sobre la vida de este suizo, algunos que tal vez Martí conoció y que corroboran la versión del *New York Times*. Según se dice, Schwerzman había llegado a los Estados Unidos hacia sólo uno o dos años antes de cometer el crimen, y no había traído consigo más que su fuerza hercúlea, una buena salud, su esposa, dos hijos y un poco de dinero con el cual compró una parcela de tierra en Arkansas. Explica la *Gazeta* que un tiempo antes del crimen, Schwerzman había comenzado a extrañar tanto su tierra natal y sus amistades, que se volvió loco. ¿Cómo rescribe Martí entonces dicho suceso en el poema? El cubano explica el suicidio del padre y el asesinato de sus hijos como una locura buena, como si fuera un acto de amor hacia ellos, un sacrificio necesario para evitarles el sufrimiento de una vida: "sin fe, sin patria, torva / Vida sin fin seguro y cauce abierto" (PC, I, 73).

Martí adiciona entonces una explicación al asesinato que no está en ninguna de las noticias que hablan del crimen y lo justifica sobre la base de lo que llama en su prólogo a *Ismaelillo* "el espanto" de "todo" o en su crónica de 1885, esa vida de "bestia de hipódromo" que llevaban los norteamericanos. Más allá de la locura, Martí asegura que Schwerzman fue impulsado a cometer este crimen por los males modernos y un profundo sentimiento de caridad.

Los versos que introducen la tragedia en el poema son un indicio claro de esta empatía del hablante poético con él y la estrategia de legitimación que se desarrollará a lo largo del texto. Colocan al lector en el lugar del crimen y le provee con la ilusión de que es testigo de la escena. El discurso lírico asumirá de esta forma la narración de los hechos. El poema se convertirá en *otro* tipo de texto que aunará lo narrativo y lo lírico, la prosa y el verso. Este rasgo común a todo el poemario *Versos Libres*, hará que su poema "el padre suizo" tenga una especie de forma proteica. Martí escribirá su poema utilizando el lenguaje directo y vivo del reportaje y para ello se basará en esta nota del periódico. Sin embargo, la nota que da el *New York Times* es demasiado breve y en ella no aparecen varios datos que da Martí en el poema y su posterior referencia en la crónica. Asumimos que el poeta los crea, imagina nuevamente la escena e introduce en el drama estos aspectos que les son extraños, para darle más fuerza y color.

La voz lírica dice, por ejemplo, que el suizo antes de matar a sus hijos tuvo conciencia de lo que iba a hacer. El poeta comienza afirmando, como si continuara leyendo el telegrama: "dicen" "que un suizo, de cabello rubio / Y ojos secos y cóncavos, mirando / Con desolado amor a sus tres hijos, / Besó sus pies, sus manos, sus delgadas, / Secas, enfermas, amarillas manos:— / Y súbito, tremendo, cual airado / Tigre que al cazador sus hijos roba, / Dio con los tres, y con sí mismo luego / en hondo pozo, —y los robó a la vida!" (PC, I, 73).

Con esta estrategia de intertextualidad, Martí cita la noticia en el poema y legitima su versión de los hechos. La voz lírica intenta persuadir al lector imprimiendole al poema una ilusión de presencia y realidad que usualmente no tiene la literatura, pero sí la crónica periodística y el fotoreportaje. El hecho real es lo que pesa en el poema, desplazando la ficción que se limita a llenar los vacíos que dejan los hechos. En tal sentido, este documento como otros más contemporáneos, reclama su legitimidad de los elementos extra-literarios que incorpora. Como han señalado Paul de Man, Aníbal González y González Echevarría la literatura moderna continuamente necesita mostrarse como otra cosa, escapar de su literariedad con el fin de indicar su peso. "La capacidad para dotar al texto con el poder necesario para transmitir la verdad", dice

González Echevarría, "está fuera del texto, son agentes exógenos que conceden autoridad a ciertos tipos de documentos" (32).

La descripción pormenorizada de los rasgos faciales del suicida y de los niños, antes de morir (sus ojos, el cabello, los pies y las manos) mezclada con los datos que da el telegrama más arriba, contribuyen a crear este efecto; legitiman la historia y le atribuyen categoría de real a lo que por otro lado si no existiera esta cita, imaginaríamos como una invención del escritor.

Ahora bien, en ninguno de los periódicos de la época existe una referencia semejante del crimen. Ninguno dice que el padre mató a los hijos en un gesto de misericordia o que los niños se encontraban enfermos y desvalidos, algo que sugiere Martí cuando describe sus manos como: "delgadas, / Secas, enfermas, amarillas". Tampoco se dice que el suizo comprendió todo el horror que significó matarlos antes de hacerlo. Martí, sin embargo, a través de esta metonimia, crea una imagen famélica de ellos y carga el acento en el dramatismo de la escena. Lo hace con el fin de suscitar en el lector suficiente piedad como para que aceptara lo difícil de la situación y la misma decisión del padre. Sólo así la voz lírica podía crear un cuadro de total desesperación y angustia.

Por tanto lo que me importa resaltar en esta lectura del poema y del telegrama, es la ficción y la ética que tal gesto implica. Sugiero que este *plus* de información, la voz lírica lo introduce motivado por su propia ansiedad por demostrar la vida desquiciante en que sobrevive el inmigrante promedio de su época, y los extremos de violencia y desesperación a los que podía llegar. De esta forma, Martí trataría de elevar el contenido de la crónica roja al estatus de literatura, a un texto que habla—como dijo Rubén Darío al comentar este poema—de un "fait-divers" en un "alto y lírico tono" (293); una poesía que abogaría por "los pobres de la tierra" en la mejor tradición de la crítica social y que recurriría para ello a un lenguaje sentimental y altamente emotivo.

Kessel Schwartz al comparar las escenas norteamericanas de Martí y las crónicas periodísticas del *New York Herald* llegó a una conclusión similar. Ambos—dice—reportaron el asesinato del entonces presidente de los Estados Unidos, James Garfield, pero lo hicieron de una forma muy diferente. En el caso del cubano sus crónicas muestran un intenso laboreo en la escritura y una alta recodificación de la noticia, al extremo dice Schwartz, que aún cuando "[he] is quoting direct trial testimony and using quotation marks; he, nonetheless, constantly inverts and creates, intensifying words and adding color and force" (340) [Aun cuando Martí está citando directamente el testimonio del juicio y usando comillas; él, no obstante, constantemente invierte y crea, intensificando las palabras y adicionando color y fuerza]. Me limito a señalar esto para demostrar hasta qué punto la crónica martiana es un texto que aporta datos más literarios que reales y la necesidad de leerlas entre líneas y cotejarlas con otras para hallar en ellas referentes que han sido borrados o "invertidos" con una finalidad específica. ¿A qué pulsiones responden dichos cambios? Y ¿qué razones estéticas o ideológicas subyacen en ellos?

Según Susana Rotker en la crítica periodística de finales del siglo XIX dicho dilema está resumido en el intento de "objetividad" y distanciamiento a la hora de narrar. Para esta época, afirma, el *New York Times* "comenzó a tener éxito al imponer un modelo más 'informativo' que el que se usaba hasta entonces" (1866). Pero según Rotker la "objetividad no fue una reivindicación de la especificidad" del discurso martiano, ya que este literaturiza, "mitologiza o trascendentaliza" la noticia (1867). Desde su punto de vista, la reescritura martiana cargaría el acento en la subjetividad del discurso versus la objetividad y en el poder de la literatura versus la realidad que comentaba.

Me interesa añadir a esto que en muchas crónicas Martí sí trata de mostrar de forma "real" la realidad—valga la redundancia—y que su objetividad depende tanto de su gusto por el lenguaje literario como de los condicionamientos que le imponen en su momento la política, su cultura y la ideología desde donde escribe sus textos.

En su crónica de 1885, por ejemplo, Martí logra esta "objetividad" del discurso reproduciendo las noticias horribles de los suicidios y asesinatos en la última quincena en los Estados Unidos, y esto mostraba mejor que cualquier otro recurso literario una sociedad en "agonía", sobreviviendo a duras penas la violencia y la falta de "efectos íntimos". Asimismo, en el "Padre suizo" Martí reproduce el telegrama aparentemente tal y como lo "publica" un periódico de New York para dejar establecido que los acontecimientos que narra están basados en hechos reales. Todo esto es consecuente con un escritor que sabe lo que dice e intenta crear—como dice Julio Ramos—al hablar de su crónica sobre la Estatua de la Libertad, una especie de "ilusión de presencia" con la cual convencer al lector (273). Entonces ¿Qué es posible "literaturizar" y qué no? ¿Dónde le corresponde al cronista trazar la línea?

La respuesta a estas preguntas habría que buscarlas en los fines políticos e ideológicos de la representación en Martí, los fines que motivan su proyecto de narrar la nación norteamericana para lo cual los textos originales en los que se basa nos proporcionan una muestra de lo que deja de decir o borra.

El telegrama original del *New York Times* dice, escueta y claramente, que el pozo donde ocurrió el crimen estaba ubicado en el patio de la casa del suizo y que sólo tenía 13 pulgadas de agua. Habla también del rescate tardío de los niños y de la locura del padre. Pero Martí borra todos estos datos y en su lugar nos da una escena imponente donde la "selva" palpita al unísono del suicida/asesino. Tal gesto hace que la reescritura de Martí parezca demasiado literaria, casi un espectáculo de ópera. Pero es cierto. Los datos que deja afuera no son ni grandiosos ni extraños. La selva, y no el patio, con sus luces rojizas y el "hondo pozo" en el que van a meterse todos, sí lo eran. De forma consecuente con este discurso amplificativo de la tragedia, el poeta enfrenta al suizo a Dios y lo exalta como un héroe y un gigante. Dice la voz lírica:

> El alma a Dios, los ojos a la selva
> Retaba el suizo al cielo, y en su torno
> Pareció que la tierra iluminaba
> Luz de héroe, y que el reino de la sombra
> La muerte de un gigante estremecía (PC, I, 73)

Poco antes, la misma voz había dicho que una luz "rojiza" "el bosque iluminó radiante", lo cual hace pensar en una especie de epifanía donde la naturaleza reconoce como "héroe" a este hombre luciferino. El acto del suicida es por tanto un "reto" a Dios, un "robo" de la vida que le pertenece y ambas cosas deben leerse como otra forma de rebelión ante las instituciones religiosas que prohibieron desde muy temprano el asesinato, el aborto y el suicidio. La decisión final de matarlos y matarse implica pues un descenso al infierno y una degradación de su humanidad.

Pero nótese que Martí no deja de reconocer que Schwerzman es un trasgresor de la ley y que por esto irá: al "reino de la sombra", al "dominio lóbrego / Donde andan sin cesar los asesinos!" una referencia indirecta al *Inferno* de Dante (PC, I, 73). Martí entiende perfectamente que su crimen iba en contra de cualquier precepto religioso o social que se tuviera en la época y es precisamente por esto que llama la atención como cierra el poema mostrándose nuevamente solidario con él y afirmando que los ojos de los tres niños y "cuantos hubieran / Bebido el vino amargo de la vida!" "te seguirán", y "guiarán" y "ayuda / A tus hombros darán" (PC, I, 74). Con este cambio sutil de la descripción, de la tercera a la segunda persona, Martí logra imprimirle al texto una inmediatez aterradora. Parece indicarle al suicida que a pesar de haber sido los niños las víctimas del crimen, estos lo entendían y lo ayudarían a través de su condena. Y le asegura además que tanto ellos como cualquiera que hubiera probado los infortunios de la vida (entiéndase él mismo) "te seguirán".

De nuevo, la voz lírica se identifica con él, lo exalta, lo acepta como otro igual y por tal motivo el poema se convierte en un espaldarazo del crimen, algo así como la confesión de que él también pudiera cometerlo o que ya lo había pensado.

Esta identificación del poeta con el suicida e incluso los numerosos pasajes escabrosos donde el cubano habla de su angustia y la posibilidad de dejar la vida llevó a Martínez Estrada a decir que sus fotografías eran las de "un hombre trágico en el colmo de un sufrimiento moral que lo ha puesto rígido, como cataléptico y del que se teme el crimen y el suicidio. Inevitablemente se piensa en 'el padre suizo'" (439). Como han reconocido algunos de sus biógrafos Martí de hecho pensó seriamente en matarse cuando todavía era un adolescente. Lo deja dicho de forma dramática en una de sus cartas a su profesor de colegio, Rafael María de Mendive, y durante toda su vida de exiliado la posibilidad de suicidarse siempre parece que estuvo presente a contar por sus apuntes y cartas. Tanto es así que Manuel Pedro González antes que Ezequiel Martínez Estrada ya había adelantado la hipótesis de que Martí fue a morir a Cuba, cosa que deja clara en su reseña del libro del crítico argentino.[2]

Martí recrea entonces la noticia, depura el telegrama y el poema de momentos anti-climáticos y amplifica la violencia con el fin de crear un material poético suficientemente dramático con el cual conmover a su público. El poema es entonces la recreación de otra recreación. Pero, ¿qué motivó a Martí a hacer esto?

Dos corrientes muy importantes a finales del siglo XIX nos ayudaría a explicar su gusto por la amplificación de la noticia. Por un lado la literatura sensacionalista de la época—de donde procede el "fait-divers"—, pero también y quizás en mayor medida, por la literatura sentimental que desde principios del siglo XIX trató de mostrar los horrores de la esclavitud y la miseria, no sólo en Cuba sino también en Norteamérica. La Avellaneda, Villaverde y escritoras como Harriet Beecher Stowe y Helen Hunt Jackson de quien tradujo *Ramona*, nos ayudarían a entender su apego por la literatura de raíz social y con una función crítica.

Para finales del siglo XIX y principios del XX, como afirma Kevin Rozario, ambas corrientes se unieron produciendo lo que llama el "advertisement of suffering", campañas publicitarias dirigidas a recaudar fondos e incentivar al lector sobre una situación específica (427). En Martí, por tanto, dicha reescritura de la crónica roja tiene como base el humanitarismo y la necesidad de conmover al lector para que entienda la situación de las clases trabajadoras, los inmigrantes y la violencia que debían enfrentar cada día. Las consecuencias de esta violencia trágica se extendía más allá de la familia e incluía a toda la sociedad y Martí muy atento a estos estos trastornos sociales, los apunta y critica. Todo lo cual representaba en la práctica la reducción de la vida a sus elementos primarios; el hombre a su condición de "bestia de hipódromo". La crónica martiana registra dicha violencia a todos los niveles de la sociedad: en los deportes (el boxeo y los maratonistas), los suicidios y los robos, los anarquistas de Chicago y los niños hambrientos. Son crónicas que muestran la violencia y la "agonía" de un país donde las clases desprotegidas sobreviven a duras penas y donde él se siente "espantado de todo". En última instancia y a pesar de que Martí habla en su crónica de "la culpa" del suizo, este no es tan culpable como sí lo son, la misma sociedad y el tiempo en que le tocó vivir.

Por esta razón ante tanta angustia, la respuesta del cronista es la compasión, la empatía y la crítica de los factores que la originan. Esta crítica es perceptible en la misma desautorización de la versión original del telegrama. Con la introducción del verbo impersonal "dicen" al inicio de la última oración que traduce Martí del *New York Times*, la voz lírica sugiere que el suizo pudo en efecto no obrar en un momento de locura—como aseguran los periódicos—sino con el cabal conocimiento de sus actos. Si el periódico y la sociedad reduce el problema a una patología, como hace igualmente con los fanáticos religiosos y ha sido la forma tradicional en que la sociedad ha lidiado con sus locos— como afirma Foucault—, Martí se esfuerza por introducir en dicho discurso otra versión que involucra la responsabilidad de la sociedad y sus efectos monstruosos en el individuo.

El cronista se distancia así de la afirmación del periódico y convierte el gesto del suicida en un deseo razonado que la voz lírica pasa a enfatizar cuando le halla un propósito al crimen: "¡Padre sublime, espíritu supremo / Que para salvar los delicados hombros / De sus hijuelos, de la carga dura" "sobre sus hombros colosales puso" [...] "la carga horrenda!" (PC, I 73). La sospecha de su locura se convierte entonces en un acto de caridad hacia los pequeños.

Si el suizo mata a sus hijos es porque trata de salvarlos de una vida amarga, pero esto condena al padre de por vida a soportar los horrores del infierno. Debe pensarse entonces que si el texto articula una justificación del crimen basada en la idea de "salvación" también deja entrever el temor y el castigo que en términos escatológicos implicaría matar al prójimo y matarse a sí mismo. Una vida "sin fe" no significa para Martí una vida sin temor a la justicia divina. Por ello, lo verdaderamente impresionante y trasgresor de este poema es que a pesar de este "castigo" el poeta simpatice con él y lo reconozca como un igual. En términos justificativos su acción habría sido motivada por un acto de compasión cuyo referente más cercano para Martí es la caridad cristiana. Pero si en esta religión el concepto de "salvación" tiene como modelo central a Cristo, quien se deja clavar en la cruz para salvar al resto de la humanidad, el suizo "salva" a los niños matándolos. ¿Cómo es posible entonces entender dicha ironía?

Según Jean Starobinski, dar algo, ya sea por placer o caridad es uno de los gestos culturales más antiguos de Occidente que siempre ha estado sujeto a una relación de poder y beneficio. Muchas veces el sólo hecho dar lleva implícito un estigma, un peso maléfico del que no puede librarse quien lo recibe. Los textos de Homero, la *Biblia* y muchos otros a lo largo de la historia recogen este motivo de diferentes formas. Desarrollar el poema así es parte de la "literaturalización" de la nota criminal. Es otra ficción del texto. Pero repito, a pesar de que el motivo de la "salvación" es otro recurso literario este no deja de plantear un profundo dilema ético y moral que me gustaría subrayar.

Si Martí interpreta la muerte de los niños como un acto de caridad es porque la vida para el padre—y específicamente para él—no era lo suficientemente digna de vivirse. No lo podía ser bajo las circunstancias degradantes que enumera en el texto. Pero sólo si devaluamos sus vidas y aceptamos este punto de vista, podemos entender cómo las víctimas, por un acto de largueza, se convierten en los deudores del padre.

Martí llega incluso a retratar a los niños como seres enfermos en vista de hacer parecer la decisión del padre más razonable y plausible.

Pero ¿puede ser acaso la "tragedia" de sus vidas una razón para justificar un crimen tan horrendo? Por supuesto que no. Pero que Martí haya inventado este motivo, dice en sí mucho de su concepto de la vida. Con sólo apoyar la acción del suicida Martí entraría en un fuerte debate que continua incluso hoy, entre quienes están a favor de la vida, no importa las condiciones en que esta aparezca o exista, y quienes se oponen a ella bajo ciertas circunstancias.

Según Richard Weikart, este debate comenzó a mediados del siglo XIX, cuando en contra de lo establecido en Europa por la ley y la iglesia, se empezó a discutir la importancia y la "santidad de la vida humana" así como el significado de la muerte (327). Si la ética judeocristiana se había opuesto rotundamente al asesinato de vidas inocentes e incluso había condenado el aborto y el suicidio, a partir de esta época las corrientes darwinistas y en general las materialistas trataron de justificar de diversos modos estas prácticas. Su aceptación significó necesariamente una devaluación de la condición humana y de esta forma la eutanasia y la eugenesia no fueron sino el preludio de los campos de concentración nazis (Weikart 344).

Esto es importante subrayarlo ya que si bien Martí parece apoyar moralmente al suizo, echando mano al concepto de caridad cristiana, el motivo del infanticidio era algo penado por la ley y de hecho iba en contra de los preceptos religiosos. Los periódicos de la época abundan en este tipo de crímenes. Ya sea porque sus padres buscaban escapar a la miseria o porque querían esconder el hijo que habían tenido fuera del matrimonio. Martí recoge esta práctica criminal no sólo en sus crónicas, donde sí la critica, sino también en sus poemas en los cuales su desaprobación no es tan clara y casi diríamos, se vuelve cómplice del crimen. Aparece en *Ismaelillo*, en sus *Versos libres* ("El padre suizo") y también en sus *Versos sencillos* (1891). ¿A qué se debe tal insistencia? Díaz Quiñones y Rafael Rojas dan una explicación política de este motivo cuando aparece en su primer libro:

> Mas si amar piensas
> El amarillo
> Rey de los hombres,
> ¡Muere conmigo!
> ¿Vivir impuro?
> ¡No vivas, hijo! (PC, I 30)

Según Quiñones, siguiendo una interpretación que hace Rousseau de la figura de Moisés en el desierto, estos versos evocan al profeta que anuncia con voz "moisíaca" la ley paterna. Ilustran la exigencia del padre de que el hijo se purifique antes de llegar a la Tierra Prometida/ Cuba (11). Tanto Quiñones como Rojas ven en esta exclamación la pervivencia de una figura bíblica: Moisés/Abrahán quien debe sacrificar a Isaac/Ismael por un propósito más elevado. Este es la política. Como dice Quiñones dicha pareja muestra el desplazamiento "de la religión a la política", donde "la familia y el matrimonio vienen a ser sustitutos por la nación" (11). Rojas, por otra parte, enfatiza en ella la necesidad que tiene el orden republicano de hacer cumplir la ley por encima de los "afectos de la sangre" (94). El modelo republicano que serviría a Martí, según Rojas, es el del cónsul romano Lucio Junio Brutus, quien al enterarse que sus hijos traicionan la causa de la libertad romana, los manda a ejecutar por alta traición (94). Ante la disyuntiva de amar al hijo o servir a la patria, el sujeto republicano favorecería la patria y trataría a su hijo como a cualquier otro.

Rojas reconoce, sin embargo, que este poema "no ilustra el sacrificio del hijo sino el suicidio simultáneo" y relaciona este poema con el del "Padre suizo" por lo cual interpreta ambos según las exigencias políticas que se trazó el héroe. Afirma que Martí: "se resiste a aceptar el motivo de la locura como razón de suicidio", por lo cual "logra narrar una auténtica fábula republicana, que a su vez reescribe los mitos de Abrahán y Bruto. Para Martí el argumento de la locura es aceptado, al decir de Rubén Darío, sólo como una 'locura patriótica'" (99).

Jean Starobinski en su libro sobre la revolución francesa: *1789 The Emblems of Reason*, apunta una similitud entre ambas tragedias. Dice Starobinski que la tragedia de Brutus podría leerse como una "versión pagana en Roma del sacrificio de Abrahán, con la diferencia de que en esta oportunidad ningún ángel vendría a sujetarle la mano al padre" [traducción nuestra] (114). Pero sólo si se equipara la religión y la política en estas narraciones ambos actos son similares. Y si hacemos esto pasamos por alto el dato más importante aún que nos recuerda que el suizo no fue ni un político ni un fanático religioso, sino un suicida/asesino; que su crimen fue motivado, según el poeta, por la angustia de estar lejos de su patria, de no tener fe, ni fin seguro; que Martí no sacó este crimen ni de *Biblia* ni de la Historia, sino de la crónica roja.

En tal sentido es importante observar que la descripción que hace Martí del crimen se convierte casi en una especie de ritual bíblico. El padre les besa las manos y los pies a los hijos en señal de humillación y respeto—como ocurría en las cortes antiguas, la tradición persa e incluso en la *Biblia*—, pero aún cuando van a morir, los hijos no ofrecen resistencia alguna, ni tienen miedo. Esto podría entenderse como que ellos sabían que irían después de muertos a una vida mejor y por tanto la sugerencia del padre al final del poema, al decir que estos lo entienden y lo ayudaría, cobraría mayor fuerza. Abrahán al mostrar su lealtad a Dios en el momento de sacrificar a Isaac no tiene un gesto tan grande con su hijo. El patriarca hebreo, más bien, se muestra distante y fijo en la idea que debe cumplir. Por esto, si ambos textos hablan de un sacrificio similar, de un infanticidio—o al menos de la posibilidad que tuvo el primero de hacerlo—la compasión está ausente en uno pero no en el otro.

Pero si bien los análisis de *Ismaelillo* y en general de toda la obra de Martí después de la Revolución, han enfatizado el aspecto político de sus versos como "alegorías", "antonomasias" o "fábulas", que en realidad dicen otra cosa, es significativo apuntar que los intelectuales de la república veían en el libro un despliegue de símbolos religiosos y su explicación no era de orden político.[3] Dulce María Loynaz, sugería por ejemplo que en el momento en que Martí amenaza al hijo con matarlo, el hijo se vuelve Isaac: "Es entonces cuando Ismael se convierte en Isaac por el sacrificio que le impone el padre. Sacrificio que sólo hay derecho a exigir a un hijo legítimo y sólo en nombre del verdadero Dios. '¿Vivir impuro? / No vivas hijo!'" (13-14). ¿Cómo es posible pues pensar dicha escena desde la perspectiva de tres figuras distintas: Moisés, Abrahán y Brutus? Una forma de verlo sería como lo vio la Loynaz quien sólo se refiere a los últimos versos del poema. Pero si la voz lírica sugiere un verso más arriba que ambos iban a morir, presumiblemente quitándole primero la vida al hijo y después suicidándose él mismo, entonces ni la versión religiosa de la *Biblia*, ni la alegoría política de Brutus encajan. Y este es precisamente el riesgo de cualquier lectura alegórica ya que al cambiar el significado de uno de los elementos del drama, cambia también toda la historia que se trata de probar.

Si bien, como dice Ada María Teja, detrás de estos posibles infanticidios lo que hay es un temor de que el hijo "no sea indigno", lo cual en sí demuestra una falta de confianza en la vida y cierta rigidez por su parte (157), dos cosas resaltan de esta lectura: una, el intento de evitarle al pequeño una vida de miserias y por otro lado, exorcizar un intenso sentimiento de culpa firmemente afincado en la poetica martiana. Si bien la decisión de matarlo puede parecer pesimista, la decisión final de no hacerlo demuestra lo contrario.

Como digo, tanto en "Musa traviesa" como en "El padre suizo" el posible infanticidio se justifica como un acto de salvación, de largueza que a su vez proviene de un fuerte sentimiento de culpa. En el primero el sujeto poético le dice al hijo que podría "envejecer[lo]" "súbit[amente]" y "la vida ahorrarte", pero que si lo hiciera así, entonces el hijo no podría experimentar los momentos realmente grandes de la vida (PC, I 28). Dicho acto equivaldría en la práctica a un crimen simbólico ya que el traspaso "súbito" de sus años o de su experiencia al pequeño le haría imposible/le "ahorraría" que este viviera la suya. En tal caso, el padre siente que ya lo había hecho por él y como afirma en otro apunte íntimo, era necesario que su hijo: "no sufra lo que yo he sufrido" (OC, XXI 216). Recordemos que según la filosofía oriental el hombre viene a sufrir a la tierra, sufre desde el momento que nace y es atrapado en los ciclos del samsara. Por tanto "ahorrarle" la vida al hijo sería entendido como un acto de compasión, especialmente viniendo del padre quien se siente "culpable" por traerlo a este mundo.

Pero si bien parece impensable que el sujeto lírico llegara a hacer algo así, desde el punto de vista del castigo, las consecuencias serían también funestas. De hecho, el hablante poético de muchos textos del cubano parece obsesionado con la idea de "volver a vivir" o pagar por un crimen cometido o por cometer en el infierno. Este temor aparece en "El padre suizo" y en "Canto de otoño". En este último la voz lírica, al contemplar la posibilidad de suicidarse, ve a quien: "mi amor culpable / Trajo a vivir" y afirma luego: "el padre / No ha de morir hasta que a la ardua lucha / Rico de todas armas lance al hijo!—" (PC, I 72). Por tanto, la decisión final de suicidarse o no, de matar al hijo o no, es una apuesta por el deber paterno y su obligación de prepararlo para la vida. En el mismo poema, el poeta hablando en pasado, ante lo que parece ser un grupo de jueces, dice:

> Y amé la vida
> *Porque del doloroso mal me salva*
> *De volverla a vivir*. Alegremente
> El peso eché del infortunio al hombro:
> Porque el que en huelga y regocijo vive
> Y huye del dolor, y esquiva las sabrosas
> Penas de la virtud, —irá confuso
> Del frío y torvo juez a la sentencia (PC, I 71) [énfasis nuestro]

De nuevo, la voz lírica siente pavor con "volver a vivir" por lo cual la única salvación que prevé es aceptar con resignación el "doloroso mal", enfrentar el "dolor" y las "sabrosas / Penas de la virtud" para salir de ellas redimido. Este miedo es ilustrativo del mismo proceso de secularización de la vida moderna: la terrible condición de un sujeto "sin fe", que todavía sigue amedrentado por la idea de un castigo eterno. Ya sea en el hecho de estar condenado a sucesivas reencarnaciones o en ir al infierno después de la muerte, este miedo queda fijado en sus textos de un modo dramático.

En su crónica de 1885, Martí reitera el elemento de la culpa del padre y su "arrepentimiento" por haberles dado una vida miserable a sus hijos. Dice el cronista: "Hace cinco años, un pobre suizo, arrepentido de haber puesto en vida miserable a sus tres hijos pequeñuelos, se los echó a los brazos, se fue con ellos a una selva, y, en lo hondo de un pozo se ahogó con ellos" (OC, X 225). Ni el crimen ocurrió en 1880, ni el suizo se llevó a sus hijos a la selva para matarlos. No obstante, el arrepentimiento sí está presente en el poema, nunca por supuesto en la noticia real, y está conectada con la idea de la "culpa" que reaparece en "Canto de Otoño" y otros textos poéticos de Martí..

Hay que agregar que en "El Padre suizo" la voz lírica no solamente le halla al acto del suicida una justificación sino que los mismos sujetos de la tragedia quedan de alguna forma devaluados al ser comparados con animales. Martí habla del suizo como de un "tigre" y de los niños como de "aves en sus nidos" (PC, I, 73). Como ya hemos dicho, esta comparación tiene un doble referente: las ideas de Emerson sobre el universo y las teorías científicas de Darwin y Herbert Spencer. Martí, lector de todos ellos, pudo hallar el argumento de que el hombre es igual o se comporta como una fiera en cualquiera de sus libros.

Ya sea si identificaramos el argumento que da Martí con una filosofia u otra, este estaría explicando el crimen como la acción de un hombre que no ha podido reprimir la bestia y actúa de un modo "súbito" (tal y como lo hace un animal) sus instintos bajos. En un cuaderno de apuntes de la época, Martí llega a una conclusión similar sobre la personalidad del hombre. Dice que nunca se iba a poder llegar a un total conocimiento de él, ya que éste nunca confesaría sus "desfallecimientos y miserias, los móviles ocultos de sus actos [....] sus horas de tigre, de zorra y de cerdo.—" (OC, XXI 138). Cada uno de estos animales representa, pues, un estado distinto en la personalidad del sujeto, un momento en que el hombre se revela como un animal. Martí incluso llega a utilizar la palabra "ley" para referirse a las relaciones entre los hombres en el poema "Yo sacaré lo que en el pecho tengo" de *Versos Libres*. En este se pregunta: "Es ley que el tigre de alas se alimente?" y la respuesta es positiva por lo que pide que los hombres / tigres se nutran de él (PC, I 172). Los personajes de sus fábulas morales van a debatirse, entonces, de forma dramática entre el hombre y el animal, entre la ley que los ata a un origen oscuro y la virtud personal, entre la amenaza que significa tener un sujeto así en la calle y el Estado que tratará de reformarlos para que venza en ellos "el ala".

Tomando como base este razonamiento Martí estaría negando el acto desesperado del suizo y convirtiendo su crimen en un producto más de su comportamiento bestial. Pero entiéndase además que este sería un argumento para entenderlo y compadecerse de él. La culpa no es sólo del suizo, sino que es parte de su condición humana. Sólo las instituciones y sus condiciones de vida podrán ayudarlo a escapar su destino.

El poema de Martí es entonces plenamente moderno porque reacomoda los hechos reales a los fines literarios, porque trata de proveer a la literatura con un contenido inusual (la del sujeto díscolo y la crónica roja) y exige con ello cierta legitimidad para el autor. Es moderno por la misma ambivalencia del sujeto lírico que es incapaz de decidir entre condenar al suicida o celebrarlo. Por reconocer en sí mismo los efectos terribles de la época. Y si además, como dice Octavio Paz, ser moderno es ser eminentemente crítico, Martí se coloca a la vanguardia de un sin número de poetas latinoamericanos—como el propio autor de *Vuelta*— que hicieron de sus textos un dardo contra los efectos devastadores que representó estos cambios.

Sus argumentos intentan crear un cuadro de total desesperación y angustia por lo cual debe adicionar fuerza y color al drama introduciéndolos a un nuevo escenario: la literatura. Este escenario intenta ser un reflejo de la vida real, de la crónica periodística, asumir su inmediatez y veracidad para legitimarse. Martí construye la noticia en base de su humanismo, que logra aunar la fuerza que tienen la nota sacada de la crónica roja neoyorquina y la literatura sentimental de finales de siglo XIX. Ambas unidas crean un cuadro de sufrimiento y dolor dirigido al lector para que haga algo y trate de evitar o remediar casos como estos en el futuro. Su poesía, por tanto, tiene un fin político en mente. Se origina desde la conciencia de la crítica social y se adelanta a las corrientes más realistas del fotorreportaje de los años treinta del siglo XX. El lector tendrá la impresión que es parte del drama que se desarrolla ante sus ojos; que el poeta narra tal y como fueron, los acontecimientos que llevaron al padre a matar a sus hijos y luego a suicidarse.

NOTAS

1. Agradezco a mi colega Ramona Lagos sus puntos de vista en la discusión del "Padre suizo" asi como a mis alumnos de mi clase de graduado en USC y ATU. Este mismo texto ya había sido enviado a la revista *Hipertexto* para su publicación.

2. Sobre las opiniones de Manuel Pedro González y Martínez Estrada sobre este tema, véase la reseña del libro de este último, "Radiografía espiritual de José Martí" (*Anuario Martiano* 2 [1970]: 281-529).

3. Para otras interpretaciones de tipo alegórico del poemario véanse: Mary Cruz, "Alegoría viva: Martí" (*Anuario L/L Academia de Ciencias de Cuba* 2 [1971]: 25-46) y Jesús Orta Ruiz "*Ismaelillo*, antonomasia desolada" en su libro *Pensamiento martiano y otros fulgores* (La Habana: Ediciones Unión, 1984) 86-91. También Ezequiel Martínez Estrada en *Martí revolucionario* (La Habana: Casa de las Américas, 1967) y Cintio Vitier en *Temas martianos* (Río Piedra: Huracán, 1981) utilizan esta forma de interpretación para dilucidar el drama personal y político de Martí en relación con Cuba y su esposa.

EL NIÑO Y EL SALVAJE:
LA PERCEPCIÓN CROMÁTICA Y
LA EVOLUCIÓN DE LOS SENTIDOS

Ángel Rama recordaba que la relación entre padre e hijo que aparece en *Ismaelillo* era semejante a la de Abrahán e Ismael. En esa pareja, Rama ve la inserción de la problemática del tiempo y las generaciones, de un pasado representado por el padre y un futuro que encarna el hijo, por el que, según el uruguayo, apuesta Martí ya que "no hay nada más cargado de futurismo que un niño" ("Dialéctica" 151). En el siguiente comentario me propongo volver sobre esta relación en el poemario y vincular esta problemática al cuestionamiento de la modernidad, la irrupción de los discursos en relación con el cuerpo, la lingüística, la biología y la etnografía y cómo en relación con estos discursos el Modernismo crea un *Otro* donde pone los restos de su no-yo. En especial, me detendré en la percepción de los colores y la utilización de la figura del niño y del salvaje para demostrar dichas teorías.

Según afirma Raymond Schwab en *La Renaissance Orientale* desde principios del siglo XIX, la lingüística y la biología recorren un camino análogo hacia el concepto de evolución (323). Desde Schlegel ambas ramas se entrelazan, tomando como referencia un sistema comparativo que traslada argumentos y metáforas de la biología a la lingüística y viceversa, al extremo de que—según Schwab los trabajos de Lamarck y Darwin—en la biología corren parejo a la comparación lingüística de Bopp y Müller (325). A través de estas ciencias la modernidad se vuelve con insistencia sobre el pasado, en busca de un origen, que es al mismo tiempo causalidad e historia. Por tanto, el conocimiento como afirma Foucault se concibe en el siglo XIX como una oscura sucesión de tiempo y analogías, que se refleja en una forma particular de historiar el lenguaje, el trabajo y la vida (251). Fue este impulso el que llevó al filólogo Geiger a sustentar, desde el punto de vista lingüístico, la hipótesis de William Gladstone sobre el origen de la percepción cromática. El político y clasicista inglés había sugerido—en 1858—que los griegos del tiempo de Homero no podían distinguir los colores ya que un estudio de sus textos demostraba que estos carecían de una terminología para nombrarlos. De esto dedujo Gladstone que los órganos e impresiones de los contemporáneos del poeta de la *Ilíada* estaban sólo parcialmente desarrollados. Geiger, retoma esta idea y demuestra apoyándose en textos griegos antiguos y, también, en himnos védicos, que la aparición de los colores en el hombre siguió una secuencia particular: Primero, había notado los colores negro y rojo; después, el amarillo, el blanco, el verde y, finalmente, el azul. El método consistía en sacar de la *Biblia*, el *Corán* y los poemas homéricos las palabras que denotaban colores y tratar así de demostrar que ni el cielo ni ningún otro objeto en estos textos era representado con el color celeste ya que civilizaciones anteriores asociaban este color con el negro u otra tonalidad oscura, como fue el caso de los antiguos daneses que sólo tenían una palabra para denotar ambos (Magnus 67).

Los argumentos de Geiger y Gladstone encontraron un crítico implacable en el biólogo Allan Grant quien arguyó que la evolución del órgano visual debió requerir mucho más tiempo que el sugerido por Gladstone (tres mil años) y que las evidencias aportadas a favor de esta hipótesis eran sólo de carácter lingüístico (202-40). Geiger pensaba que el origen de la razón humana había coincidido con el origen del lenguaje. Por tanto, un análisis empírico e histórico del lenguaje podía revelar el origen y naturaleza de la razón.

Este debate ilustra de forma ejemplar las relaciones entre ambas ciencias y la importancia que había asumido la filología cuando se permitía construir hipótesis sobre el origen y evolución del hombre. Todo esto únicamente basado en el análisis del lenguaje y de los textos antiguos. Con ello la filología ayudaba a construir una rigurosa historia *clínica* de la percepción y una ontología del ser que incluía, en su paradigma, las razas europeas contemporáneas y sus ancestros, los indoeuropeos. Este impulso de revelar la historia del cuerpo o el origen de la razón a través del lenguaje, sirvió como excusa para instalar el poder, hegemónico y centralizador, en los textos. Sirvió de "arme de guerre", según Schwab en los discursos de Klaproth a Gabineau (198). El análisis lingüístico no estuvo por tanto exento de matices ideológicos y, en especial, con el surgimiento de la etnografía se codificó la diversidad en esquemas evolutivos que iban de categorías como primitivas, salvaje y degenerada a sujetos superiores o civilizados (Said 108).

En *La crónica modernista*, Aníbal González resalta el papel significativo de la filología a finales del siglo XIX y asegura que ésta es "la institución en torno a la cual el Modernismo construye su literatura: es el lugar de donde se derivan el vocabulario, los procedimientos y la 'ideología' crítica del Modernismo" (12). Y, en efecto, el Modernismo extrae muchas de sus metáforas, temas y vocabulario, de la reserva orientalista que crea la filología en el siglo XIX pero, también, de otras ciencias como la biología, la etnografía y la criminalística que fueron asumidas por ella. González describe este acercamiento como una relación problemática de imitación y rechazo, donde la literatura mantiene una distancia especulativa, respecto a la filología. Primero, se apoya en ella porque la necesita para validarse pero, en el fondo, la odia y trata de mantenerse distante (25).[2] Basándome en esta relación entre Modernismo y filología, quiero demostrar como la representación del cuerpo en el Modernismo pasa por la necesidad de construir un cuerpo de fibras modernas, biológicamente "más desarrollado", en el cual se apoya el escritor finisecular para demostrar la superioridad de su escritura en comparación con la de otros escritores. Pero ¿qué modernidad es capaz de exhibir un cuerpo? ¿Dónde convergen la estética y la anatomía?: Valle Inclán lo explica. En su defensa del Modernismo justifica los experimentos estilísticos de Gautier, Baudelaire y D'Annunzio recurriendo a este discurso filológico, que muestra una mayor capacidad que la literatura para convencer. Valle-Inclán se defiende de la crítica antimodernista y afirma:

> Hay quien considera como extravagancias todas las imágenes de esta índole, cuando en realidad, no son otra cosa que la consecuencia lógica de la evolución progresiva de los sentidos. Hoy percibimos gradaciones de color, gradaciones de sonidos y relaciones lejanas entre las cosas, que hace algunos cientos de años no fueron seguramente percibidas por los antepasados. En los idiomas primitivos apenas existen vocablos para dar idea del color. En vascuence el pelo de algunas vacas y el color del cielo se indican con la misma palabra: "artuña". Y sabido es que la pobreza de vocablos es siempre resultado de la pobreza de sensaciones. (30)

En este fragmento de "Breve noticia acerca de la estética" está resumido todo el debate que he explicado más arriba. Valle-Inclán apuesta por la ciencia moderna y por tanto su cuerpo y su literatura son el vehículo donde se expresa esa arqueología del ser, que de facto convertía a los escritores modernos/modernistas en seres mejor dotados que los antiguos para su oficio. De modo que a través de esta treta defensiva Valle-Inclán resuelve la querella entre antiguos y modernos que había jalonado los debates desde el inicio de la modernidad. La querella se resuelve en la evidencia que dejan los discursos de la filología y la biología en la piel *visavis* con las culturas / lenguas "primitivas". Estas culturas eran para Bopp y Müller las tribus indoeuropeas pero para un español el sustrato del origen debía estar en otro sitio, en el vascuence, una lengua que según los historicistas data de antes de la romanización y la llegada de los indoeuropeos.

Este afán de trazar el viaje al origen produjo, según Antonio Tovar, que el vascuence "desde Larramendi y Astarloa a Cejador, [fuera] campo de fantasías y devaneos" (76). El propio Cejador trató de probar que todos los idiomas que conocemos derivan o son una degeneración del vascuence (*Embriogenia* 472) y sustentó desde el punto de vista físico-fisiológico el fenómeno de la sinestesia (*Embriogenia* 515-21). Dados estos argumentos Cejador apoya a los simbolistas franceses y a quienes los siguen en España; ya que era una estética basada en razones científicas que abría una nueva perspectiva para el porvenir del arte. En *Cabos sueltos* afirma: "en suma, el Simbolismo es una Retórica más refinada y más científica. Los antiguos clasificaban sus figuras en figuras de palabras y de ideas; los modernos han encontrado un nuevo tropo, cercano a la metonimia, la sinestesia" (100). De esto se deriva que en Valle-Inclán el sentido de la percepción estética sea distinto al de los antiguos. La representación dependerá de quien la vea. El escritor crea con esto instancias discursivas completamente imaginarias pero acorde con la "evolución progresiva" de sus sentidos. De este dato pudiera derivarse la doble perspectiva que el escritor modernista usa en sus obras donde por lo general el narrador o quien hace las acotaciones en la obra de teatro, habla con un lenguaje más "extravagante" que los personajes.

Valle-Inclán, entonces, justifica su estética convirtiendo la literatura en otra cosa, dotándola de un saber capaz de hacerla trascender a ella misma. La razón no está en la autonomía del escritor para inventar nuevos mundos, sino en un afuera marcado por los discursos verdaderamente fuertes de la racionalidad instrumental moderna. A través de estos discursos las letras muestran su carácter de suplemento. La literatura moderna continuamente necesita mostrarse como otra cosa, escapar de su literariedad con el fin de indicar su peso (González Echevarría 32). Pero si tal modernidad—como la definen Baudelaire, Martí y otros escritores—nace atravesada por la conciencia de su finitud, por el fantasma del cambio y la fugacidad, entonces el argumento de Valle-Inclán encierra una terrible ironía. Un escritor del futuro estaría mejor preparado biológicamente para apreciar matices con los cuales Valle-Inclán ahora sólo podía soñar. Esta parece ser la preocupación de Amado Nervo, quien al definir el Modernismo, retoma el mismo discurso corporal del escritor español y regresa al problema del tiempo y la historización del lenguaje. Dice Nervo: "Dentro de veinte años, nuevos poetas, más sutilizados, tanto cuanto lo estarán las almas, los nervios y los sentidos de nuestros hijos, dirán y cantarán cosas junto a las cuales nuestros pobres 'modernistas' de ahora resultarán ingenua senectud" (102). Nervo se contenta entonces con hablar de "nuestros sentidos más perfectos ya y afinados" (101) y con tratar de "infantil" a los escritores que le precedieron, por su "rudimentaria manera de ver el mundo", de "donde han nacido las grandes epopeyas desde la *Ilíada* hasta *Los Castigos*" (100). Acaso ¿no es posible percibir en estos planteamientos de Nervo como un eco de los de Martí sobre el "afinamiento" de la raza en su crónica sobre los religiosos de Filadelfia?

En cualquiera de los casos, el cuerpo es central en la literatura moderna y en especial su evolución a través de la historia. Por tanto, no es casual que en algunos casos los modernistas recurran a los discursos fuertes de la racionalidad moderna como un intento de legitimarse y construir un cuerpo con el cual protegerse contra la crítica. Un cuerpo que les revelará lo efímero del arte, su fragilidad ante el tiempo, pero también su superioridad con respecto a otros escritores del pasado. El poeta se inserta de este modo en una modernidad plena. Él es el producto que vende, un producto que responde a una nueva tecnología del yo. Parafraseando a Valle-Inclán, la riqueza de sus vocablos es el resultado de la riqueza de sus sensaciones. Si la modernidad literaria estuviese acompañada de una modernidad de los sentidos, la poesía estaría en un perpetuo cambio y evolucionaría a la par que su cuerpo. La literatura exuda un optimismo sólo comparable al de los positivistas y los utópicos. Ambas son un reflejo de esa marcha ineludible hacia adelante y, en sentido ascensional, que marca el progreso comtiano, el evolucionismo de Darwin y la espiral de Marx. Es también la mayor prueba de que todo está llamado a desvanecerse, que toda corporalidad es pasajera y que por tanto la poética moderna es una poética imposible.

Pedro-Emilio Coll en su ensayo "Decadentismo y americanismo" constata el mismo perfeccionamiento y "evolución" al que hicieron referencia Valle-Inclán y Nervo, y apunta la importancia que la literatura extranjera tuvo para los modernistas. Afirma Coll: "Los sentidos como todas las fuerzas de la vida, están en perpetua evolución y a las literaturas extranjeras les debemos en gran parte el aceleramiento de aquellas. Nuestros ojos han aprendido a ver mejor, y nuestro intelecto a recoger las sensaciones fugaces" (89).

El texto de Pedro-Emilio Coll se presenta nuevamente como una defensa del Modernismo. El hecho de que la evolución de los sentidos pueda "acelerarse" con frecuentar las literaturas extranjeras, es un intento de sacar del determinismo su propio discurso y la raza americana de su heredada precariedad. Coll pensaba que aún en aquellos escritores que rendían un culto exclusivo a las literaturas extranjeras "obra[ba] la energía que brota de las entrañas de las razas y el medio". Por tanto el cuerpo y sus productos se definen a partir de esas fuerzas oscuras que vienen de abajo, de la profundidad de la raza y de la historia familiar y que actúan a contrapelo de la "energía" europea, instalada ya en otro tiempo, no sólo por el que dicta la industria sino también la herencia. Se impone el aprendizaje y la aculturación debido a que, según Coll, si "nos aleja un tanto de la raza, es lo necesario para apreciar mejor sus relieves" (89). El concepto de raza, utilizado aquí en un contexto marcadamente determinista, es una referencia del cuerpo americano como lo Otro, imperfecto y antitético del cuerpo europeo. Pero si el discurso modernista asume un carácter deficitario y de subalterno ante la raza europea, también intentará encontrar otros excluibles en este paradigma como son los inmigrantes del sur de Europa y en especial los negros. Pero ¿cómo se define un cuerpo antitético, un cuerpo cuya constitución no es plenamente moderna? La respuesta a estas preguntas hay que buscarla en las monografías que aparecieron a finales del siglo XIX en Francia y los Estados Unidos donde se intenta, utilizando el método comparativo y las ciencias humanas, delimitar los márgenes identitarios, el ser y el Otro. Y se asumía este Otro no occidental, siguiendo una oscura verticalidad que lo convertía en un ser imperfecto e inferior con respecto a un centro inamovible que tenía su cúspide en Europa.

De nuevo, la obsesión de la ciencia europea por delimitar, clasificar y llegar al origen de todo saber, en un intento por construir su propia subjetividad y la de los Otros, se demuestra en la encuesta que sobre el color hizo Hugo Magnus. Con el fin de probar la hipótesis de Geiger, Magnus, oftalmólogo y profesor de Braslau, envió tarjetas de colores a los cuatro continentes y esta encuesta, la primera a nivel mundial, arrojó que las razas no occidentales mostraban un interés desproporcionado, según el gusto europeo, por los colores intensos, especialmente el rojo. Esto según Charles Letourneau, establecía la "incapacidad" y hasta la "estupidez" de los "salvajes" a la hora de percibir el mundo. En su libro *La Sociologie: d'apres l'ethnographie*, en el capítulo titulado "de la délicatesse des sens" Letourneau argumenta que en la mayoría de los dialectos de Centro América no existe más que una palabra para designar los colores gris y azul, lo cual equiparaba según la hipótesis lingüística, el tiempo histórico de Homero con el latinoamericano: "même incapacité, même sottise, peut-on dire, dans l'usage du sens de la vue, chez le sauvage [....] dans plusieurs dialectes de l'Amérique centrale, il n'existe qu'une seule et même expression pour désigner le gris et le bleu" [la misma incapacidad, la misma estupidez, podemos decir, en el uso del sentido de la vista, en los salvajes [....] en la mayoría de los dialectos de la América central, existe solamente una expresión para designar el gris y el azul] (70). Letourneau pudo estarse refiriendo aquí a los llamados Lacandones, comunidad de la frontera entre México y Guatemala, quienes hoy en día sólo tienen una palabra para ambos colores. Este dato filológico-etnográfico, que Darío y otros modernistas pudieron conocer, posiblemente a través de fuentes francesas o españolas, resulta importante para repensar "Sinfonía en gris mayor". En este poema Darío mezcla ambos colores, al extremo de verlo todo a través de "la gama" del gris. Así el mar luce como un "cristal azogado", sus ondas son del color del "plomo" y el viejo lobo de mar ve su país a través del "humo que forma el tabaco" (287). ¿Trataría de ver Darío el paisaje del trópico con lentes griegos/indígenas? ¿No sería esta otra de sus recreaciones arqueológicas? Al hablar del significado del color azul en su *Historia de mis libros* (1909), Darío hace mención precisamente al significado de esta tonalidad en la cultura grecorromana, cuando afirma que "el azul era para mí el color del ensueño, el color del arte, un color helénico y homérico, en Plinio es el color simple que semeja al de los cielos y al zafiro" (*Obras,* I 197).

En uno de los cuadernos de apuntes de Martí aparece una cita de Letourneau seguida por un extenso comentario. Dice la cita: "ce qui est plus certain, c'est que les couleurs vives, surtout le rouge, sont très recherchées par hombre de races humaines inférieures" [lo que sí es muy cierto, es que los colores vivos, sobre todo el rojo, son muy buscados por los hombres de razas humanas inferiores] (71). Al final de este párrafo del sociólogo francés, Martí apunta: "Esta es tal vez la clave del error sociológico: *tomar como inferior una raza porque se la ve (porque está) en uno de los grados inferiores de su desarrollo.* Esto que dice Le Tourneau [sic] en *La Sociologie*" (OC, XXI 432).

Letourneau sigue una tipología del "salvaje" que asocia a una raza inferior el gusto y su "capacidad" natural o biológica para ver ciertos colores. En ningún momento la sociología del siglo XIX repara en el hecho de que los colores sólo adquieren su significado en correspondencia con la cultura y la lengua que los identifica y que el rojo por ejemplo, en el caso de la cultura lacandona, tiene un propósito preciso que nada tiene que ver con su "desarrollo" o supuesta "inferioridad" racial. Según afirma Luz María Vargas, el rojo en esta cultura tiene la función de "recoger lo malo" y por lo general sirve como un indicio profético cuando aparece en sus sueños. Es el color asociado con el sol, las enfermedades, la valentía y el sexo (103). Umberto Eco en su semiótica de los colores llega también a una interpretación similar basado en el cruce del lenguaje y la cultura (158). Por tal motivo, es imposible hoy día aceptar una caracterización del otro basado en sus gustos e inferir de ello un grado ontológico. Martí consciente de los prejuicios de tal discurso reacciona ante este intento de clasificación, y sin llegar a una concepción del gusto y la percepción basada en la cultura y el lenguaje, recurre a una especie de "universalismo" del ser humano, que nuevamente homogeniza unos y otros. Su argumento no es que no existan "razas inferiores", más bien por el hecho de que *"está en uno de los grados inferiores de su desarrollo"* [con énfasis en el original de Martí] es que el color rojo, según él, atraía de una forma especial a los polinesios, neo-caledonianos y lacandones. Ambos, por tanto, recurren a la biología como racero, al cuerpo como prueba de la verdad. Pero mientras que en Letourneu hay una cancelación de la capacidad del Otro, la visión de Martí es temporal, y apuesta por el desarrollo y evolución del individuo. Acepta una diferencia de "grado" más que de tipo y para explicar con más detalles su punto de vista, seguidamente, equipara el niño al salvaje, y habla de Candita, la hija de Don Estrada Palma, cuando afirma a continuación:

> El niño por ejemplo, ama el rojo, y todos los colores vivos. Yo, de niño, adoré el morado, que aborrezco hoy, Candita, ayer, se ceñía al talle una cinta amarilla resplandeciente. Sólo los niños de prematura gravedad y tristeza, y de anormal aunque ventajoso desenvolvimiento, desaman los colores intensos. Pero el hecho es que el mismo individuo de una raza, —el mismo niño,— que en la niñez ama el rojo, va poco a poco desamándolo, o entibiando su preferencia, y llega en la edad madura a usarlo y estimarlo en su relación natural, y con posición lógica, con los demás colores.—Debe decirse, pues, por ser lo comprobado, no que "las razas inferiores aman el rojo", sino que "las razas, en estado inferior, aman el rojo". — Y así se va, por la ciencia verdadera, a la equidad humana: mientras que lo otro es ir, por la ciencia superficial, a la justificación de la desigualdad, que en el gobierno de los hombres es la de la tiranía. (OC, XXI 432)

En este comentario, donde aparece por un instante verdaderamente raro, la niñez de Martí, el cubano re-ordena los datos que da Letourneau y pone el énfasis en la forma natural de ver ambos el mundo. Su opinión parece estar motivada por un acto de solidaridad con el Otro que lo hace re-pensar desde una óptica más justa los postulados del francés. Su punto de vista latinoamericano jalona el texto, se vira sobre su cabeza, lucha con él y con tal propósito recurre a una gastada tipología para desarrollar su argumento. Esta es, la del niño y el "salvaje". ¿Por qué usa Martí esta comparación?

Charles Baudelaire ya había recurrido a ella años antes para criticar la civilización occidental y demostrar con esto el gusto de ambos por los objetos banales, resplandecientes y artificiales. Según Octavio Paz, como recuerda Santí, la función del niño en el discurso decimonónico fue la de "repoblar las almas que había despoblado la razón crítica", de ahí que, sigue argumentado Paz, "Baudelaire se extasíe ante lo que llama el 'canibalismo' de Delacroix en nombre precisamente de la 'belleza moderna'" (121). Y en efecto, en su conocido ensayo "Le peintre de la vie moderne" Baudelaire alaba el gusto de ambos por su "ingenuidad" y preferencias estéticas. Ambos mostraban, según el francés, una "ansiedad ingenua por todo lo que resplandecía" ["for party-colored plumage and shimmering materials, for their superlative grandeur of artificial forms"] (298). Como explica Michel Butor, en Baudelaire el salvaje americano devendrá inseparable de su noción de dandismo y será un signo precursor de su poesía (193). En la búsqueda de la visión privilegiada de ese Otro: niño, dandy o salvaje, el texto bodeleriano asume una marginalidad desde donde le es posible hablar de una forma distinta al resto. Si el cubano usa esta tipología, en parte es para resaltar lo que ambos tienen en común, según él, y abrir una ventana de expectativa donde el "salvaje" puede evolucionar hacia un grado superior de desarrollo y con el tiempo llega a apreciar los colores en su "posición lógica". Aún así, su argumento es cuestionable y no deja de ser otra representación ficticia y paternalista del Otro. De hecho, asociar al niño y al "salvaje" es típico del discurso colonial latinoamericano. Aparece en las crónicas de Las Casas, en Simón Bolivar, y Martí lo usa en sus escritos periodísticos y literarios más importantes tales *Patria y Libertad* y sus escenas norteamericanas. En ellos habla de la "fidelidad excesiva en los detalles que distingue el arte de los pueblos primitivos y los primeros dibujos de los niños" (OC, VIII 330). El arte de "los pueblos salvajes" que pintan "animales raros y hombres de cara redonda, como los que pintan los niños" (OC, XVIII 413).

La misma comparación aparecía con frecuencia en los textos científicos de la época. Los biólogos y etnólogos de finales de siglo recurrieron a ella por una especie de analogía Lamarckquiana, y siguiendo al evolucionista Ernst Haeckel, a quien Martí menciona varias veces también, afirmaban que en su desarrollo el niño pasaba por todas las etapas del ser humano, incluyendo la etapa primitiva y aún, de todo el género animal, lo cual significaba milenios de cambios genéticos comprimidos en un organismo pequeño. A esto se le llamó "recapitulación" ontogenética. Tanto Letourneau como Jules Soury en la introducción al libro de Hugo Magnus, recurren a ella.

Pero si Martí reproduce en sus crónicas estos tics del discurso imperial y racista de Occidente, si infantiliza al indígena de la misma forma que infantiliza a los fanáticos asesinos, donde sí es lúcida su respuesta a Letourneau es en el trasfondo ideológico que descubre en su libro. Martí comprende que el problema no es sólo de tipo científico sino también político. Ve que detrás de la racionalidad instrumental y la erudición del libro, Letourneau no tiene una intención muy honesta, que es a saber: "la justificación de la desigualdad, que en el gobierno de los hombres es de la tiranía" (OC, XXI 432). Puestos en el contexto de la colonización cultural y económica europea durante el siglo XIX, esta aseveración parecería al menos paradójica, ya que si por un lado Martí rebaja al indígena a su condición de un ser irracional, por otro critica al francés por sus intenciones imperiales.

Me interesa aclarar sin embargo que si Martí usa esta comparación es porque veía en el niño al estilo de Rousseau, un ser natural corrompido sólo por las lacras sociales. Su visión es metodológica e intenta demostrar el trayecto gradual por el que ha pasado la civilización y el hombre. Esta forma de ver la cuestión es de franca estirpe positivista. De nuevo, el Otro (niño o salvaje) es un ser que mira de una forma diferente el mundo. Diferente a la forma en que percibe la realidad el adulto y el individuo civilizado. Martí, en sus escritos literarios, juega constantemente a cruzar esos bordes, él tambien es el Otro, y por eso en la *La Edad de Oro*, recurre a esta forma de ver para contar lo que sucede en la feria de Paris. Y dice: "y para nosotros, los niños, hay un palacio de juguetes" (OC, XVIII 409). Consecuentemente, llama la atención el lenguaje de asombro que usa el cronsita para referirse a las máquinas y la producción de la luz eléctrica en estos artículos. Martí afirma por ejemplo, en un fragmento que ya citamos con anterioridad: "De noche, un hombre toca un botón, los dos alambres de la luz se juntan y por sobre las máquinas, que parecen arrodilladas en la tiniebla, derrama la claridad, colgado de una bóveda, el cielo eléctrico" (OC, XVIII 426).

Esta forma "ingenua" de percibir el objeto, más propia de alguien que descubre por primera vez ambas cosas y no de un escritor de oficio, que sabe exactamente lo que dice, sería otro ejemplo de esa intención de acercarse al mundo de una forma elemental e infantil. Martí se pondría con esto al mismo nivel de los niños que leen su artículo. A diferencia de sus largas y detalladas crónicas para *La Nación*, sobre la diversidad y número de materiales que se emplearon en la construcción del puente o de la estatua, Martí reduce lo que tiene que decir a lo esencial y convierte su crónica en un cuento misterioso donde la tecnología crea un mundo incomprensible pero natural. ¿No sería acaso este mismo lenguaje del asombro el que caracterizó el encuentro del indígena y la tecnología en la epoca de la Conquista y después? El cronsita, lógicamente, recurre a este lenguaje con un fin didáctico en mente. Es otra máscara de la razón para entretener, para desdoblarze en el Otro. Pero el cronista está muy consciente que esto es sólo un simulacro, un artificio de la escritura para narrar el mundo desmiraculizado de la modernidad; el mundo de maravillas que ve el Otro.

Por tal razón, ambas formas de percibir el mundo serán típicas de sus narraciones y serán las otras dos instancias discursivas, muy bien delimitadas que constantemente reaparecerán en su obra: la del niño/salvaje y la del etnólogo. Ambas miradas se fijan en el poema XXV de *Versos sencillos* (1891) y en "Príncipe enano" de *Ismaelillo*. En el primero afirma la voz poética:

> Yo pienso, cuando me alegro
> Como un escolar sencillo,
> En el canario amarillo,—
> Que tiene el ojo tan negro! (PC, I 262)

En esta estrofa si el yo adulto se alegra como un escolar es porque se piensa a sí mismo como Otro, como un niño. La conjugación del verbo "pensar" en presente indica que esto es posible, incluso que el hablante poético lo ha hecho antes. Pero tan pronto como reconoce la profundidad del color negro en el canario, este asume nuevamente la posición del adulto. Su constitución es diferente, lo que es lo mismo que decir, que deja la alegría, la ingenuidad y el juego, para pensar en otra cosa. Lógicamente, ese niño es tambien un "salvaje" "en su estado inferior" de desarrollo (OC, XXI, 432).

El guión que separa a ambos gráficamente es el pliegue por donde se introduce la voz disciplinante del adulto civilizado, que deja atrás el complemento circunstancial que lo condiciona de otra forma a pensar distinto. Como ocurre en el cuento de Jorge Luis Borges "El etnógrafo", aquí el poeta piensa de una manera que su "lógica rechaza" (60), la cual es la lógica del Otro, del niño, y del indígena. Pero en el poema de Martí ambos quedan encerrados en un mismo cuerpo, los dos son Uno.

Algo similar ocurre en *Ismaelillo*. En el poema "Príncipe enano" otra vez el padre habla a través de un meta-discurso "por" el infante. El niño aparece asociado a lo "indio" y los colores intensos que el poeta dice adoraba cuando era pequeño, pero que ahora odia. Afirma la voz poética:

> En banda de colores
> La sombra trueca,—
> Él, al tocarla, borda

En la onda espesa,
Mi banda de batalla
Roja y violeta. (PC, I 20)

En todos los casos, Martí deja entrever que es el niño quien escoge los colores y no él. El "borda" su banda en "rojo y violeta". Asimismo, en otro poema el padre teme que en el futuro el niño escoja el color "amarillo" y por tanto la necesidad de corregir dicha elección se vuelve una pesadilla para el poeta y una amenaza de muerte para el hijo (PC, I 30). El amarillo representaría para el padre el "oro" y "el rey" ambos símbolos de la riqueza suntuaria y del poder colonial. El niño no escogería estos colores de una forma "lógica" sino que su elección está motivada por una fuerza innata. El padre, sin embargo, sabe apreciarlos en su significado simbólico, que es el que dicta su contexto cultural, la sociedad en que nació y las referencias literarias. El hijo, ageno a todo esto, hace lo contrario.

Hay que recordar además que las monedas que se utilizaban en Cuba durante la colonia eran las españolas y tenían gravadas la figura de los monarcas que se sucedieron en el trono. Algunas de estas medallas fueron incluso impresas en la Isla y representaban desde Luis I, Carlos III hasta Isabel II. Como afirma Tomas Lismore en *The Coinage of Cuba 1870 to Date,* tan temprano como 1859 los revolucionarios diseñaron una nuevo peso que en un inicio fue firmado por el propio Céspedes y luego se convirtió en moneda de metal. Según Lismore, esta nueva moneda fue utilizada por los independentistas durante los primeros años de la guerra pero luego dificultades de diversa índole hicieron necesario renunciar a tal proyecto (3). Asimismo, la representación escatológica del oro es de una larga tradición en la literatura española, en especial en Quevedo y luego en la literatura Modernista con el "rey burgués" de Darío.

Por otro lado, Emerson había llamado la atención sobre la necesidad del adulto de conservar sus capacidades de niño y había propuesto esta figura junto con la del indio/salvaje para observar mejor la naturaleza. Para él como para una larga tradición de poetas románticos, era fundamental que el poeta siguiera conservando en su etapa adulta la mirada desprejuiciada del niño. Sólo así le sería posible al poeta comulgar en la naturaleza y permanecer abierto al asombro y las revelaciones. Dice Emerson: "The lover of nature is he whose inward and outward senses are still truly adjusted to each other; who has retained the spirit of infancy even into the era of manhood" [el amante de la naturaleza es aquel cuyos sentidos internos y externos están todavía verdaderamente ajustados; quien ha conservado el espíritu de la infancia aún en la edad adulta] (10). Martí, fiel a este dictado, retoma esta figura numerosas veces, pero hay que leer también estos gestos dentro de la relación de poder que impuso el siglo XIX, con su constante tipificación del Otro, como un ser irracional, emocional e inestable. Si bien como dice Octavio Paz, la visión del niño, el loco y la mujer reaparece en el romanticismo y el modernismo como un gesto que subvierte el mundo racional, dichas figuras no son creadas en el vacío sino que responden a modos muy conscientes de representarlos y dominarlos a través de la escritura. Martí, muy al tanto de esto, escoge no ponerse al lado de los fanáticos religiosos y sí del "padre suizo", al igual que acepta la visión del adulto por encima de la visión del niño en esta estrofa. No por casualidad en ambos casos recurre al mismo gesto de infantilizar al Otro y reducirlo a un tiempo distinto al de él.

Por tanto su construcción del hijo en su primer poemario es cuidadosa y selectiva; ya que Martí en este caso lo definirá como un "no-yo", como alguien que ama los colores que él aborrece, que lo obliga a hacer ciertas cosas, y cuyo espíritu violento lo hace volcar toda la habitación, incluyendo sus libros. En realidad, el sujeto lírico sólo se muestra como niño cuando asciende al seno de la madre/naturaleza en busca del conocimiento de su origen. Para aclarar lo que digo, valga regresar a la representación del hijo en *Ismaelillo*.

Aquí, el poeta va a crear la imagen del pequeño en base a símbolos orientalistas e indigenistas. ¿Por qué con ambos? El hijo como ha señalado la crítica de forma sucesiva es comparado con el mundo árabe: Ismael, Jacob, pero también posee atributos de las civilizaciones primitivas americanas a las cuales Martí apela con frecuencia en su obra. Dice el poeta:

Hala acá el travesuelo
Mi paño árabe;
Allá monta en el lomo
De un incunable;
Un carcaj con mis plumas
Fabrica y átase;

En la carta a Diego Jugo Ramírez, Martí le decía que el libro "es un juguete, como para mi hijo" (OC, VII 269). Pero de nuevo, ¿hay un valor ontológico en esta figura o representa simplemente otra muestra del exotismo romántico? Cuando la voz lírica afirma en este poema que con "mis plumas" fabrica un "carjax", está apelando al doble sentido de la palabra pluma. Estas son su instrumento de trabajo y son, también, las flechas e indumentaria que llevaban los indígenas de América. Martí parece referirse a estos cuando apunta que en su carrera por la habitación persiguiendo "un silex" el hijo llega a volcar un armario. Todos estos atributos provienen de la reserva imaginativa del indigenismo americano, que conjuntamente con la filología de principios de siglo XIX dio origen al siboneyismo de Fornaris y los trabajos comparativos de Bachiller y Morales. En *Ismaelillo* Martí sigue escribiendo:

> Del muro arranca y cíñese,
> Indio plumaje:
> Aquella que me dieron
> De oro brillante,
> Pluma, a marcar nacida
> Frentes infames
> De su caja de seda
> Saca, y la blande: (PC, I 26-27)

De nuevo, el pequeño se le aparece al padre vestido con un "indio plumaje", y saca de su caja de seda la pluma de "oro brillante" que ahora "blande" como una espada. Si se piensa en la conquista, esta imagen parecería anacrónica ya que los indígenas americanos no lucharon con espadas, sino con arcos y flechas. Pero la imagen podría ser una alusión al conocido pasaje de Ezequiel, donde Dios le pide al profeta que recorra la ciudad y que ponga la marca sobre la frente de los inocentes "ponles una señal en la frente a los hombres que gimen y claman a causa de todas las abominaciones que se hacen en medio de ella" (9:4). La alusión de Martí parecería ser una sutil inversión del suceso bíblico porque, en vez de marcar a los inocentes, la función de su pluma es marcar "frentes infames". Estas imágenes ayudan a crear la figura del hijo como dispuesto para la pelea, listo para luchar contra las fuerzas demoníacas. De la misma manera, las continuas alusiones a los colores, plumas y brillo de todo tipo vendrían a coincidir con la visión bodeleriana del salvaje/niño que lleva en sí una violencia agazapada que el texto martiano deja entrever en toda su significación ontológica. De nuevo, el poeta ve al hijo como parte de ese resplandor:

> Del sol a los requiebros
> Brilla el plumaje
> Que baña en áureas tintas
> Su audaz semblante. (PC, I 27)

La descripción del rostro bañado en "áureas tintas" parecería ser otra referencia a los colores que los indios americanos se ponían en el rostro, dato etnográfico que Martí conocía muy bien, como lo demuestra su misma crónica sobre el espectáculo de Búfalo Bill. En otro poema perteneciente al cuaderno de apuntes *Ismaelillo*, donde quedaron algunos que Martí finalmente rechazó, reaparece el hijo enfrentándose a un "hipántropo altivo" y para que causen sus flechas mayor daño en el combate el hijo debe hincarlas en el brazo de una mujer. Afirma la voz lírica:

> Si para luchar de nuevo
> Contra el hipántropo altivo,
> Flechas nuevas necesita
>   Vuestro hijo,—
> No al curare venenoso
> Pediré matador filtro:
> Hincaré su brazo: El tósigo
>   De ella es hijo! (PC, II 137)

Me detengo en esta representación del niño como indio en su poemario ya que si bien los críticos han señalado la relación del hijo y del padre con las historias de la *Biblia* no han reparado en el trasfondo indigenista de estos poemas. El romanticismo de Chataubriand—que Martí menciona casualmente en uno de sus apuntes de viaje por Centro América—, el siboneyismo de José Fornaris y una larga tradición que parte del Iluminismo asocian el indígena con lo americano. *Cantos del Siboney* publicado en Cuba en 1851, fue una de las primeras formas que utilizó la elite letrada y criolla en la isla para construir/negociar su identidad con relación a España. Aislada políticamente del resto de Latinoamérica y aún bajo el poder español, se trató de manifestar "lo cubano" a través de estos cantos "indios" que iban alentando el sentimiento patriótico y separatista en los hogares criollos. Siendo aún un adolescente, y ya inmerso en la labor independentista que lo lleva a presidio, Martí escribe una revista en forma de manuscrito con el nombre precisamente de *Siboney*. La misma tradición alcanza al Modernismo, y Rubén Darío en su poema a "Colón" llama a la América: "india virgen y hermosa de sangre cálida" (390). Por tanto, en el caso del primero esta representación del niño como indio habría que valorarla en una doble perspectiva: nacionalista y ontológica. La definición del Otro como uno (lo americano/árabe), y la historia de ese Uno en su origen.

Si a Hispanoamérica se le piensa como un continente-niño o como una "virgen" hermosa es porque ambas figuras encierran un mundo de ingenuidad e inocencia que todavía no había cumplido su destino. Significa—al igual que la tipología rousseauniana del Buen salvaje—que el continente podía crecer y desarrollarse, pero que siempre estaba expuesto al peligro de ser manipulado. En el caso del venezolano Pedro-Emilio Coll, dicha categorización reaparece cuando trata de defender el Modernismo. El venezolano intenta justificar con esto la hegemonía de las ideas estéticas francesas en la América, lo que Varela y otros críticos llamaron con relación a Darío, su "galicismo mental", por lo cual recurre nuevamente al discurso de la infantilización. Apunta Pedro-Emilio Coll: "tal vez la nombrada 'decadencia' americana no sea sino la infancia de un arte que no ha abusado del análisis y que se complace en el color y en la novedad de las imágenes, en la gracia del ritmo, en la música de las frases, en el perfume de las palabras, *y que como los niños, ama las irisadas pompas de jabón*" (169) [énfasis nuestro]. Pedro-Emilio Coll defiende pues el Modernismo de estos críticos, que solo veían superficialidad en su literatura, rebajando ontológicamente todo un continente a la categoría de "infan[til]". Su argumento, heredero también de Baudelaire y Rousseau, tiende a construir una oscura verticalidad hacia abajo (la familia, la historia) donde descubre sólo una carencia. Paradójicamente, la "decadencia" para Coll es el origen "de un arte", cuya historia sólo es posible construir si se relaciona con la Europa civilizada de donde había venido precisamente el decadentismo. Se enfoca entonces Coll, en el valor de estos recursos: el color, el ritmo, la música, típicos según él, del niño. Esto cuestiona por tanto de nuevo la crítica "contenidista" de la literatura moderna(ista), a su poca profundidad de ideas y su superficie lujosa. Si el arte modernista es un niño, entonces éste carecería de todo carácter racional. Años después en *Ariel* Rodó insistirá en copiar la cultura griega, y proponerla como modelo de renacimiento, ya que como había dicho un sacerdote egipcio a un legislador ateniense "no sois sino unos niños" (33).

A su vez son significativas las imágenes de violencia a las que Martí regresa en *Ismaelillo* una y otra vez, siempre asociándolas con el pequeño. Si el padre tiene una pluma para escribir, el hijo la toma para hacerse con ella una espada o una flecha. Si la habitación del escritor antes parecía ordenada, cuando llega el hijo este "hala", "persigue", "vuelca", y finalmente hace "rodar por tierra" los libros del padre para sentarse luego "magnífico / Sobre el desastre". Tal violencia no ha escapado a la crítica que ha visto en ella una finalidad simbólica. Cintio Vitier se preguntaba con relación a esta actitud del niño si era "una actividad destructiva, iconoclasta". Y a continuación se respondía: "No, más bien libertadora. Se trata, simbólicamente, de devolverlo todo a su libertad, a su fuerza original y estado naciente" (*Temas* 147). En *Ismaelillo* es posible leer entonces una persistente reflexión sobre el origen, sobre lo que Vitier llama "el estado naciente" que necesariamente representa el hijo pero también abarca los atributos y las culturas con las que este está relacionado: la indígena y la árabe. La homologación entre ambas culturas se remonta a la dominación árabe en España de la cual de cierta forma Martí veía su herencia en el presente (OC VI 25). Pero también se sugiere en los estudios filológicos de principios y finales de siglo que Martí pudo conocer a través de Bachiller y Morales o directamente de sus fuentes francesas e inglesas. Por otro lado, el Oriente como lugar de origen, desde donde se puede extraer una percepción del pasado reaparece constantemente en sus notas y esto lo relaciona con la cultura indígena americana. En un fragmento dice que "solo a los hindús se parecen las esculturas americanas" (OC, XXII, 27). Y cuando habla de "las voluptuosas esfinges de Serapeun" le recuerda al ídolo azteca Chacmool que es "el paso de la escultura de la esfinge, a la sentada, a la en pie. —Posición que recuerda el origen" (OC, XXI 206).

La prueba de que Martí utiliza el hijo como un patrón de reflexión sobre el "origen" aparece por igual en sus comentarios íntimos y en su prólogo al poema del Niágara. En uno de sus cuadernos de apuntes escribe: "¿Qué es lo que hace al niño destruir cuanto cae en su mano? ¿La potencia de examinar o la de destruir? ¿Por qué revela y ejercita, el hombre, antes, la facultad de destruir que la de crear?" (OC, XXI 170). En esta reflexión la voz que indaga salta de lo individual a lo general, de un pensamiento sobre el pequeño a una conclusión sobre el "hombre". De nuevo, la voz lírica está recurriendo aquí a la figura del niño como una categoría "metodológica". Un cuestionamiento similar aparece unas páginas antes, donde el cubano relata un suceso de su experiencia con su hijo y un esclavo. Afirma Martí:

> En premio del pequeño bien que le hice, el esclavo engrillado me trajo un pájaro preso—al que mató mi hijo. ¿Luego, el hombre tiene la capacidad de hacer el mal instintivamente, y sin conocimiento de que lo hace y sin culpa? ¿O ha de pagar la culpa del mal que involuntariamente hace? (OC, XXI 163)

En este apunte, Martí se muestra extremadamente preocupado por lo que había hecho el hijo, y si por este acto "involuntario" pepito tendría que pagar en el futuro. Desafortunadamente, el fragmento termina sin llegar el hablante a una conclusión definitiva, pero como ya vimos en referencia al padre suizo, el tema de la culpa es fundamental en sus preocupaciones existenciales. No es fortuito entonces que esta forma de deducir la personalidad/responsabilidad de los adultos a través de las acciones del niño, su capacidad "instintiva" para hacer el mal, regrese en sus textos y seguramente condicionen su propia forma de ver y actuar en el mundo.

En su prólogo al poema de Pérez Bonalde, Martí vuelve a hacer referencia a la condición ontológica del poeta y utiliza la figura del niño en sentido de trascendencia. Con el propósito de "confortar el alma" del poeta ante el panorama general de duda de la modernidad, el cubano le pide a Pérez Bonalde que "vacíe en él la ciencia que en mí han puesto la mirada primera de los niños, colérica como quien entra en casa mezquina viniendo de palacio y la última mirada de los moribundos, que es una cita y no una despedida" (OC, VII 236). Nuevamente el poeta habla en primera persona de su experiencia y construye la figura del niño sobre un patrón de necesidad/insatisfacción, que le provoca el haber nacido. Siente "cólera" porque ha venido de una vida mejor "un palacio" (el útero de la madre, otra vida) comparada con la "mezquina casa" a la que entra cuando nace. Es, otra vez, una imagen nostálgica del origen, del estado pre-natal, de otra vida antes de esta. Acaso esa visión "colérica" que le pide a Bonalde, ¿no es la misma que fustiga los males modernos? Y acaso ¿no podría rastrearse esa otra mirada "primera" en su ascención a la naturaleza para apropiarse de la voz divina?

Según Emerson, en su ensayo "Historia", el artista sólo podía llegar a retratar la naturaleza fielmente si lograba convertirse en ella. No era la perfección del oficio sino esa comunión espiritual con lo Otro lo que le permitiría hacerlo. Por último, en el fragmento de Bonalde, Martí habla de una última mirada, de los que van a morir, que se dejará sentir, en su profundo desaliento y esa impresión de estar siempre cerca de la muerte. Las tres miradas serán formas de legitimar su discurso poético y dotar al poeta de una voz poderosa y diferente. Wordsworth, Baudelaire, Emerson, incluso poetas de la vanguardia como Huidobro o pintores como Miró hicieron algo similar e intentaron completar la visión del artista con la mirada desprejuiciada del niño.

De modo que *Ismaelillo* se construye como una especie de arqueología de la niñez, donde ciertos valores, gustos e instintos, quedan asociados al infante e indirectamente a la humanidad. Es una reflexión crítica sobre el origen, el inicio del cual el poeta adulto es el otro extremo, que, sin embargo, lo encarna. Por lo cual Martí siente la necesidad de solidarizarse con ellos y defenderlos de quienes no entienden las razones que los unen.

Las reservas simbólicas y ontológicas de tal discurso no se agotan en el siglo XIX, sino por el contrario, se prolongan hasta bien entrado el XX. En particular, como dijimos, el arte infantil y la vanguardia se dedicaron a recrear el arte primitivo y la visión ingenua del niño. Se intentó pintar como un niño, se publicaron dibujos de párvulos y todo esto, según la crítica, era un ejemplo de arte salvaje. Esta es la estética detrás de los cuadros infantiles de Miró, Kandinsky, Klee y otros. De nuevo, el cuerpo servía como una forma de trazar el camino hacia el origen, de encontrar el sustrato que había quedado sedimentado en el hombre. La historia se percibe como un constante desplazamiento de edades, como un avance paulatino en todo el planeta. Dos años después de escribir su ensayo "Nuestra América", Martí aún no renuncia a esta idea. Sigue dividiendo el planeta en civilizaciones más viejas o nuevas. Sigue pensando y utilizando la misma tipología bodeleriana para referirse al gusto de ciertas culturas por los ornamentos y pompas. Pero ya para esta fecha incluye otra caracterización, la de la barbarie de los "pueblos viejos" que también gustan de los objetos resplandecientes. Dice el cubano hablando del libro de poemas de Rafael Castro Palomino, *Preludios* (1893):

> Porque ya América comenzó a salir del noviciado de pompas y lentejuelas, gratas sólo a las civilizaciones nacientes, a la vez que rechaza, por no venir con su edad, los ornamentos cargados con que los pueblos viejos, como las cortesanas al caer, visten la poca beldad de la naturaleza, lo que es otro modo de barbarie. (OC, V 213)

Para resumir y concluir. Los escritores modernos utilizan el cuerpo como referente para hablar de sus versos. El empleo de los colores y otros recursos expresivos como la sinestesia se justifica recurriendo a un discurso que involucra el cuerpo, su desarrollo físico y emocional, en el proceso de la percepción. El cuerpo moderno es el origen de la literatura moderna. Un cuerpo construido (representado) sobre la base de los discursos que iban creando las ciencias en el siglo XIX, en especial la filología y la biología. A través de este argumento la literatura intenta escapar a su literariedad, intenta ser otra cosa. Este discurso, basado en la constitución física sensorial del hablante, presupone otros sujetos que están en niveles menos desarrollados con respecto a ellos. Son los individuos que la etnografía, la sociología, la filología y otras ciencias caracterizaron como primitivos o salvajes. Tales sujetos ven el mundo desde otra perspectiva: una menos evolucionada, más simple y rústica. Representan la otredad de la cual el poeta modernista es el centro, indivisible, inamovible y más desarrollado. Las figuras del niño y el salvaje, finalmente, en Martí, son una misma; de ahí su visión del niño este ligada a su concepto de historia y progresión del género humano. El indígena representará la etapa infantil del hombre donde quiera que aparezca. El desarrollo humano consiste en ir transformando ese individuo y llevarlo a su etapa adulta.

NOTAS

1. Los estudios clásicos en este respeto son los de Ivan Schulman, *Símbolo y color en la obra de José Martí* (Madrid: Editorial Gredos, 1960) y Erika Lorenz, *Rubén Darío: Bajo el divino imperio de la música* (Managua: Ediciones Lengua, 1960).
2. Véase esta dualidad también en la explicación de Gastón Fernández, *Temas e imágenes en los versos sencillos de José Martí* (Miami: Ediciones Universal, 1977) 17-18 y J. Alberto Hernández-Chiroldes, *Los versos sencillos de José Martí: Análisis crítico* (Miami: Ediciones Universal, 1983).

EL MÉDICO DE ALMAS:
LA MUJER EN *AMISTAD FUNESTA*

Ahora me interesa resaltar la construcción de lo femenino en los textos martianos y en el panorama de la modernidad socio-histórica y literaria. Eso que Elaine Showalter define como "anarquía sexual" y Buci-Glucksmann "utopías transgresivas". Intentaré explicar varios textos que, a mi entender, son imprescindibles para comprender la posición del hablante ante la mujer y la sexualidad fin de siglo. El primero es la crónica de 1880 en que Martí da sus primeras "impresiones" sobre Nueva York y la mujer norteamericana y a continuación voy a analizar dicha imagen en su novela de 1885 *Amistad funesta*. En esta novela aparecen dos arquetipos bien definidos de la mujer. Por un lado, la mujer angelical (Sol del Valle) a la cual están asociados los adjetivos de pureza, virginidad y bondad; mientras que por otro lado, aparece una representación de la mujer fuerte, fría y calculadora que es su versión de la *femme fatale*. A esta mujer Martí va a describirla con atributos "demasiado varoniles".

Esta doble imagen de la mujer se corresponde con la recodificación y re-distribución de los valores simbólicos que hubo en las sociedades modernas. En las grandes urbes del siglo XIX como París, Nueva York y Londres, la mujer adquirió un nuevo estatus. Su incorporación al mercado de producción puso en crisis las divisiones, tanto de trabajo como simbólicas, que habían caracterizado hasta entonces las relaciones genéricas. Esta se convirtió en productora de bienes de consumo, consumidora de un gran bazar de bisuterías, vestidos y adornos, en la cultura consumista de fines de siglo, y en un producto masificado en el comercio sexual.

Este proceso estuvo acompañado también por una concientización a todos los niveles de la sociedad. Las mujeres pidieron una mayor participación en la vida política del país. Fundaron el movimiento feminista. Participaron activamente en las compañas por el sufragio universal. Se manifestaron activamente a favor de minorías étnicas y exigieron su entrada a los centros educacionales. Todo esto provocó agrias polémicas e hizo que se interpretara la Nueva Mujer como un modelo de rebeldía ante las instituciones de la época (De Diego 60). Como afirma Buci-Glucksmann, dicho proceso de reformas políticas y sociales representó una doble pérdida. En primer lugar hizo posible que la mujer perdiera las cualidades "naturales" a las que tradicionalmente estaba asociada (el género femenino, su papel de madre, su rol dependiente, pasivo) y que perdiera además su "aura" poética, su belleza sublimada por una larga tradición desde el Renacimiento (222).

Entre 1880 y 1885, Martí reitera y critica en diversas crónicas estos desajustes. Sismógrafo de la sociedad norteamericana de la época, el cubano constata con asombro y nostalgia, lo que denomina una progresiva virilización de la mujer en esta sociedad, cuyas nuevas costumbres en medio del turbión de la vida moderna las "despojaba" de "la antigua gracia" que había alabado Calderón en las mujeres. Escribiendo originalmente en inglés para el periódico neoyorquino *The Hour*, Martí afirma en un artículo de la serie "Impressions of America (by a very fresh Spaniard)":

> ¿Pero por qué han de verse las mujeres tan varoniles? Su rápido andar al subir y bajar las escaleras, en el trajín callejero, el gesto resuelto y bien definido en todos sus actos, su presencia demasiado viril, las despoja de la belleza serena, de la antigua gracia, de la exquisita sensibilidad que conviene a las mujeres en aquellos seres superiores—de los cuales dijo Calderón que eran "un pequeño mundo". (OC, XIX 116)

En 1880, fecha en que aparece esta crónica, Martí había acabado de llegar a los Estados Unidos, de ahí que el título lo caracterice como un "español recién llegado". No obstante, las opiniones que da son bastante críticas y expresan de forma elocuente el reajuste de valores que tiene lugar a fines de siglo. Muestra además, la inusitada alarma, la molestia—casi diríamos—del cronista que lee simultáneamente dos culturas: la norteamericana y la española; y que analiza la sociedad mercantil por el paradigma de lo tradicional y lo moderno, lo aceptable o no según la tradición por la que habla. La agresividad de la mujer norteamericana, su "trajín callejero", su "gesto resuelto y bien definido" son según el cronista los síntomas inquietantes de una virilidad y una independencia que debe ser exorcizada, devuelta a los márgenes de lo social y tradicionalmente permitido. No es de extrañar entonces que frente a este sujeto, el hablante se muestre indiferente sexualmente y prefiera las mujeres de su país a las de los Estados Unidos.

Desde el punto de vista social, la descripción que hace de esta mujer "demasiado varonil" corresponde a lo que en Francia, Inglaterra, y los Estados Unidos se llamó en los periódicos la *femme nouvelle* o de *New Woman*. Como sugiere Elaine Showalter "politically, the New Woman was an anarchic figure who threatened to turn upside down and to be on top in a wild carnival of social and sexual misrule" [desde el punto de vista político, la Mujer Nueva era una figura anárquica que amenazaba con virar al revés y cambiar el carnavalesco desgobierno social y sexual del país] (38). En Francia la *femme nouvelle* era a menudo caricaturizada en los periódicos como una *cerveline*, "a dried-up pedant with an oversized head; an androgynous flat-chested garonnet, more like a teenage boy than a woman; or a masculine *hommesse*" [una pedante reseca con una cabeza desproporcionada por su tamaño; una figura andrógina sin pechos, más parecida a un chico adolescente que a una mujer; o una marimacha] (39). Martí parece hacerse eco de estas críticas e inconformidades cuando en su prólogo al poema del Bonalde afirma que en las nuevas condiciones socio-históricas "Dios anda confuso; [y] la mujer como sacada de quicio y aturdida" (OC, VII 228). Para este sujeto amenazante y desquiciado sólo quedaría un lugar: la clínica, el ático, la mesa de disección; de ahí la obsesión *fin de siècle* con la histeria, los órganos reproductores de la mujer y las secuelas de la herencia.

En su lectura de la progresiva virilización de la mujer norteamericana, Martí apunta que ésta altera de forma dramática el balance de fuerzas que había en ellas, de quienes Calderón había dicho "eran un pequeño mundo". Pero en ningún lugar de su obra el dramaturgo español dice esto. Lo que sí dice Calderón es que "el hombre es un pequeño mundo" y la mujer un "pequeño cielo". La comparación aparece en el auto sacramental "No hay más fortuna que Dios", donde Calderón pone en boca de los músicos allí de paso el siguiente comentario: "Alábese la Hermosura / de que si en algún concepto / el Hombre es pequeño mundo, / la mujer pequeño cielo" (625). Entonces al buscar una forma que le convenga a la mujer, Martí invierte las comparaciones pero el gesto no es gratuito ya que está íntimamente ligado a su propia visión de mundo. En el poema "Tórtola blanca", el poeta va a llamar a las mujeres por el nombre de "Rosaura[s]", en alusión al personaje femenino disfrazado de hombre en la "La vida es sueño". En el barroco español y especialmente en Calderón aparece la representación de la mujer-varonil, que tiene su antepasado en la idea arquetípica del hermafrodita, cuyo origen mítico se cuenta en Platón. En un inicio el hermafrodita era una totalidad híbrida, un hombre y una mujer en un mismo cuerpo, pero luego Zeus lo separa por temor a su poder.

Por lo tanto, si Martí cita mal a Calderón, está sin embargo en lo correcto al tener en mente esas representaciones transgenéricas del barroco. Pero a diferencia de la mujer-varonil de esta época: esquiva, bandolera o bella cazadora, imágenes que la acercan más al hombre por el oficio que escogían, no será ésta quien lo rechace a él en sus poemas sino que será el hombre quien la rechace a ella. Lo otro que me interesa señalar es que en el artículo anterior, Martí da a entender que cierta dosis de virilidad era posible en la mujer y que era el exceso de ésta, el hecho de que se vieran "tan varoniles" y "demasiado viril", lo que le molestaba. Como él mismo "confiesa", en Estados Unidos había sido el único país en donde no se sintió atraído por una mujer y aún más, luego dice que el propio futuro de la nación del Norte estaba en peligro ya que "el origen del sentido artístico" recaía en esta mujer y sin este el país no tendría el necesario "complemento del ser nacional" (OC, IX 123).

A pesar de estas críticas de Martí a la virilidad excesiva de la mujer norteamericana es posible leer en varios de sus textos y en estos mismos comentarios, cierta ansiedad por las figuras andróginas. En lo que continua me interesa demostrar como reaparece esta imagen en los personajes de la única novela de Martí *Amistad funesta* ya que como se sabe en el romanticismo esta figura volvió a estar de moda y dos ejemplos de ello son la novela *Wilhelm Meister* de Goethe y *Sarrazine* de Balzac.

En *Los años de aprendizaje de Wilhem Mester* (1796), Goethe narra la historia de un joven, hijo de mercaderes, que se une a una compañía de teatro y recorre con ellos el país. Es así como un día Meister conoce a la Mignon, fruto de la relación incestuosa de dos hermanos. La primera vez que aparece en el libro Mignon está vestida con las ropas de chico y ejerce en el circo la función de un acróbata. Según el narrador, el joven Meister desde un inicio se sintió "irresistiblemente atraído por la misteriosa naturaleza de esta criatura" que estimaba en la edad de doce o trece años (176). La descripción que hace Goethe de la niña es sintomática. El narrador se detiene en cada rasgo de su rostro y al hacerlo siempre encuentra en ella algo extraño. Su rostro da indicios de una personalidad contrahecha y aún deforme: "Sus facciones no eran regulares pero sí llamativas, su frente estaba llena de misterios, su nariz era extraordinariamente bella y la boca era graciosa y sencilla, aunque tal vez demasiado pequeña para su edad" (176). Cada rasgo físico de su cuerpo está descrito pues con un dejo de duda. Así la Mignon es para el joven Meister un "enigma" que combina la gracia de una niña y la fortaleza de un acróbata en un cuerpo de características adolescentes. Al final de la novela Mignon, que se había negado a cambiar las ropas de chico, muere y es enterrada con el traje de ángel que había llevado en la representación de la obra de teatro.

Si me detengo en esta novela de Goethe es por su importancia para el romanticismo francés y alemán, y especialmente por el lugar central que ocupa esta figura enigmática en la novela de Martí. Dos cosas me interesa señalar. Una es que como han afirmado muchos críticos este personaje fue el modelo para una serie de narraciones que abordan la problemática del andrógino en la novela moderna. La otra es que detrás de las deformidades de este personaje se oculta un plan que va a reaparecer en la novela del cubano.

La novela de Martí cuenta la historia de una familia pobre y una niña huérfana, a quien algunos amigos tratan de ayudar, introduciéndola en la vida social y opulenta de la clase alta del país. Lucía, Adela y Ana son quienes la acogen en su casa. Pero el idilio entre la recién llegada y las amigas termina cuando la belleza de la muchacha—Sol del Valle—despierta los celos de Lucía, quien la asesina en un rapto de locura. La novela apareció por entregas en el periódico *El latino americano* de Nueva York y según confesaba Martí, el editor impuso algunas reglas para su elaboración. Según Gonzalo de Quesada y Aróstegui, "la novela tiene singular importancia" porque es en gran parte "autobiográfica ya que la personalidad de Martí queda expuesta claramente en Juan Jerez y aun en otros protagonistas de la obra" (OC, XVIII 188).

Primero, la voz narrativa afirma que entre el mobiliario suntuoso de la casa de las tres amigas, había "una esbelta columna de mármol negro [que] sustentaba un aéreo busto de la Mignon de Goethe, en mármol blanco, a cuyos pies, en un gran vaso de porcelana de Tokio, de ramazones azules, Ana ponía siempre mazos de jazmines y de lirios" (OC, XVIII 205). Más adelante, sigue diciendo que la admiración a la Mignon era compartida por la "traviesa Adela" quien una vez "había colgado en su cuello una guirnalda de claveles encarnados" (OC, XVIII 205). Sin embargo Lucía no presta tanta atención al busto de la niña lo cual deja entrever que no es como las otras.

Ana, cuyo nombre coincide con el de una hermana de Martí ya fallecida, representa en la novela el lado espiritual de todas ellas. Es pintora y amante del arte y su enfermedad la exime de las apetencias sexuales y la necesidad de encontrar esposo que tienen las demás. Pero no conforme aún con estas alusiones a la Mignon, el narrador sigue diciendo que en el lugar del busto "no había libros, ni cuadros que no fuesen grabados de episodios de la vida de la triste niña y distribuidos como un halo en la pared en derredor del busto" (OC, XVIII 205). El narrador no aclara que libros y cuadros son los rodean su busto "como un halo", pero como han demostrado Robert Pageard y Carolyn Steedman este personaje se convirtió en uno de los más populares en el siglo XIX, rebasando la frontera de Alemania y viajando a Francia, Inglaterra y los Estados Unidos. Operas, novelas, poemas y hasta grabados que representaban la vida de la Mignon aparecieron insistentemente en todos estos países. Cada uno de ellos hacía énfasis en un lado distinto de su personalidad pero todos coincidían en manifestar un profundo sentimiento de empatía hacia ella. No exagera entonces el narrador cuando describe todo un cuarto dedicado a este personaje y por eso pasa a describir el libro de Goethe que lo hizo famoso. Según dice, entre los libros de la biblioteca había:

> un *Wilhelm Meister*, el libro de Mignon, cuya pasta original, recargada de arabescos insignificantes, había hecho reemplazar Juan, en París, por una de tafilete negro mate embutido con piedras preciosas: topacios tan claros como el alma de la niña, turquesas azules como sus ojos; no esmeraldas, porque no hubo en aquella vaporosa vida; ópalos, como sus sueños; y un rubí grande y saliente, como un corazón hinchado y roto. En aquel singular regalo a Lucía, gastó Juan sus ganancias de un año. (OC, XVIII 206)

Vale la pena profundizar en la lectura que hace Martí de esta la novela de Goethe y su personaje famoso para hallar algunos puntos de semejanzas con su texto. Primeramente, ¿cómo llega Martí a conocer la novela del escritor alemán? Según Robert Pageard, aunque ya se conocía la obra de Goethe en España, su recepción tomó un giro importante con la generación que va de 1873 a 1880. En esa fecha el panorama literario peninsular se dividía entre Krausistas y conservadores. Los primeros, además de abogar por la filosofía alemana, lo hacían por su literatura y una de las obras que tradujeron del alemán fue precisamente el *Wilhelm Meister*. En 1879 "La Revista Europea" publicó los cinco primeros tomos de esta novela y enseguida críticos como Palacio Valdés y Clarín apoyaron el proyecto y le dedicaron sus elogios. Un año más tarde la novela se publicó en forma de libro. Según Pageard, algo que ayudó fue que Clarín había leído ya las opiniones de Carlyle, su traductor al inglés, sobre esta novela, lo cual hizo posible una recepción más favorable en España. Incluso a Clarín le impresionó tan vivamente el personaje de la Mignon que dijo que le parecía una "figura inmortal en la literatura moderna" y llega a hallar cierto parecido entre este y la Marianela de Galdós (117).

Martí llega desterrado a España en enero de 1871 y permanece allí hasta diciembre de 1874. Sin embargo, es posible que haya podido tener acceso a la literatura alemana y en especial al libro de Goethe a través de los hermanos Sellén y de Diego Vicente Tejera quienes publicaron traducciones de esta lengua. Tejera especialmente publicó en 1879 una versión del poema de Mignon que aparece en el libro tercero del *Wilhelm Meister*. Martí, amigo y contertulio de ambos en Nueva York, debió comentar con ellos esta obra y debió de conocer la traducción que hizo su amigo del famoso poema. Un dato que demuestra que sí lo conocía es una carta que escribió al llegar a Nueva York en 1880. En esta carta Martí le pide a su amigo Miguel Viondi que le mande desde la Habana el libro de Tejera "Arpas amigas" donde apareció este poema (OC, XX 285).

Además del libro de Goethe, dice el narrador, había en la habitación una edición del "El cuervo" de Edgar Allan Poe, con láminas de Gustavo Doré, "Las noches" de Alfredo Musset y el "Rubaiyát" de Omar Khayyám con los dibujos "apodícticos" de Elihu Vedder. Con estos libros Martí completaba la biblioteca del escritor modernista. El marcado énfasis que pone el narrador en describir la casa, la biblioteca y el mobiliario de las chicas es un ejemplo de ese ambiente armónico y de buen gusto que tratará de sugerir en el resto de la novela. A su vez, la descripción de la nueva encuadernación del libro de la Mignon refleja la estética decadente de la época con su gusto muy peculiar de adornar con piedras preciosas los objetos de arte, libros, cuellos y brazos de las heroínas, tal y como aparece en los cuadros de Gustave Moreau, los poemas de Julián del Casal, Darío y el libro de Huysmans *A rebours*. Incluso, en el cuento de Darío "la emperatriz China", la figura del busto regresa sólo para causar desde su imagen inmóvil y fría unos celos tremendos en la esposa del protagonista que termina destruyéndolo.

El narrador deja entrever en esta descripción del libro las características morales y espirituales de la "triste niña". Las piedras preciosas representan cada una un valor espiritual distinto. Con ellas configura no tanto un cuerpo como un alma de atributos deseados, una personalidad espiritual y sicológica. Su ser reside en su "alma" de "sueños" y su "corazón hinchado y roto". Se describe por tanto según sus emociones y espiritualidad pero no como un ser racional. De esto deriva el carácter paternalista de su concepción, aún más marcada en la novela de Goethe, donde el joven Meister compra a Mignon, si bien para protegerla y luego intenta ser su padre. Esta descripción de la "triste niña" convertida en sentimiento y corazón es un intento de hallar en ella un amor frustrado, el hecho de que aun estando enamorada de Meister la Mignon nunca logra su objetivo y muere de forma prematura. Como apunte Carolyn Steedman, este es un rasgo común de las reescrituras y representaciones de este personaje en las operas y novelas que toman su vida como modelo en el siglo XIX. En realidad, en la novela de Goethe el personaje principal nunca se siente aludido por la inquietud amorosa que despierta en la adolescente y prefiere a otras mujeres.

Esta figura de mujer ideal que personifica los sentimientos más puros en un cuerpo débil se corresponde con la obsesión de la literatura de fines de siglo en distribuir los roles genéricos y crear un espacio somático tanto para el hombre como para la mujer en los cuales el lector es capaz de reconocerse. Si al hombre le correspondía la cabeza, a la mujer le correspondía el corazón. Si el espacio masculino por antonomasia era la calle, la esposa debía estar en su casa. Esta distribución simbólica era un reflejo de la distribución de valores y poderes de la sociedad del XIX. Así la sexualidad, el género y el poder se experimentaban a través del cuerpo y del espacio físico que ocupan los personajes en esta novela (Davidoff 232).

Llama la atención pues la insistencia que pone el narrador en asociar el personaje de la Mignon a las muchachas de la casa e indirectamente consigo mismo. Sugiero varios motivos. Primero dos de ellas van a morir muy temprano como la joven Mignon y a todas las rodea una atmósfera de ambigüedad genérica y de misterio que llega a volverse amenazante. Por último, en el libro de Goethe, la Mignon nace como producto de una relación incestuosa que le da a la novela ese aire de muerte previsible al final. Precisamente, tal relación de la joven con la muerte, gravitando sobre los personajes de *Amistad Funesta*, reaparece cuando al narrador, justo antes de que Sol del Valle fuera asesinada por Lucía, habla con ella de la "triste niña". Juan Jerez—dice el narrador—"habló con Sol muy largamente y se animó en ello, al ver el interés con que la enferma oía de labios de Juan la historia de Mignon" (OC, XVIII 266). Sol está en esos momentos "enferma"—como se dice—, pero es cuanto menos irónico que el tema de la conversación sea la muerte de la niña ya que para cualquiera que conociera la historia que cuenta Goethe, la muerte de Sol se volvía un final anunciado. Ambas tienen además en común la belleza, la juventud, los bellos sentimientos y la fatalidad de que ninguna logra ser feliz, ya que ninguna es la favorita o la elegida del protagonista de la narración. En tal sentido, como dice Rudo Rukser, la Mignon pertenece a la categoría de "mártires inocentes" del romanticismo (188). Su historia se asemeja a la de otras muertes de niñas vírgenes en la literatura romántica y decadentista de finales de siglo a las que el mismo acto de la muerte las convierte en un objeto erótico. Estas niñas aparecían o bien ahogadas en los ríos como la Ofelia de los prerrafaelitas y la "Niña de Guatemala" o morían de pobreza o por alguna enfermedad trágica como la de los "zapaticos de rosa". En todos los casos su muerte dejaba al poeta sin su ideal de belleza pero le proveía la oportunidad de exaltar sus sentimientos y su cuerpo ya sin vida, al acompañar el féretro o verla flotando en el río.

Como afirma Litvak en el Modernismo la "niña virgen" se convirtió en un tópico obligado (137) por lo cual no extraña encontrar esta representación en Sol del Valle (Gomariz). Naturalmente, el hecho de que el modernismo y la estética de fin de siglo priorice un tipo de mujer ideal, una mujer-niña, dice mucho de la ansiedad y los miedos que se escondían detrás de tales representaciones. En especial por el carácter amenazante que representó la Nueva Mujer y las formas en que la imaginación masculina reaccionó ante ellas. Si bien, la Nueva Mujer fue un modelo de rebeldía, estas otras niñas físicamente débiles o al borde la muerte fueron su respuesta, su idealización. Si Martí al igual que Darío o Silva—por mencionar sólo tres—escogen este tipo de mujer es porque les era menos amenazador que las otras y más maleable desde el punto de vista de la relación personal. Sus intereses no eran la política sino la "pasión", no era el poder sino el "amor". Un código importante entonces a la hora de leer estas narraciones es la edad que tienen y la ambigüedad que va a surgir de ello. Martí hará reiteradas referencias a esto, y lo utilizará como argumento al dejar emplazado el escenario de los futuros coqueteos eróticos. Por eso el texto martiano se enfocará con particular atención en la edad de las "amigas" y en los amores que van a establecerse entre las distintas parejas. Afirma el narrador:

> Estaban las tres amigas en aquella pura edad en que los caracteres todavía no se definen: ¡ay, en esos mercados es donde suelen los jóvenes generosos, que van en busca de pájaros azules, atar su vida a lindos vasos de carne que a poco tiempo, a los primeros colores fuertes de la vida, enseñan la zorra astuta, la culebra venenosa, el gato frío e impasible que les mora en el alma! (OC, XVIII 195)

Como la niña del libro de Goethe las muchachas aún tienen rasgos que no logran definirlas, están en esa "pura edad en que los caracteres todavía no se definen". Consecuente con esta imagen ambigua de la mujer los símbolos con que intentará caracterizarlas el narrador remitirán a un doble código semiológico: uno visible y otro secreto. A una forma idealizada de ella, "los pájaros azules", se opondrá otra escondida, la que "enseña" la mujer en los momentos difíciles de la vida: "la zorra", la "culebra", el "gato frío". La representación de las parejas y toda la novela quedará desde este momento enmarcada por una doble concepción de la trama donde se entrecruzan el tiempo y los géneros de las "amigas" apoyado por dos suposiciones iniciales: el amor no surge espontáneamente y una cosa es la atracción física y otra la convivencia familiar.

Los jóvenes se conocen, según el narrador, en "los mercados" lo cual sería sintomático de estas relaciones en la novela precisamente por la rapidez y superficialidad que establece el comprador con el interesado en tales momentos. Allí los hombres se atan—o compran—"vasos de carne". Sin saber que una vez que se las llevan a casa pronto se convierte en otra cosa: un animal dañino. Esta alegoría, encuadrada en el escenario del "mercado" ayudaría a entender dicha transacción como definitiva y funesta. A su vez, la equivalencia entre mujer y animal (u otro objeto doméstico) que se desprende de ella será fundamental para entender la novela y en general toda la obra del cubano. Porque en lo adelante, el narrador no hará sino mostrar en detalle a los lectores el cambio de naturaleza, la metamorfosis, de "pájaro azul" a "zorra" que ocurre en la protagonista principal: Lucía, y al mismo tiempo, dejará con esto entrever lo que debe o no hacer el lector para evitar este engaño. Así tanto la representación de la Mignon como de las amigas de la casa encarnan una dualidad esencial y problemática. Estas serán un "enigma" a descifrar y de ellas debe cuidarse el "hombre generoso" para que no lo engañen. Que el protagonista de esta novela se quede sin su prometida al final, sólo nos indica que la solución ya estaba planteada desde un inicio. El narrador obviamente prefería dejar a Juan Jerez sólo antes de entregarlo a los brazos de uno de estos seres desalmados.

Nótese que en otros lugares de su obra Martí se refiere a la mujer y en especial, a la relación entre los sexos de una forma muy similar. En su poema "Mujeres" aparece este rechazo del otro sexo a favor de la unión mística del poeta con el universo. En tal oportunidad, la voz lírica afirma colérico que las mujeres "pasan y muerden": "pájaros, sólo pájaros: el alma / su ardiente amor reserve al universo" (OC, I 95). La homologación, por tanto, entre el animal en cualquiera de sus formas y la mujer no es fortuita y hay que leerla con relación a la filosofía emersoniana y la misoginia de la época. En el mismo poema Martí reitera esta visión analógica del universo al afirmar que para que "los dome" la naturaleza "el pecho al hombre inunda con pardos brutos y con torvas fieras" (OC I, 96). El poeta que conoce este secreto, que ha entregado al universo su alma, tratará entonces de matar o domar dichas bestias y les exigirá a los otros que hagan lo mismo. Naturalmente Lucía nunca logra este cometido y por ello asesina a Sol.

A medida que adelanta la trama el lector reconoce en los comportamientos de Lucía uno de esos seres que no ha podido vencer "la torva fiera". En realidad, Lucía habla muy poco o casi nada a lo largo de la novela y sus acciones "dicen" por ella lo que su boca calla. Al describir las tazas que los protagonistas usan para tomar el chocolate, el narrador afirma que: "las asas de la taza de Lucía eran dos pumas elásticos y fieros, en la opuesta colocación de dos enemigos que se acechan" (OC, XVIII 207). Anteriormente, el narrador había utilizado el símbolo de la víbora para señalarla y describe su cuerpo con el *topos* de la serpiente que acecha "culebreando" entre las flores del jardín. Su edad es el subterfugio que le permite este ocultamiento con el que trata de engañar a Juan: "Lucía, en quien las flores de la edad escondían la lava candente que como las vetas de metales preciosos en las minas le culebreaban en el pecho" (OC, XVIII 201). Más adelante el narrador afirma que "el pañuelo en la mano de Lucía parecía una víbora, una de esas víboras blancas que se ven en las costas yucateca" (OC, XVIII 211). La compara con un gusano que muerde la hoja de un árbol y con un pez "en quien un deseo se clavaba como en los peces se clavan los anzuelos" (OC, XVIII 200). Sin embargo, el símbolo que atrae con más fuerza la imaginación de Martí es el de la Esfinge, al cual aparece en la novela cuando Ana explica uno de sus cuadros en los que ve un "monstruo con cabeza de mujer" (OC, XVIII 210). Si como afirma la misma Ana un momento después hablando de otro de sus cuadros lleno de flores, estas representaban a personas "conocidas", el monstruo con cabeza de mujer sería Lucía, bajo la imagen de una Esfinge devoradora de hombres, al estilo en que la pintaron Moreau y Vedder (OC, XVIII 212). No por casualidad para ilustrar uno de los poemas de *Ismaelillo*, Martí dibujó este monstruo, con cuerpo de felino y cabeza de mujer y Emerson lo cita en su ensayo "Historia" para ilustrar la supervivencia de elementos animales y humanos en el hombre. En la novela Ana describe este cuadro de la forma siguiente:

> ¡Otro cuadro voy a empezar cuando me ponga buena! Sobre una colina voy a pintar un monstruo sentado. Pondré la luna en cenit, para que caiga de lleno sobre el lomo del monstruo, y me permita simular con líneas de luz en las partes salientes los edificios de París más famosos. Y mientras la luna le acaricia el lomo, y se ve por el contraste del perfil luminoso toda la negrura de su cuerpo, el monstruo, con cabeza de mujer, estará devorando rosas. (OC, XVIII 210)

Llama la atención esta representación tan "decadente" de la mujer que pone en boca de Ana el narrador. Especialmente cuando se lee minutos antes de la "vida teatral y nerviosa" de París que tanto Ana como Juan parecen rechazar. Es a propósito de esta conversación que Ana habla de su cuadro, en el cual llega a incluir los edificios "más famosos" de esta ciudad capital de fines de siglo. Se sugiere con él que la mujer/monstruo/Esfinge tiene allí su coto vedado. Que como decía también momentos antes, ella esa allí "la reina". Por tanto si París representaba la vida nerviosa y decadente, la mujer ideal estaba en otra parte. Era como Ana, su opuesto y su mejor crítica. No obstante, no deja de ser irónico el hecho de que fueron precisamente los pintores y poetas decadentes de finales de siglo quienes crearon este tipo de imágenes cuya misoginia aparece reflejada indirectamente a través de la pintora, lo cual nos dice que en realidad es otra de las tantas formas en que el narrador nos deja entrever la personalidad de Lucía. Como dice Ana explicando su cuadro: "de fieras, yo conozco dos clases", "una se viste de pieles, devora animales, y anda sobre garras; otra se viste de trajes elegantes, come animales y almas y anda sobre una sombrilla o un bastón. No somos más que fieras reformadas" (OC, XVIII 210). La misma preocupación Martí la manifiesta cuando habla en otros lugares del personaje calderoniano Segismundo, el prototipo en la cultura hispana del hombre como "lobo domado". Lo que le interesa al narrador y a Ana es hacer un retrato de la "esencia" humana lo cual garantizaría el éxito y la trascendencia de la obra (OC, XIV 276).

El universo de *Amistad funesta* se encuadra entonces dentro de una visión unívoca y trascendental del hombre. Todos los seres se relacionan y se reflejan mutuamente. Pero me interesa enfatizar además el lado decadentista de esta pintura que al igual que la de Moreau expresa una visión muy particular de la mujer a finales del siglo XIX. No es una coincidencia, por ejemplo, que en uno de los libros que menciona el narrador como parte de la biblioteca de la casa aparezca una imagen similar a la descrita por Ana. Esta aparece en la traducción hecha por Edward Fitzgerald del libro de Omar Khayyám el "Rubaiyat", "el poema persa—dice el narrador—el poema del vino moderado y las rosas frescas, con los dibujos apodícticos del norteamericano Eliu Vedder" (OC, XVIII 205).

Para esta edición de los poemas de Omar Khayyám, un libro típico del orientalismo decimonónico, Vedder hizo varias viñetas y entre ellas la de una Esfinge sentada en lo alto de una colina y rodeada de huesos de animales y las calaveras de los hombres que acaba de devorar. Al igual que el cuadro que imagina Ana, el monstruo tiene cabeza de mujer y está rodeado por una penetrante oscuridad. Regina Soria en su libro sobre Elihu Vedder comentaba la deuda que tenía de este pintor con los prerrafaelitas, ya que el mismo proyecto del libro de Fitzgerald, dice, fue prácticamente un descubrimiento de ellos (191). Aun más, las 56 ilustraciones que hizo Vedder para este libro rebozan de una espiritualidad poco común en la época llena de escepticismo y bautizada por la prensa y los artistas como típicas de la "maladie du siecle". Esto es, la suciedad de la vida urbana, la intranquilidad generada por la ciencia y la tecnología, las confrontaciones laborales y el materialismo rampante (Regina 189). Los dibujos de Vedder y todo el libro, publicado sólo un año antes que la novela de Martí, están muy a tono pues con el espíritu de la novela del cubano y representan al igual que los otros volúmenes, una superioridad de carácter de quienes lo saben leer y apreciar. Como dice el narrador, los dibujos de Vedder eran "apodícticos" lo que significa que sus representaciones de la mujer y de la vida en general eran para él proposiciones necesariamente válidas y ciertas sobre la vida.

La presencia del ambiente decadente, empero, se evidencia en la novela cuando los protagonistas discuten a adónde les gustaría viajar y el narrador muestra una especie de fascinación y rechazo hacia París. Las preferencias individuales que se expresan en la reunión de los amigos tienen el propósito de marcar las personalidades de cada uno y descubrir una vez más cuán similares o disímiles eran estas parejas. Si bien Ana y Juan dicen que prefieren ir a Italia y España, "donde la Naturaleza es bella y el arte ha sido perfecto" y en especial a Nápoles donde, según Juan, "el alma se siente contenta como si hubiera llegado a su término" Adela y Pedro prefieren ir a París, y Lucía escoge encerrarse en la casa junto con su prometido y no ir a ninguna parte (OC, XVIII 208). De nuevo, la fascinación por Italia como el lugar de ensueños que dibujó Goethe en su novela y el lugar donde nace la Mignon reaparece aquí y enlazan ambos personajes en la imaginación del lector. El narrador se las ingenia para señalar el tema de la muerte como un deseo obsesivo de ambos, expresando esta ansiedad al traducir del italiano una frase muy conocida: "vedi Napoli e poi morire".

Goethe buscaba también una especie de armonía universal al retratar sus personajes e incluso, como demuestra Carolyn Steedman, trató de concebir una hipótesis del universo a través de las metamorfosis y la relación entre todos los fenómenos naturales (45). Estando en Padua, Italia, Goethe creyó encontrar una "planta primordial" de la cual se derivaban todas las demás. En 1813 compara su desarrollo con el de un niño, y en especial con el desarrollo de la Mignon. En esta interpretación de Dorothea Flashar, Mignon representa una especie de transición entre lo masculino y lo femenino, y su fallecimiento una ruptura, una metamorfosis entre la vida y la muerte (Steedman 48). Me parece importante recalcar esto ya que el narrador en *Amistad Funesta* continuamente trata de interpretar al hombre a través de otros organismos ya sean las flores o los animales lo cual representa un intento de trasmitir una visión unívoca del universo.

Ahora me parece conveniente aclarar que la novela salió a la venta en 1885 en forma de folletín por entregas en un periódico de Nueva York y que este mismo año la mujer de Martí lo abandona por segunda vez y se va a Cuba con el hijo. En marzo de ese mismo año Martí está sólo en Nueva York y debemos de suponer que algo tuvieron que ver las fuertes discrepancias con la esposa en esta representación de la mujer fatal y la pareja. No obstante, podría argumentarse también que Martí escribe esto porque ya pensaba así de la mujer y de las relaciones de parejas antes de conocerla y que su matrimonio accidentado sólo hizo reforzar esta idea. Pero el hecho de que sus libros y crónicas principales puedan leerse simultáneamente con sus crisis domésticas serviría de indicio para lo primero.

Estas crisis son bien conocidas y sólo me limitaré a emplazar la polémica en el contexto literario. Primeramente, en octubre de 1880, la mujer lo abandona por primera vez y se va a Cuba con el hijo. De esta primera ruptura, surge una crónica devastadora de la mujer moderna y su libro de poemas *Ismaelillo*. Nuevamente, en 1885, la mujer lo vuelve a abandonar y aparece entonces *Amistad funesta*. En esta ocasión, la mujer y el hijo no regresan a Nueva York hasta junio de 1891 en que se encuentra con un esposo inmerso en los preparativos de la lucha revolucionaria y se da cuenta que no había cambiado ni iba a cambiar. Dos meses después de llegar vuelve, de regreso a Cuba y, esta vez, de forma definitiva. Esto ocurre en agosto de 1891 y en octubre del mismo año Martí publica su segundo libro de poemas *Versos sencillos*. La crítica ha prestado una importancia desmedida a los motivos políticos que llevaron a Martí a escribir este libro, específicamente la Conferencia Monetaria Internacional a la cual asistió Martí en calidad de representante de varios gobiernos de Latinoamérica. Pero los motivos matrimoniales que le sirven de contexto rara vez se mencionan. Debería reconocerse que esa tristeza de que habla en el prólogo y los poemas no fue sólo política sino también familiar. También resulta demasiada coincidencia que a cada ruptura de su matrimonio le siga un libro, los únicos propios que entregó a la imprenta, y que nada de esto se tome en consideración en los análisis. Más aún cuando las representaciones de la mujer en cada uno de estos libros tienen tanto peso.

La primera vez que la mujer lo abandona, cinco años antes de escribir *Amistad funesta* y dos años antes de publicarse *Ismaelillo*, Martí escribe un ensayo donde critica fuertemente a la mujer norteamericana y donde llega a catalogarlas de "demasiado varoniles" (OC, XIX 116). En el mismo artículo critica con bastante dureza lo que llamo "la pasión morbosa, los deseos ardientes y angustiosos de la vida neoyorquina" (OC, XIX 117). A sus ojos la principal preocupación de esta mujer es la desmedida búsqueda de placer, confort y distracción, aunque en el fondo es posible leer una reacción generalizada ante las demandas de las feministas que iban traduciéndose rápidamente en nuevos cambios y mejoras sociales para la mujer. Por ello el mismo texto debería entenderse como una crítica de la mujer en su totalidad. Martí argumenta:

> Debemos preguntarles a las mujeres cuál es el fin natural de su sed inextinguible por el placer y la distracción. Debemos preguntarles si un ser tan exclusivamente dedicado a la posesión de vestidos de seda, de diamantes resplandecientes y de toda clase de caprichos costosos, puede luego llevar a su hogar esas sólidas virtudes, esos dulces sentimientos, la bondadosa resignación, aquel evangélico poder de consuelo que sólo puede conservar en alto un hogar sacudido por la desventura, e inspirar a los hijos el desprecio por los placeres naturales y el amor por las satisfacciones internas que hacen a los hombres felices y fuertes, como hicieron a Ismael, para afrontar los días de pobreza. (OC, XIX 124)

El pasaje es revelador porque hace explícita la esencia ética de sus escritos y tiene una relación directa con sus libros de poemas y *Amistad funesta*, luego que esta novela ejemplifica en el fondo la búsqueda de la mujer o el hombre ideal para formar el matrimonio y tener una familia en comunión de intereses e ideas. Según escribe Martí en este fragmento, el placer, en cualquiera de sus formas, (material o natural) debe ser rechazado en favor de la virtud y la resignación. Se entiende entonces por qué *Ismaelillo* se organiza alrededor de un fuerte patrón patriarcal, en el que la mujer y lo que ésta representa, queda abolido al tiempo que su escritura desplaza lo femenino-sensual a los lugares demoníacos como son la ciudad o el salón de baile. Esto hace, a su vez, que sublime a través de imágenes femenino-maternales a la mujer en la naturaleza. Un ejemplo de esa ansiedad desplazada es la representación aniñada y angelical de las amigas Sol y Ana como patrón ideal de mujer, virtuosa y modesta, frente a la representación deshumanizada, demasiado viril y "enferma" de Lucía. Se refleja igualmente en el ambiente de continua distracción de las niñas en la novela. De las tres amigas solamente Ana, aun cerca de morir, se dedica a cocer sombreritos y ropas de niños que regala a la "Casa de los Expósitos", y por supuesto el propio Juan Jerez trabaja incansablemente por ayudar a los pobres y desvalidos. En ambos sobresale el tema de la "caridad" y el amor a los menos afortunados. De modo que el valor simbólico del lugar donde Lucía le da el pistoletazo a Sol del Valle es imprescindible en esa jerarquía de valores que construye el autor. De estas limitaciones conceptuales deriva el rechazo explícito en *Ismaelillo* y *Amistad funesta* del "placer y la distracción", la música, el baile, el sexo, el confort, para favorecer en su lugar "las sólidas virtudes", los códigos éticos de la resignación, el ascetismo y la dedicación al hogar y al esposo.

Por ello, parecería paradójico que fuera Juan Jerez quien le regalara a Lucía el libro de la Mignon adornado con tantas piedras preciosas y donde, según afirma el narrador, gasta sus ahorros de un año. Pero estas piedras, entiéndase, no son admiradas por Juan en su valor real sino por su valor simbólico en cuanto reflejan características anímicas del personaje de Goethe. Aún así, el código de la riqueza de la que gozan las amigas es importantísimo en la obra porque crea precisamente la distancia entre ellas y Sol. Si *Ismaelillo* se estructura como un libro de educación moral del infante, *Amistad funesta* se limita a mostrar el peligro en que puede degenerar una situación de ese tipo. En tal sentido, la novela muestra algunas claves pedagógicas de lo que podría hacerse para no herrar en la selección de la pareja, y cual es el tipo de mujer/hombre ideal que el autor implícito propone.

En primer lugar, el tiempo de convivencia que pasan Juan Jerez, las muchachas y Pedro Real (el picaflor latinoamericano), en la casa de campo prisioneros de los intensos aguaceros del trópico, le permite a Juan observar de cerca a Lucía junto con Sol del Valle y decidir si era o no la mujer con la que debía casarse. La coincidencia feliz y trágica a la vez, de que Sol del Valle haya tenido que quedarse en la misma casa con ellos contribuye a exacerbar los celos de Lucía y la impulsa en un acto de locura a matar a Sol. Es decir: el narrador ubica a los personajes en una situación límite bajo cuya presión estalla la protagonista. Es una situación propiciatoria y meticulosamente controlada con el objetivo de darle "calor" de vida a la prometida. En tal sentido la novela parecería proponer dos tipos de acercamiento al amor, lo que Martí distingue en un apunte íntimo como "gustarse" y lo que define como "amarse" (OC, XXI 233). Lo primero surge, según él, de la "simpatía física" pero el otro de la "simpatía de las almas". Para llegar amar a otra persona, Martí propone en su tiempo, nada menos que la pareja viva junta antes de casarse, porque esto les ayudaría a conocerse íntimamente y saber si eran uno para el otro. En su cuaderno personal de apuntes, como un ejemplo del intenso laboreo que le da a esta idea en esos años, escribe:

> Debe hacerse—salvo malicia—lo que hacen ciertos indios del Estado de Veracruz—tomarse a prueba. Vivir bajo el mismo techo. Ir juntos al arroyo. Cargar juntos la leña. Oírse y conocerse.—Y si la simpatía definitiva de las almas no sanciona la atracción pasajera de los cuerpos—separarse. El equilibrio

entre las condiciones de los cónyuges, y su mutuo conocimiento, son en el matrimonio las únicas condiciones de ventura.—Lo demás es jugar la vida a cara o cruz. (OC, XXI 233)

Para Martí la simpatía física, la experiencia de la atracción primera y la imaginación que provoca el enamoramiento eran razones demasiado débiles para fundar sobre ellos algo tan sólido como el hogar. Una decisión a tiempo podía salvar las angustias de toda una vida, especialmente en una sociedad donde el divorcio no era autorizado o la perdida de la virginidad un estigma. Visto de esta forma, la novela mostraría el cambio gradual que va manifestando la amante, a medida que el protagonista la conoce más de cerca y en circunstancias específicas. Finalmente la mujer muestra el animal que esconde y el hombre tiene suficiente tiempo para romper con ella. El pistoletazo final de Lucía no es sino el último peldaño a donde era capaz de llegar y el signo definitorio de que no era la mujer que buscaba. Al final la moraleja podría resumirse en otra frase que escribió: "generalmente, un hombre hecho se casa con una mujer por hacer; de aquí los tormentos" (OC, XXI 238). Si el protagonista de la novela actúa como si supiera más que el resto, esto es también en gran medida porque el narrador ve a Juan más "hecho" que su amada, más en control de sus instintos y emociones. Evitar el desastre de su matrimonio es entonces el propósito del narrador y su texto tendrá el objetivo didáctico de guiar a sus lectores y lectoras en su selección correcta del esposo/a, de ahí la similitud de esta novela con la de Goethe en cuanto ambas tienen de escenarios rituales o de pasaje en la vida de las protagonistas. No por casualidad esta preocupación resulta el tema fundamental de una de las cartas más famosas de Martí: la carta escrita a su hermana Amelia.

En esta carta Martí habla de la selección de la pareja ideal y le da consejos a la hermana menor sobre cómo escoger al amante. Primero comienza describiéndola como "un alma serena, sin manchas, sin locas impaciencias", lo que traducido al lenguaje de la época significa que el ideal de cualquier hombre decimonónico era la virginidad y la pureza y que Amalia era a sus ojos todas esas cosas: una flor virgen que debía "guard[arse] de vientos violentos y traidores" para no arrepentirse luego. Sus pretendientes serían como "aves de rapiña" que iban en busca de la "esencia de las flores" (OC, XX 286). Seguidamente Martí le explica a su hermana que la felicidad de la vida residía en no confundir a tiempo el amor de juventud con el que se siente después "del largo examen, detenidísimo conocimiento y fiel y prolongada compañía de la criatura en quien el amor ha de ponerse" (OC, XX 286). Más adelante critica la costumbre latinoamericana de confundir ambos. Le dice que debe confiar en él porque, según afirma, es "un excelente médico de almas" que ha visto mucho en "lo hondo de los demás" y de sí mismo (287).

Todos estos consejos a Martí le parecen imprescindibles por varias razones: Amelia tiene 18 años y como bien supone está buscando pareja. Además, al ser el único hombre y el hermano mayor de la familia, ya casado y con un hijo, Martí se siente con la obligación moral de aconsejarla. Su último consejo va al meollo de su lección al explicarle por qué no debía leer ciertos libros (OC, XX 287). Según él estas novelas servían de mal ejemplo para la conducta de muchas jóvenes que reproducían inconscientemente los patrones que encontraba en ellos. Uno era la rapidez en que transcurrían los encuentros y las escenas amorosas—tema este que se repite en "Amor de ciudad grande". El centelleo amoroso solo podía llevar al fracaso. Martí sugiere entonces la paciencia y el conocimiento de la otra persona como antídotos. Y afirma:

> Una mujer joven que ve escrito que el amor de todas las heroínas de sus libros, o el de sus amigas, que los han leído como ella, empieza a modo de relámpago, con un poder devastador y eléctrico—supone cuando siente la primera dulce simpatía amorosa, que le tocó su vez en el juego humano, y que su afecto ha de tener las mismas formas, rapidez e intensidad de esos afectillos de librejos, escritos—, créemelo Amelia, por gentes incapaces de poner remedio a las tremendas amarguras que origina su modo convencional e irreflexivo de describir pasiones que no existen, o existen de una manera diferente de aquellas con que las describen. (OC, XX 287).

Estas novelas no eran pues una forma efectiva de ayudar a las jóvenes a buscar pareja, ni respondían a una imagen verídica de la realidad. El dato es importante subrayarlo porque demuestra la importancia que Martí le concedía a la literatura con un fin didáctico. Su novela habría que leerla entonces como la historia frustrada de un compromiso, cuya experiencia fundamental para el narrador es llevar al lector por el tortuoso camino de la búsqueda sin conseguirla. Evitar ese deslumbre que provoca la primera impresión y darle tiempo al drama para que las características individuales surjan será su mayor preocupación. Los gestos de los protagonistas pueden leerse como los síntomas de una doble ansiedad: la del escritor y sus protagonistas, la de corregir y evitar. Corregir la literatura folletinesca anterior que no era lo suficiente realista ni educaba a la juventud, y evitar que el apasionamiento de las protagonistas desemboque en una decisión apurada y errónea. De esto se desprende entonces las marcadas intervenciones y manipulaciones y pistas que da el narrador a la hora de representar las distintas parejas a modo de que el lector ideal no se equivoque y aprenda de las parejas. ¿Cuáles son estas pistas?

En la novela a pesar de que la mayoría de los protagonistas son bellos físicamente, en dos de ellos no se corresponde su apariencia externa con sus sentimientos. Son—según el narrador—como esos bandidos que se refugian en un cuarto "recamado de nácar" (OC, XVIII 243). Estos son Pedro Real y la propia Lucía. El primero es quien va a cortejar a Sol del Valle la muchacha más bella del grupo. Su madre, según afirma el narrador, una vez que supo que Pedro Real hacía lo indecible por verla "se estremecía" solo de pensar que "por parecer proporcionados en la gran hermosura externa, pudiesen algún día hacercarse en amores aquel catador de labios encendidos y aquella copa de vino nuevo" (OC, XVIII 243). Por consiguiente, el balance de características espirituales que debía existir en la pareja no se cumplía y por tal motivo la relación nunca prospera. La verdadera empatía se establece entre Juan y Sol—según los deseos de la madre—pero como afirma el narrador, el corazón del primero ya estaba comprometido. Es interesante observar los rasgos del picaflor que Martí enumera en Pedro Real: "sus ojos melodiosos, su varonil figura, sus caballos coracoleadores, sus ímpetus de enamorado de leyenda" y aún sus "conversaciones salpimentadas" que eran un reflejo de sus viajes por Europa que denotaban, sin embargo, una "escasez de la gracia y el intelecto" de algunos hombres con las mujeres (OC, XVIII 244). Por tal razón, el amor idílico y rápido de las novelas románticas queda desvirtuado así en la representación de un lado perverso de la búsqueda y las relaciones maritales. La novela serviría de crítica a otras anteriores como *Amalia* o *Soledad* que florecieron con tanto éxito después de las guerras de independencia, provocando tal vez esa "mala costumbre" en la juventud latinoamericana.

Pero el hecho importante de que ninguna de las parejas propuestas en esta narración lleve a término su deseo o se desenvuelva con éxito, sería una muestra de la fragilidad y el enrarecimiento de las relaciones entre los géneros a finales del siglo XIX. Demostraría la necesidad de encontrar un consenso en el matrimonio y la construcción de un tipo de mujer ideal para formarlo. Esto es precisamente lo que Martí critica en las nuevas circunstancias históricas. Dicha pareja de iguales intereses y cualidades serviría, en última instancia, para hablar y crear metonímicamente la nación. Pero como la mujer nueva ya no sigue la visión tradicional que el marido le exigía, la comunión de intereses nunca se logra. Si la mujer andaba "desquiciada" la opción que parece sugerir Martí es la de un constante alejamiento e insatisfacción y una búsqueda de un tipo de mujer más cercano a lo tradicional.

En *Amistad funesta* el tiempo que pasan juntos los protagonistas en la casa de campo y el marcado interés en la psicología de los personajes, son claves pues que indican el propósito del narrador, "médico de almas". En tal sentido, la relación interfamiliar que se sugiere con el enlace entre Lucía Jerez y Juan Jerez, ambos primos, los celos exacerbados que desarrolla la novia, la poca comunicación entre ambos, la fuerza desmedida que ella muestra y su falta de caridad, serán algunos de los síntomas que los hacen incompatibles. Los gestos impulsivos de la protagonista, que la acercan al animal, serían también otras pistas para descifrar su Yo. De hecho, al escoger el narrador a Lucía como la novia para Juan, éste está "asesinando" desde el inicio a su otra posible pareja, por lo cual el pistoletazo resulta ser una profecía que se auto-cumple ya que no podía ser de otro modo.

En materia amorosa, Sol y Ana son en la novela las otras dos posibles rivales de Lucía. Y aunque ninguna de las dos trata de disputárselo, es Sol, por su belleza y disponibilidad, la que logra despertar en ella unos celos tremendos. No obstante, debo añadir, es Ana, quien reúne de todas las amigas la mayor cantidad de afinidades espirituales con Juan Jerez y por tanto podría ser su pareja ideal. Al extremo que mientras Lucía va perdiendo en los ojos de Juan las cualidades que lo hacían amarla, Ana adquiere ese espacio de adoración que antes tenía sólo reservado para ella. La cuestión está en que Juan ya es un hombre comprometido y Ana está al borde de la muerte. Y aquí es donde la relación entre erotismo y muerte adquiere en Martí uno de sus momentos más intensos. La razón de que Ana manifieste ideas sobre el amor tan cercanas a las del narrador llega a hacerla deseable y sin duda la convierten en el ideal de belleza femenino por excelencia. Su cuerpo está extremadamente debilitado por la enfermedad, pero a cambio tiene un alma bella de la que todos se enamoran. Por eso ella es quien recibe más halagos por parte de Juan, quien a su vez se siente atraído de forma extraña por su condición de moribunda. En una ocasión, al describir el narrador su rostro de agonizante afirma que se veía "iluminado ya por aquella luz de muerte que atrae a las almas superiores y aterra a las almas vulgares" (OC, XVIII 202). Juan y Ana son descritos aquí como "almas superiores" que no le temen a la muerte y, por el contrario, se sienten atraídos por ella. La relación que establecen ambos hace que sean naturalmente compatibles, que como por efecto de la gravedad, un cuerpo se sienta atraído por el otro. Ya, cerca del final, cuando las relaciones entre Juan y Lucía se hacen insoportables, dice el narrador que Juan no hallaba "placer más grato" que estar cerca de ella, "cuyo espíritu puro con la vecindad de la muerte se esclarecía y afinaba. Y se asombraba Juan, con razón, de haber pasado, libre aun, cerca de aquella criatura que se desvanecía, sin rendirle el alma" (OC, XVIII 266). ¿Qué nos dice esa extraña fascinación que siente el protagonista por Ana en el momento de su muerte?

Bram Dijkstra en su libro *Ídolos de perversidad* explica que uno de los tópicos más recurrentes de finales del siglo XIX, fue precisamente, el culto a la invalidez y la convalecencia. Mujeres escuálidas y enfermas aparecían en ilustraciones y pinturas en todas las revistas y exposiciones de arte de la época. Llegando a firmar Dijkstra que "for many a Victorian husband his wife's physical weakness came to be evidence to the world and to God of her physical and mental purity" [para más de un marido victoriano la débil condición física de su esposa se convirtió en una evidencia al mundo y a Dios de su pureza física y mental] (25). En el caso de Ana, la muerte hacía que su espíritu se purificara. Que su condición de mujer débil la hiciera más atractiva a los ojos de los hombres. Resulta importante notar que ella es en la novela a un mismo tiempo quien posee las mayores virtudes espirituales y quien tiene la condición física más débil. Aun cuando Sol de Valle es la mujer más bella, Ana es quien posee las virtudes más elogiosas, y es representada con símbolos de luz espiritual, los cuales el propio Martí usa reiteradas veces para referirse al poeta o a sí mismo. Este ideal de mujer débil, compasiva y trabajadora le aseguraba al esposo burgués disfrutar de la paz de espíritu y la tranquilidad que le absorbían los negocios y la vida social. Una y otra vez, la mujer fuerte e independiente era tachada de varonil y su lugar cedido a una mujer más dócil que esperara a su esposo en la puerta del hogar. Por consiguiente, el personaje de la Mignon va encarnar en Ana y va a representar todo lo que el autor desea. Ambas podrían entenderse como identificaciones del yo con el otro, que tiene su origen en los mitos neoplatónicos. Como afirma Aníbal González hablando del personaje femenino de Nájera en "la hija del aire", moldeado precisamente sobre la figura de la Mignon, esta puede interpretarse "como una versión romántica de la misma metáfora platónica del Fedro que representa la escritura como un ser andrógino, infantil, e incapaz de explicarse" (80).

Dos de los pintores cubanos más importantes de la época, Guillermo Collazo y Leopoldo Romañach, reflejan en sus cuadros mujeres en posiciones similares a las de Ana y demuestran este culto a la invalidez. Collazo, quien vivió un largo tiempo en los Estados Unidos y fue dado a conocer en la *Habana Elegante* por Julián del Casal, muestra en su lienzo *La siesta* (1886) una mujer de clase media recostada en un sillón. La siesta del trópico, y el calor agobiante del clima cubano se combinan para motivar esta postura más que de reposo de decaimiento. Por su parte Romañach en "La convaleciente" (1911) pinta una joven de clase pobre cuyo rostro pálido mirando al espectador reclama grandes dosis de lástima y anuncia una muerte cercana. Esta representación de la mujer como inválida o al borde de la muerte aparece no sólo en cuadros de la época sino también en poemas y novelas de otros escritores finiseculares como son Rubén Darío, José Asunción Silva y Julián del Casal. En "De sobremesa" Silva dedica varias páginas a contar la historia de la joven Maria Bashkirtseff quien al igual que la joven Ana de Martí, es pintora y deseaba hacer innumerables cuadros antes de morir. En ella el vigor espiritual que la mueve es comparable sólo con la terrible enfermedad que la agobia: la tisis, y según confiesa el narrador "jamás figura alguna de virgen soñada por un poeta [....] me ha parecido más ideal ni más tocante que la de la maravillosa criatura" (82).

Como en la narración de Martí el narrador construye estos personajes sobre un sistema de relación de iguales al tiempo que excluye de esta relación otras parejas que desentonan. La mujer artista al borde de la muerte en la novela del cubano es el *alter ego* del poeta. Ambos se sienten atraídos por lo superior en el arte, los países espirituales y románticos como Italia y España, y de forma especial por la muerte. En la mayoría de los casos el poeta será quien único sobreviva esta relación. La muerte de la heroína es una condición para que siga vivo el ideal, por lo cual el poeta está condenado a vagar insatisfecho toda su vida en busca de otro ser que se le parezca.

Este imaginario patológico que erotiza y hace deseable un cuerpo enfermo, al borde de la muerte, reaparece en Darío. En su famoso poema "Sonatina" el nicaragüense describe la princesa con síntomas de desfallecimiento físico y espiritual "está triste", "los suspiros se escapan de su boca de fresa", "está pálida" y como un reflejo del mundo que la rodea: en el vaso "olvidada se desmaya una flor" (*Poesía* 253). Estos adjetivos se repiten en todo el poema, incluso en una misma estrofa. Sin embargo, si la princesa desfallece queda claro que la vida está en otro sitio. Allá quiere volar como "hipsipila que dejó la crisálida" sugiriéndose su metamorfosis después de la muerte, de donde viene también al final el amante "vencedor de Muerte" que al besarla le devuelve vida (*Poesía* 253). Julián del Casal recurriría a un imaginario similar en su poema sobre Juana Borrego, a quien ve como uno de esos seres condenados a morir temprano. Esto en sí era algo tan común en la época, que pocos años después, su poema se convirtió en una terrible profecía.

En todas estas representaciones la muerte y la enfermedad de la joven es una condición de su valor espiritual. Ella debe morir para que perezca con ella el ideal en un mundo corrupto y deforme. Su representación se opondría, de forma diametral a la de la mujer como *Terra mater*. Si la otra significaba la sobreabundancia y la maternidad, ésta sólo puede darle al poeta el recuerdo de haber vivido y las obras fúlgidas que realiza antes de morir. No le da vida al poeta sino que se quita la propia. Su muerte, bajo el manto de la pureza ideal y su condición de artista excelsa, es lo que hace posible en primera instancia ese estado idílico, único, ante el cual el poeta se siente extasiado.

Sin embargo, en otros poemas de Darío y del Modernismo en general, va a parecer su imagen invertida, en medio de una descarnada misoginia. En tales momentos, según dice el poeta adolescente, en "Ecce homo", la mujer tiene rasgos de un animal perverso. Afirma Darío cuando solo había cumplido dieciocho años: "¡Oh magníficos seres, que no son otra cosa / que un rebaño de lindos luciferes!" (*Poesía* 118). Aquí, la mujer es comparada con el anti-Cristo, y degradada a su condición de animal para resaltar su carácter irracional y su condición inferior en la pareja. El deseo de conocerla se traduce entonces en metáforas médicas. El poeta usa del "escalpelo" del cirujano para abrir su cuerpo y lo que encuentra debajo de la piel es la muerte. El cuerpo es visto en sus deformidades y "miserias", y es revelado a través del discurso aparentemente científico al lector para que éste pueda ver por sí mismo la verdad que se oculta a sus ojos:

¿Ya tenemos filoso el escalpelo?
Pues a la operación; manos a la obra.
Caiga esa cabellera,
Esa carne, esa piel ¿qué hay? —Calavera— (*Poesía* 119)

Como en el caso de Martí y Baudelaire, la belleza oculta también el horror, el animal que saca la garra y muerde. Debajo de la satisfacción y la hermosura está la muerte, el cuerpo en su continua decadencia y flaqueza ante el pecado. Lo que descubre el bisturí debajo de la piel es el cráneo, el esqueleto de la joven muerta, pero también al llamarla "calavera", la convierte en el ser sexual y vicioso complemento femenino del personaje del Don Juan. Se pone al descubierto así el interior de su cuerpo, y su psicología. Y en efecto, la literatura finisecular abunda en ejemplos de este tipo. Aquí Darío no se diferencia mucho del Zola, del Flaubert, o del Huysmans cuyo método predilecto era hacer la disección de sus personajes femeninos en su gabinete de escritor (Paglia 408-38).

Para los poetas y especialistas médicos el interior de la mujer era un lugar misterioso y amenazante, y la función de la medicina y los discursos sociales era minimizar este peligro. La literatura busca desesperadamente explicar los mecanismos que rigen la vida íntima de la sociedad y sus sujetos femeninos. La metáfora de la "cuchilla dura" que intentaba encontrar la "verdad" bajo la piel es uno de los topos preferenciales del naturalismo y la necrofilia fin de siglo. El poeta se compara con el médico, su función es indagar, cortar y curar. No es de extrañar entonces que en el prólogo de *Amistad funesta* Martí recurra a esta metáfora para referirse al arte moderno de escribir novela, al afirmar que "ya él sabe bien por dónde va, profundo como un bisturí y útil como un médico, la novela moderna" (OC, XVIII 192). El escritor como el cirujano estará en función de la sociedad y la familia. Tratará de mostrar las formas de comportamiento social censurables y procurará delinear para el lector un ideal de belleza acorde con la norma y la visión patriarcal. Cuando la pluma se convierte en un bisturí el autor asume desde la matriz social que su discurso tiene una función sanitaria, correctora y didáctica. Que debe descubrir y corregir las corruptelas del cuerpo social tal y como lo haría un médico en su gabinete.

"COMO ROSA BESADA": MARCAS DE AMBIGÜEDAD GENÉRICA EN MARTÍ Y EL MODERNISMO

Al mismo tiempo que se dio un proceso de demonización y virilización del sexo femenino, ocurrió también una transformación inversa de feminización del poeta, reflejo de la intensa movilidad en que se re-distribuían los códigos y valores simbólicos en una sociedad altamente industrializada. Este doble proceso aparece en los poetas simbolistas franceses, en los prerrafaelitas y en los modernistas hispanoamericanos. En lo que sigue me interesa resaltar el doble discurso de la masculinización/demonización de la mujer y la feminización de la figura del poeta en la poesía de Martí. Este último discurso se da entrelazado a un "lenguaje de las flores", que vincula al vate con lo pasivo, lo bello y frágil, atributos—todos—tradicionalmente asociados a la mujer, mientras deja para ésta las características fuertes y bestiales.

Como ha afirmado Litvak, en las representaciones eróticas de fin de siglo se despliega un lenguaje simbólico de las flores, representando situaciones anímicas (31). Con el fin de siglo hubo una explosión de las imágenes florales en la literatura y la pintura, las cuales aparecían muchas veces fundidas a la mujer, abrazando provocadoramente su cuerpo. En uno de los cuadros de Gustave Moreau que Martí comenta, "Galatea", la ninfa aparece cubierta por una exuberante vegetación mientras es observada por Polifemo. El mismo tópico—las flores—aparece en los cuadros de Mucha y como afirma Litvak "el erotismo inherente a esa vegetación era como una fuerza vital que expresaba un impulso primigenio" (31). De hecho, Darío se refiere repetidas veces a ese "lenguaje de las flores" a propósito de Maeterlinck y Swedenborg. Del primero decía que "une con una suerte común el alma de las flores con el alma de los hombres" (Skyrme 17). Lo que me interesa hacer notar aquí, es precisamente, esta función transgresiva a un mismo tiempo mítico y profana. Un discurso que si bien se pone de moda a finales del XIX entre los poetas modernistas, ayuda a diferenciarlos, a crearles una poética propia, un estilo, pero que a su vez hay que leerlo en relación con la poética romántica que le precedió y las críticas de quienes vieron en dichas imágenes modernistas una forma de desvirilización de la poesía y del poeta.

Como se sabe, de forma tradicional las flores han estado asociadas a la mujer. Entregar flores a la novia es parte del ritual amoroso. Lo fue en el siglo XIX y lo es todavía hoy. En el vocabulario de la lengua española, donde el donjuanismo es de las notas más repetidas, existen palabras como "picaflor" que utilizan el acto biológico de libar el macho el néctar de las flores, para referirse al amante. Por otro lado, hay mujeres con nombres de flores y flores que en el vocabulario vulgar están asociadas a los órganos reproductivos de la mujer. Así la flor por su belleza, delicadeza y fragancia desde la Edad Media hasta el romanticismo aparece describiendo cualidades físicas de la amada y situaciones amorosas entre ambos sexos. El poeta español Espronceda, en su poema "El pescador", le dice a la amada:

> y en esos dulces labios
> de rosas y claveles,
> el ámbar y las mieles
> que vierten, libaré. (203-04)

De igual forma Gustavo Adolfo Bécquer describe la mejilla de la amada como una "rosa de escarcha cubierta" (213) y en sus poemas como en otros del romanticismo abundan las referencias a ellas como símbolo de pureza y ternura. La misma referencia metafórica aparece en José María Heredia. Hoy en día se sigue utilizando de la misma forma que lo hicieron estos poetas en el siglo XIX, pero en el Modernismo ya no va a ser solamente la mujer la que será descrita con imágenes florales, sino que ahora el hombre, el poeta, las utilizará para representarse a sí mismo. Precisamente, por la carga femenina tradicional al que están asociadas, el hecho de que el poeta se autodescriba como una flor es un acto explosivo y provocador que no pasó inadvertido para la crítica.

Una de las caricaturas que apareció de Oscar Wilde en el semanario satírico *Punch* muestra al poeta en forma de flor, inclinándose sobre el escritorio. Martí quien conocía tan bien como el resto del mundo literario estos dibujos afirma en su crónica: "Londres ríe hace meses por el poeta Postlethwaite, que es el nombre, ya famoso de un lado y otro del Atlántico, que el *Punch* ha dado a Oscar Wilde". Y sigue afirmando: "Postlethwaite es una lánguida persona que abomina la vida, como cosa democrática, y pide a la luz su gama de colores a las ondas su escala de sonidos, a la tierra apariencia y hazañas celestiales" (OC, IX 222). En ningún momento Martí se une pues a quienes se burlan del poeta inglés y en su lugar lo compadece y entiende. Esta representación satirizada del inglés, representaba una crítica de su actitud esteticista y su peculiar forma de transgredir los códigos genéricos en la sociedad inglesa. ¿No hay, podría decirse, como un eco de este personaje "lánguido" en *Ismaelillo* y en el héroe de su única novela? Oscar Wilde no fue el único que a finales del siglo XIX llamó la atención sobre este tipo de comportamiento y sexualidades heterodoxas. Su actitud repetía las representaciones estéticas de Charles Baudelaire, Gustave Moreau, y otros simbolistas franceses, ingleses y decadentes donde aparece un cuerpo que se define genéricamente como Otro. Tanto en la escritura como en la práctica histórica aparece en esta época, un espacio absolutamente imaginario que disloca y borra las fronteras de lo opuesto, de lo femenino y lo masculino, de lo arcaico y lo moderno, creando así lo que Christine Buci-Glucksmann llama "utopías transgresivas" (221). Dichos espacios hay que leerlos en el contexto en que la mujer se va "virilizando" y el hombre en su lugar adquiere formas suaves y frágiles. Al decir de Estrella de Diego en su libro el *Andrógino sexuado*, la recién estrenada categoría femenina de la Nueva Mujer y las muchas discusiones que despertó esta figura "agudiza[ron] la ambivalencia de los decadentistas hacia lo femenino, que consolidan la efebización de los hombres" (60).

En consecuencia, aparecen en los cuadros de Gustave Moreau jóvenes con poses sensuales y cuerpos de características andróginas como es el caso del protagonista del "El joven y la muerte", que retoman en sí la preocupación de Baudelaire con la re-definición simbólica de las relaciones femenino/masculinas y la belleza años antes. Según Buci-Glucksmann "in the aesthetic realm, new representations of the feminine body already appear at work in the lyric experience of Baudelaire, the 'feminized' poet victimized by his androgyny's destructive impulse with regard to 'natural' appearance" [en el ámbito estético, nuevas representaciones del cuerpo femenino ya habían aparecido en la poesía lírica de Baudelaire, el poeta "feminizado" víctima de sus impulsos andróginos destructivos con relación a la apariencia "natural"] (222).

La literatura decimonónica latinoamericana no era ajena a este tipo de representaciones. Pero es tal vez en la noveleta del cubano Tristán de Jesús Medina, donde la cuestión del andrógino aparece por vez primera en toda su intensidad. Con el nombre afrancesado de Emmanuele Gentile, uno de los protagonistas representa una belleza atípica entre los hombres, ya que según el narrador, sólo si empleáramos "los términos que se emplean generalmente para el retrato de una dama, de una *fanciulla*" podríamos reconocerlo. De hecho, nos dice el narrador, Emmanuele, "había servido de modelo más de una vez para cuadros de santas" lo que indica además del matiz transgresivo de su género. Un matiz aun más provocador si se tiene en consideración que

Tristán de Jesús Medina había sido sacerdote y que la veta sacrílega que el inaugura recorrerá años después todo el modernismo (400).

En su novela, Mozart, el protagonista principal, conoce a Gentile, italiano de nacimiento, en un viaje a Viena, a la edad de "doce o trece años" (402) y, en el momento de pasar a su protección, este desempeñaba un papel de "colombina" en las llamadas "commedie dell'arte" italiano (402). Se explica entonces que la crítica haya ignorado por tanto tiempo esta novela y no halla podido leer en dichas representaciones una intento por redefinir y cuestionar la condición sexual del hombre. ¿Conocería esta novela Martí? ¿Cómo se hace eco el poeta de *Ismaelillo* de estos cambios en la percepción de los géneros que tienen lugar en Europa y Norteamérica?

"Brazos fragantes" de *Ismaelillo* es un poema idóneo para leer el doble traspaso de valores en la poesía del cubano: el proceso de demonización/masculinización de la mujer y la autorepresentación del poeta como un ser "frágil" ante la amada agresiva. El poema comienza con una imagen metonímica de dos brazos rodeando el cuello del amante. Al sentir la caricia de estos brazos, el cuerpo del poeta, "como rosa / Besada se abre". Su cuerpo crece bajo las sensaciones eróticas, "se abre" como una flor. Si aquí el cuerpo aparece metamorfoseado en una planta, "rosa", sobre la cual vuelan "mariposas inquietas", la sangre a su vez, lo hará en la "savia" que recorre "las muertas carnes" del poeta, que "lánguido exhálase" en su "propio perfume". Reproduzco en su totalidad el poema de Martí:

>   Sé de brazos robustos,
>   Blandos, fragantes;
>   Y sé que cuando envuelven
>   El cuello frágil,
>   Mi cuerpo, como rosa
>   Besada se abre,
>   Y en su propio perfume
>   Lánguido exhálase.
>   Ricas en sangre nueva
>   Las sienes laten;
>   Mueven las rojas plumas
>   Internas aves;
>   Sobre la piel, curtida
>   De humanos aires,
>   Mariposas inquietas
>   Sus alas baten;

> ¡Savia de rosa enciende
> Las muertas carnes!—
> ¡Y yo doy los redondos
> Brazos fragantes
> Por dos brazos menudos
> Que halarme saben
> Y de mi cuello
> Recios colgarse
> Y de místicos lirios
> Collar labrarme
> ¡Lejos de mí por siempre
> Brazos fragantes! (PC, I 22)

Al final del poema Martí rechaza los brazos de la mujer por los del hijo. No obstante, quiero argumentar que ese rechazo ya está implícito en el encuentro amoroso descrito al inicio; en el miedo inexplicable del hablante poético a deslizarse hacia el terreno del cuerpo en el poema, lo cual produce una explosión de significantes con el propósito de llenar ese vacío, de cubrir ese cuerpo, rasgo típico a su vez de los juegos barrocos. A partir de la palabra "cuello" y la acción de ser abrazado por la amada, la descripción del cuerpo y la exaltación erótica se borran, se disuelven en imágenes vegetales. Desde este momento, el cuerpo no aparecerá más como cuerpo, sino como flor y éste sólo como fragmento a lo largo del poema: "sangre", "sienes", "piel", "carne". La claridad del inicio contrasta con esta otra descripción, digamos oscura, del acto amoroso, del enlace sexual. Esta descripción del cuerpo entrelazado continuamente con imágenes bucólicas, evita cualquier satisfacción vicaria ante el acto erótico, evita caer en el erotismo, en lo que él mismo llamó "el falerno meloso" de las melodías sensuales y paganas, (OC, VII 224). Pero también liga indisolublemente el mundo animal y el vegetal en el poema. Savia / sangre, cuello / tallo, ambos mundos se relacionan de parte a parte. Uno está en el otro. Ligan el cuerpo con una fuerza vital y primigenia que afianza sus raíces en la mitología y la ley de correspondencias. De esta forma, el cuerpo habla un lenguaje que expresa el ritmo del universo. En él confluyen los "opuestos", las "corrientes" del cosmos. Y acaso la mariposa ¿no es en éste y otros textos el símbolo por excelencia de dicho proceso de metamorfosis?

Con la metáfora de la mariposa que bate ligeramente sus alas sobre la piel/tallo del poeta, el hablante expresa un sentido táctil en el poema. Aspira a que el verso exprese el cosquilleo del acto amoroso. No obstante, con la decisión final de rechazar el erotismo y los brazos de la mujer la voz lírica intenta sugerirle al lector, que lo natural es un espacio que debe ser reprimido en función de lo ético y lo espiritual: los "místicos lirios". Si el hablante poético se identifica a sí mismo en este poema con una "rosa besada" el hijo en los últimos versos del libro, será su *alter ego*, una "rosilla nueva" del valle pálido. Será su reflejo diminuto a quien el padre convertido en ánfora/peña milagrosa, logrará regar (PC, I 47).

La escritura del cuerpo es aquí transgresiva por el simple hecho de que Martí invierte la forma tradicional en que éste es representado y crea un espacio utópico donde lo femenino y lo masculino, el mundo vegetal y el cuerpo humano, se integran. De alguna forma el abandono del hablante a las fuerzas del Eros mentiroso y momentáneo, produce esta dislocación de la representación tradicional de lo masculino. A diferencia de los poemas de los románticos, aquí el cuerpo del hablante aparece con marcados rasgos femeninos, es suave y pasivo, rasgos que niegan la construcción de esta figura hecha a finales del siglo XIX. El sujeto es reducido entonces a un rol menor en el poema dado que además no hay nada más ambiguo y femenino que atribuirle rasgos de una flor a un hombre, algo que el propio Martí hace en su prólogo al poema de Bonalde. En tal ocasión cuando el cubano habla de la lírica sensual compara los hombres con mujeres. Y afirma en un tono colérico: "hembras débiles parecerían ahora los hombres, si se dieran a apurar, coronados de guirnaldas de rosas, en brazos de Alejandro y de Cebetes el falerno meloso que sazonó los festines de Horacio" (OC, VII 224).

En este fragmento de Martí, Sylvia Molloy descubre una sugerencia de homoeroticismo idéntica a la que hace Rodó años más tarde en relación a la poesía modernista ("Too Wilde" 197). Pero al igual que Aníbal González afirma que Martí la rechaza ("Modernist prose" 90). Sin embargo, las formas en que Martí transgrede sus propias normas, se contradice o postula una sexualidad de signo contrario no han sido señaladas, ni tampoco sus afinidades con la literatura y la pintura simbolista. ¿Por qué sí en Darío y Casal y no en Martí? Si por un lado aparece en Martí un marcado temor a la desvirilización del poeta y la poesía, también aparece en sus escritos una búsqueda del ser asexuado que reúna en sí mismo las características asociadas usualmente al hombre y la mujer.

El primer caso lo ejemplifican apuntes como el anterior en que Martí ataca un tipo de literaratura homoerotica, e incluso en otros como el que sigue, donde culpa de "amaneramiento del estilo" a los poetas parnasianos y modernistas. En este fragmento suelto, perteneciente a uno de sus cuadernos de apuntes, dice: "otro amaneramiento hay en el estilo, —que consiste en fingir, contra lo que enseña la naturaleza, una frialdad marmórea que suele dar hermosura de mármol a lo que se escribe, pero le quita lo que el estilo debe tener" (OC, XXII 100). Sin embargo, a continuación afirma: "de un amaneramiento sí huyo; pero no de aquel que puede resultar, y debe resultar, de pretender poner, con las tradiciones de la lengua, las corrientes de la vida moderna y el fuego del mundo" (OC, XXII, 100). ¿A qué se estará refiriendo pues Martí con este último apunte? Ambos aparecidos en la misma hoja nos muestran una vez más las dificultades que tiene el escritor al tratar de poner en práctica un concepto genérico de la literatura, y a su vez abre sus escritos a la posibilidad de ser leídos según las normas que este se impone. El escritor que rechaza una forma de escribir por encontrarla "amanerada", acepta otra igual si haciéndolo es capaz de mostrar las "corrientes de la vida moderna y el fuego del mundo".

Por ello a lo que hay que atender es al sensualismo de "brazos fragantes", y la representación demasiado femenina del hablante poetico en sus versos. Ese tranformarse el poeta en una "rosa" mientras que la mujer adquiere rasgos fuertes, seductores y aun agresivos. Como dice Díaz Quiñónez, la mujer es aquí una especie de serpiente, "un peligro permanente" del cual el poeta se trata de cuidar (10). Y es precisamente el poder amenazante de estos dos brazos "robustos" sobre su "cuello frágil" lo que sugiere la imagen de una posible castración en el poema. Esto es, la mujer representa aquí el poder castrador de la fémina fálica. Esta escena resulta recurrente en las representaciones de la mujer en la obra de Martí y forma parte en *Ismaelillo* de las preocupaciones del padre en sus enseñanzas al hijo.

Al igual que vimos en el caso de las dos hoces que rodean el cuello del ángel en el poema anterior, aquí el temor a la castración reaparece en la posibilidad de cerrarse los brazos de la mujer sobre el cuello/tallo del poeta/flor, provocando una especie de estrangulamiento. La renuncia al Eros y el temor que este provoca podría entenderse como otro indicio de evitarla y la feminizacion que en él provoca. Reaparece este temor en el poema "Mujeres" de la colección *Versos Libres*, donde a través de cuatro fragmentos distintos, la voz lírica describe de forma similar el *topos* de la tentación. La mujer representa en todos estos casos la personificación del pecado. Su canto, como el de un "canario gorjeadora" atrae al sujeto poético como a Ulises lo atraían las sirenas. Pero como ocurre en "brazos fragantes", aquí nuevamente el erotismo es enemigo del "templo" y la castidad, y por consiguiente aparece nuevamente la renuncia al Eros y la decisión de quedarse solo. La mujer cobra la forma de la eterna Salomé que lo seduce revelando su "lánguida beldad" ante sus ojos y yaciendo "sin velos" frente a él. Afirma Martí en un fragmento de este poema:

> Pasan y muerden: los cabellos luengos
> Echan, como una red: como un juguete
> La lánguida beldad ponen al labio
> Casto y febril del amador que a un templo
> Con menos devoción que el cuerpo llega
> De la mujer amada: ella, sin velos
> Yace y a su merced; — él, casto y mudo
> En la inflamada sombra alza dichoso
> Como un manto imperial de luz de aurora. (PC, I 94)

Mientras la mujer aparece representada aquí con adjetivos seductores y animalescos ("pájaro loco", "insensata", "inflamada sombra") el hombre/voz lírica, se ve a sí mismo como "casto" (palabra que repite dos veces en este fragmento), y "mudo", lleno de un oximorónico "noble furor". Seguidamente, ante la visión de pecado, este evoca una resplandeciente "luz de aurora". Como ocurrirá en Darío, el acto de desnudarse/desnudar a la seductora, deja al descubierto su verdadera naturaleza. El misterio que representa el otro sexo es de algún modo revelado en ese *striptease* de la protagonista. Como afirma Elaine Showalter, el motivo de la mujer con velos descubierta ante los ojos del público y principalmente de los médicos es común encontrarlo en la literatura de la época (144-68). El velo representa la castidad femenina y la modestia. Es también lo que oculta la sexualidad, el lugar imaginario que hay que transgredir para descubrir el sexo y el misterio. Este motivo, como dice, aparece en los rituales del matrimonio, de la iglesia y de los actos funerarios. También aparece en las fotografías eróticas de finales y principios de siglo. Significa la búsqueda mítica del origen, la verdad, la vida y la muerte. A su vez, la belleza satánica con velos, como la bella Salomé, abunda en el Modernismo (Litvak 148), y Martí seguramente no era ageno a este tipo de representaciones.

Showalter, siguiendo a Freud, identificó este motivo con la cabeza de la medusa, donde contemplar al monstruo produce el horror de la castración (144-68). La mujer que yace "sin velos", ya no oculta ningún misterio para el hombre. Por tal motivo, la escena del encuentro termina con el rechazo de la belleza satánica, mientras el poeta quisiera romper esta visión pecaminosa: "contra el ara augusta / Como una copa de cristal" (PC, I 95). Tal encuentro nos indica la imposibilidad de separar en los poemas de Martí el deseo y la repulsión, la tentación y el rechazo.

Esa belleza femenina que seduce y de la que hay que protegerse como de la peor tentación está resumida en las primeras dos palabras del verso: "Pasan y muerden". Las mujeres son pasajeras, pero la herida que hacen en su tránsito es devastadora. Baudelaire se referiría de una forma similar a la mujer en su poema número LVIII, titulado "Causerie" de *Les fleurs de mal*, cuando habla de un pecho que ha sido destrozado por el grifo y el diente feroz de la amada: "saccagé / Par la griffe et la dent féroce de la femme", a lo que agrega más adelante, "ne cherchez plus de cœur; les bêtes l'ont mangé" [no busque más el corazón, la bestia se lo comió] (294). En su caso como el de Martí la mujer es el animal cruel que saca la garra y muerde.

Una vez dicho esto, quiero enfatizar la representación transgresora de ambas figuras: la del hombre "femenil" y la mujer fuerte en "brazos fragantes". En ambos protagonistas se muestran una sexualidad ambigua de la cual seguramente el cubano estaba muy consciente pero que era muy poco común en la literatura latinoamericana de la época. Una muestra de ello fue tal vez la escasa difusión del poemario, que como ya señaló Enrico Mario Santí permaneció casi en su totalidad en los cajones del escritor. Santí interpreta esto como otra de las ambivalencias martianas entre el acto de la escritura y su posterior reflexión del poemario (839). Sin embargo, habría que pensar la cuestión del género como otra de las preocupaciones acuciantes de dicha relectura ya que ¿no podrían sus amigos mal interpretar estas autorepresentaciones del poeta como flor? ¿No podría parecer acaso demasiado narcisista? Recuérdese que estamos hablando de una sociedad profundamente machista, regida por códigos patriarcales y de una tradición cuya pudibundez literaria fue legendaria. Si a esto sumamos el hecho de que quien escribe aspiraba a dirigir la lucha por la independencia de su patria, hay razones poderosas para comprender por qué esa renuncia al sexo, en cualquiera de sus formas, en el poema.

Pero nótese que aquí la representación de los amantes resulta particularmente provocadora por varios aspectos. En primer término, por la oposición irreconciliable entre ellos, encerrada en la negativa del hombre/santo a estar con la mujer. Segundo, porque ambos comparten una ambigüedad genérica, propia del romanticismo y del decadentismo fin de siglo que hace imposible encerrarlos dentro de la concepción tradicional de los géneros. Por ello resulta significativo que éste sea el único poema que Martí publicó en vida donde se celebra una doble sexualidad, la de la mujer y la del hombre, al menos, en un inicio ya que tendríamos que esperar a la publicación de los *Versos Libres* ya muerto el autor, para encontrar un acercamiento tan gozoso al cuerpo en "Pomona". Pero allí la función intelectual y filosófica tiene tanto peso que borra casi totalmente las marcas del deseo erótico.

No obstante, "brazos fragantes" no es el único poema donde aparece la metáfora de la flor para representar al poeta. En realidad esta metáfora aparece tantas veces en la literatura modernista que llega a ser una obsesión y hasta un mote en boca de sus enemigos. Si los poetas van a utilizarla para expresar su delicadeza y excelsitud frente a las muchedumbres, la mediocridad, y la imperfección, sus críticos encontrarán en ella un signo de "amaneramiento".

Al compararse el poeta con una flor, su "fragancia", como antes ocurrió con la imagen del agua o las lágrimas "brotando" de la fuente/pecho del protagonista, expresará el acto de la creación poética. La poesía es el aroma que sale del interior. Martí utiliza esta metáfora varias veces. En su definición del bardo fin de siglo dice: "Es su natural oficio sacarse del pecho las águilas que en él le nacen sin cesar—como brota perfumes de la rosa y da conchas la mar y luz el sol" (OC, VII 224). En *Ismaelillo,* aparece este tópico así como el principio expresivista de la forma orgánica: los sentimientos y la poesía brotarán, como el perfume que "exhala" la rosa del encuentro amoroso. Escribir equivaldría así a amarse y viceversa. La poesía hablará un lenguaje de esencia perfumada y sensual, tanto en este texto como en los de Darío.

De forma sintomática en el poema "brazos fragantes" el hablante nunca se identifica ni identifica al otro como masculino o femenino. En las descripciones de sus cuerpos hay una economía extrema donde nunca aparecen los pronombres "él" o "ella" ni un adjetivo que los califique genéricamente. Sabemos que quien escribe es Martí, pero debemos leer esos intersticios que deja la escritura como marcas reveladoras de algo más universal. Precisamente, ha sido esta ambigüedad de roles en el poema lo que ha provocado, a mi entender, lecturas contradictorias.

En "La doble 'otredad' realizativa en *Ismaelillo*", Ángel Esteban afirmaba por ejemplo que los brazos robustos pertenecían al poeta y por eso llega a la conclusión de que "el poeta sería capaz de dar sus brazos robustos, hartos de trabajar, por aquellos en los que hay una fuerza interior asombrosa, misteriosa ¡Y yo doy los redondos / Brazos fragantes, / Por dos brazos menudos / Que halarme saben" (188). Sin embargo, Díaz Quiñones entendió que los "brazos fragantes", "robustos" eran los de la mujer y que este poema materializaba las "guerras del alma", el rechazo del erotismo por el ascetismo del guerrero, los reclamos de la patria y la nación. Ambas interpretaciones se publicaron al mismo tiempo, de ahí que los autores no hayan podido darse cuenta de tal contradicción.

En su lectura del poema Quiñones cita el comentario de Jesús Sabourín, en "Amor y combate", donde éste afirma que "Martí sacrificó a la ruda exigencia del combate, todas las formas privadas del amor" (8). Esta acotación es en sí problemática debido a que los biógrafos del cubano discrepan abiertamente en la vida sexual del poeta. Unos como Sabourín niegan que hubo alguna vez una relación íntima entre él y Carmen Miyares de Mantilla y otros argumentan todo lo contrario, sugiriendo incluso la paternidad de su hija menor. Solamente en una lectura contextual del poema podría establecerse esta dicotomía y en este texto sencillamente no aparece ningún símbolo que identifique la voz poética con la urgencia política, la patria o la guerra. ¿Podría asociarse la mujer de este poema con otra que no sea su esposa incluso ser una reflexión sobre la mujer en general y su *necesidad* de amar hombres "femeniles"? Pero acaso ser un hombre "femenil" ¿no significa ser un castrado, un "eunuco" incapaz de llevar hasta su final el mismo acto amoroso?

Tanto el personaje de la "mujer" como el del "hombre" en este poema son partícipes de una ambigüedad genérica propia del simbolismo, del Modernismo hispano, y de la modernidad en su carácter social que ha sido ignorada. En "Brazos fragantes" la voz lírica es una voz andrógina ya que al buscar ocultarse detrás de la metonimia y la metáfora de la flor, hurta con ello el cuerpo sexuado a la poesía y cancela la visión del lector y su posibilidad de asignar géneros distintos dentro del poema. La mujer pues va a ser también su reflejo. Va a atraer y rechazar, será fuerte y femenina y sus brazos serán descritos como "robustos" y "blandos". Esta unión de rasgos opuestos sugiere también un tipo de ambigüedad que en una dosis que no fuera exagerada el hablante poético encuentra deseable. Esta representación de la mujer reaparece incluso en su descripción de los cuadros de Moreau. Alejo Carpentier en su ensayo "Martí y Francia", llamaría la atención sobre la perspicacia de ciertas representaciones eróticas que señala Martí en los cuadros de este pintor simbolista de finales de siglo. En tal ocasión Carpentier haría un breve paralelo entre las opiniones del cubano y las de Marcel Proust cuando afirma:

> Como habrá de hacerlo Proust, señalaba la ambigüedad, entre masculina y femenina—ambigüedad totalizadora, hallada en el brote primero de los mitos: Agraxas de la simbología alquímica—de ciertas figuras de Moreau, al decirnos que su Galatea "aun poseyendo la más suave forma femenina, no es una mujer". (513)

Y en efecto, en una de sus crónicas Martí describe de esta forma un cuadro del francés donde Galatea, una personificación del mar, aparece observada desde lo alto por el Cíclope, rodeada a su vez por una abundante vegetación que sube por su cuerpo. El cronista compara estas plantas con los extravíos de la imaginación. Pero al no ser la propia ansiedad del cronista quien ve que Galatea "no es una mujer", nada mas justificaría la caracterización que hace Martí de la ninfa de esta forma, ya que Galatea posee aquí la belleza tradicional de una modelo greco-latina y no hay nada que parezca varonil en ella. En el cuadro de Moreau, la pose insinuante que asume la ninfa es la de una seductora, la típica mujer fatal de fines de siglo, en quien la belleza de lo ideal se conjuga con el Eros que seduce y mata.

Cualquiera que haya sido el origen esta explicación, sugiero, la misma ambigüedad que Martí y Proust encuentran en los cuadros de Moreau, se halla en los protagonistas de este poema de *Ismaelillo* donde para expresar la excitación poética, la voz poética se identifica con una "rosa", de "cuello frágil", "lánguido", que viste al final un "collar de místicos lirios". Martí se refiere a la unión de características genéricas distintas en la crónica sobre Whitman, a quien defiende de los ataques de sus enemigos quienes creían detectar, en el regodeo de ciertas imágenes de su libro *Leaves of Grass*, las celebraciones de un homosexual. Comentando un poema de Walt Whitman sobre una madre y su hijo, Martí afirma que el norteamericano:

> Prevée que, *así como ya se juntan en grado extremo la virilidad y la ternura en los hombres de genio superior,* en la paz deleitosa en que descansará la vida han de juntarse con solemnidad y júbilo digno del Universo, las dos energías que han necesitado dividirse [la madre y la del hijo] para continuar la faena de la creación. (OC, XIII 138) [énfasis nuestro]

El poema de Walt Whitman, que Martí transcribe en su crónica, es extraordinariamente breve para su modo de escribir y, sin embargo, Martí encuentra en él un sentido trascendente, escatológico, que se manifiesta en una concepción del universo unívoco. En los "hombres de genio superior" se unen la "virilidad y la ternura", como en un inicio la madre y el hijo conformaban "las dos energías que han necesitado dividirse". Esto a su vez, le demuestra que en el futuro, Whitman "prevée" que se "han de juntar" dichas energías. Martí encuentra aquí que quienes reúnen características opuestas "en grado extremo" son seres "superiores". Dos posibles referencias intertextuales hallamos en este análisis. La primera tiene que ver con la imagen de la virgen María que lleva a Cristo en el vientre. La otra coincide con la concepción neo-platónica del ser que en un pasado conformaba la unidad paradisíaca, era parte del gran todo y que tras la caída de esa unidad, da paso a la fragmentación, la división y el exilio. Este conflicto es típico del poeta romántico como sugiere Abrams. Lo anima en su trayecto y búsqueda original, que sólo en una vida futura, en la reunión con el Uno-todo, estos fragmentos desunidos y hostiles encontrarían una refundición. De ahí, la angustia romántica y modernista con la antítesis, la ironía y los lados opuestos de las "correspondencias". El ser romántico se sabe escindido, fragmentado; su lucha estará en reconstruir esos fragmentos, en descubrir la unidad del Todo, la armonía que enlaza los opuestos. Quienes son capaces de reunir esos fragmentos dispersos, de hallar las correspondencias en la multiplicidad hostil y desintegradora serán seres superiores.

Con esto, Martí les está aclarando a sus lectores que no hay por qué confundir homosexualismo y hermafroditismo, el mito y la realidad. Aunque Martí no utiliza la palabra "homosexual" que sí conocía, trata de "imbéciles" a quienes creen ver en la forma de describir el poeta norteamericano "el amor de los amigos", "el retorno a aquellas viles ansias de Virgilio por Cebetes y de Horacio por Giges y Licisco" (OC, XIII 137). Martí ni siquiera enuncia el topos de la "pose" o la "simulación" para descalificar estas opiniones. Su negación en tal sentido es rotunda. El "retorno" a las épocas pasadas era imposible. Pero sí deja traslucir en varios lugares del texto que a Whitman le gusta verse rodeado de sus amigos al entrar la primavera y que de vez en cuando "en su carruaje de anciano lo llevan los caballos que ama a ver los 'jóvenes forzudos' en sus diversiones viriles" (OC, XIII 133). Nótese además que como el fragmento de la madre en la crónica sobre Whitman, la ternura y la niñez son símbolos que comparte este ser superior.

Asimismo, muchos de los versos de Whitman que Martí transcribe en la crónica son muy sugestivos y están llenos de contenido erótico. El poeta adopta un papel pasivo ante la naturaleza: "¡Penétrame, oh mar, de humedad amorosa!" (OC, XIII 138). Esta relación, como ya dijimos, es común; aunque no en tal forma gráfica a otros poetas románticos, y aparece tanto en los místicos como en Martí. Darío por ejemplo, en el poema "Divagación" de *Prosas profanas y otros poemas*, recurre a una imagen muy similar. Dirigiéndose a una mujer (que es a su vez todas las mujeres), este le pide que lo ame "así, fatal, cosmopolita, / universal, inmensa", para concluir en una frase que resume todo lo anterior en la metáfora marina: "ámame mar y nube, espuma y ola" (*Poesías* 253).

Es decir, a pesar de afirmar rotundamente la virilidad de Whitman, su fuerza "hercúlea" y "brutal", por momentos Martí deja entrever también cierta forma de "ternura" camaraderil que fue lo que provocó las censuras del poemario. Por eso acomoda la sexualidad del poeta en el intermedio de ambos géneros y aprovecha el mito del andrógino o del hermafrodita para describirlo. Compara a Whitman nada menos que con Safo, cuando asegura que "con el fuego de Safo ama este hombre al mundo" (OC, XIII 137). Sylvia Molloy, hablando de la fuerza con que Martí describe al norteamericano, afirmaba que su descripción traía consigo una necesaria "devaluación de lo femenino" [a necessary devaluation of the feminine] ("Too Wilde" 196). En otro ensayo la misma autora niega que Martí se esté refiriendo a un estado de similitud espiritual, de hermafroditismo literario, al afirmar que "Martí surely has other Sapphos in mind, and a passing reference in one of his letters to someone living 'à la Sappho' gives the reader pause" [Martí seguramente tenía otras Safos en mente, y en una referencia de pasada en una de sus cartas a alguien viviendo "a lo Safo" le da un respiro a los lectores] (377). En realidad Molloy nunca aclara este comentario, pero si deja claro que en vista del supuesto intento martiano de rechazar el "homosexualismo" de Whitman, este despliega una justificación heterosexual compulsiva "a compulsively heterosexual justification". Hace del poeta un caníbal (378).

Si bien Martí va a los extremos en su descripción del norteamericano y es posible por ello dejarse seducir por una u otra razón, esta conclusión parece excesiva. La visión unívoca que Martí tenía del hombre hace coincidir en una misma persona los extremos, el hombre y el animal, el caníbal y Safo, el niño y el adulto. Por tal motivo, la visión panteísta de Whitman se fundamenta en una especie de Yo cósmico, donde la diversidad encuentra su Unidad, según el cubano. De hecho, en el comentario que citamos anteriormente sobre la sexualidad, Martí está repitiendo, casi textualmente, algo que había dicho Emerson sobre los ingleses en su libro *English Traits* [Tratado sobre el carácter inglés]. Martí alaba este libro en su crónica sobre Emerson, donde el filósofo asegura que:

> When the war is over, the mask falls from the affectionate and domestic tastes, which make them women in kindness. This union of qualities is fabled in their national legend of "Beauty and the Beast," or, long before, in the Greek legend of Hermaphrodite. The two sexes are co-present in the English mind [....] *The English delight in the antagonism,*

which combines in one person the extremes of courage and tenderness. [énfasis nuestro] (419)

[Cuando la guerra termina, la máscara se desprende de sus gustos afectivos y domésticos lo cual los convierte en mujeres en bondad. Esta unión de cualidades es fabulada en su leyenda nacional "La bella y la bestia", o mucho antes, en la leyenda griega del Hermafrodita. Los dos sexos están co-presentes en la mente inglesa [....] *los ingleses se regocijan en el antagonismo que combina en una misma persona los extremos del coraje y la ternura.*][énfasis nuestro]

A continuación, Emerson pasa a relatar un episodio que justifica este comentario. Según cuenta el duque de Buckingham era tan "modesto y gentil" que algunos trataron de hacerle algunas afrentas para descubrir enseguida que tal modestia y "afeminamiento" era sólo una "máscara para la determinación más terrible" (419). Si éste fuera el caso, si Martí se estuviera refiriendo sobre Whitman a lo que habia dicho Emerson, la explicación del hermafroditismo en ambos, iría simplemente más allá de las circunstancias y se volvería un rasgo superior del carácter. No sería la seducción de la mujer lo que provoca la feminidad del poeta. Ni siquiera el repliegue en sí mismo. Más bien ésta parecería ser un rasgo característico de los "hombres de genio superior" que combinan en una misma persona el misterio de los extremos, la capacidad para la guerra y el cuidado del hogar. Los poemas de *Ismaelillo* reflejarían pues el traspaso del hombre viril, a la esfera de lo doméstico. El refugio que busca en el hijo y por extensión en la poesía fungiría como otro indicio de su capacidad de cruzar esos límites.

Por consiguiente, la unión de estas características opuestas resulta aún más subversiva si lo analizamos sobre el trasfondo de la tipología darwinista de la evolución y la concepción de las "dos esferas" a finales de siglo. Como afirma George Cotkin, Darwin sugería en *The Descent of Man* (1871) que en la evolución del hombre y la mujer habían surgido especializaciones diferentes. El primero a través de la selección natural había desarrollado las capacidades del coraje, la fuerza, la imaginación, y la inteligencia, mientras que ella había desarrollado la percepción, la capacidad intuitiva y la ternura maternal (76). Pues bien, en el poema "Príncipe enano" de *Ismaelillo*, Martí expresa su temor por el hijo de una forma de maternal:

> Si se me queja,—
> Cual de mujer, mi rostro
> Nieve se trueca. (PC, I 19).

Esta es entonces otra de las tantas metamorfosis del poeta. Así como "se torna" en ave o corcel, también su rostro "se trueca" en uno de mujer. De modo que al compararse con ella, Martí pone el énfasis en sus cualidades femeninas y va en busca de la unidad que es igualmente perceptible en "Musa traviesa". En tal ocasión al ascender el hablante poético a la naturaleza-mujer, une lo femenino a la masculino, su mente con el universo. Así el poeta logra reunir de forma simbólica las dos energías que en el inicio se dividieron para hacer posible la creación: su propio nacimiento. La separación será entonces motivo de la *poiesis*, será su esencia. La misma filosofía unívoca aparece en su convicción de que la palabra "universo" sintetiza el concepto de lo diverso en lo uno, "lo universo, lo uni-vario, es lo vario en lo uno" (PC, II 164). En otros dos lugares repite la misma filosofía. En sus cuadernos de apuntes escribe: "Para mí, la palabra Universo explica el Universo: Versus uni: lo vario en lo uno" (OC, XXI 256). Y más adelante sigue diciendo: "el hombre es el Universo Unificado. El Universo es el hombre varificado" (OC, XXI 261). Como apunta Mircea Eliade, la idea del andrógino es una forma arcaica de expresar el todo, representa la confluencia de los contrarios. Simboliza la perfección, el conocimiento de lo uno y lo Otro, la síntesis de los opuestos. En los poetas modernistas expresará también una aristocracia del intelecto y un demonismo pagano que fue todo lo provocador que significó el siglo XIX. En el poema titulado "Síntesis" escrito en su etapa mexicana reaparece esta idea. Afirma Martí:

> El alma universal dos hijos tuvo;
> Cada ser en mitad viene a la tierra:
> Así es la vida del humano,
> Buscar, siempre buscar, su ser hermano. (PC, II 43)

Nuevamente en este poema Martí habla de un origen común en el cielo (mito). El hombre en el inicio, como ocurre en el mito neoplatónico, era una identidad hombre/mujer y después de la caída, después que "viene a la tierra", cae en la división. Cada uno es uno solo, de ahí que busque esa otra "mitad". México es un lugar importante para el trayecto intelectual de Martí. De esta época hay varios apuntes sobre la idea del mundo como una inmensa analogía y cuando viene la cuestión sexual hay otro en el que la voz lírica se identifica abiertamente como un ser hermafrodita. En su poema "A Rosario de Acuña", Martí le dice: "Y tú mujer, y yo —desventurado / Con alma de mujer varón formado" (PC, II 112). Lógicamente, si la voz lírica se ve a sí mismo como un "varón formado" es porque físicamente su cuerpo es masculino, pero su "alma" es de mujer. Nótese por tanto que dicha confesión de hermafroditismo está inserta en una lamentación. Es una condición *malgre lui* por dos motivos, uno porque le hace vivir una situación anómala (la del ser asexuado) y porque también se descuenta con ello de los admiradores de la dramaturga. Pero nótese además que la "desventura" no es el único síntoma de la indeterminación sino que hay otros. Estos reaparecen cuando Martí exalta la grandeza de ciertos hombres como el uruguayo Juan Carlos Gómez, del que dice, "tenía aquella ternura femenil de todas las almas verdaderamente grandes" (OC, VIII 191). Ya Martí lo había descrito como un "espíritu superior entre la gente usual", un "alma angélica" con una personalidad capaz de traslucir el "equilibrio" y la "armonía humana" (OC, VIII 189). Por tanto, dicha combinación de cualidades masculinas y femeninas lejos de quitarle méritos, según Martí, le adicionaba valor, y por eso, la "ternura", que en Martí siempre es de estirpe femenina, se convierte en sus ojos una característica de grandeza del personaje.

Incluso, en su crónica del año 1887 sobre la Estatua de la Libertad, Martí llega a decir que la estatua se asemejaba al "Júpiter de Fidias, todo de oro y marfil, hijo del tiempo en que aún eran mujeres los hombres" (OC, XI 109). ¿Cómo entender dicha compración? Según Jonathan Walters para los griegos, en términos de "suavidad" los niños y adolescentes compartían un lugar similar al de las mujeres y los eunucos. Ninguno de ellos eran considerados "hombres de verdad" y por tal razón era legal y común que los hombres que sí lo eran tuvieran relaciones sexuales con ellos (23). Martí, quien era muy un buen conocedor de dicha historia y quien incluso tradujo un libro sobre la antigua cultura greco-romana, se está refiriendo a este dato, muy citado además en la pintura decadentista de su tiempo; tanto que Gustave Moreau llegó a pintar pocos años después de Martí hacer este comentario, un cuadro titulado precisamente "Júpiter y Semele" (1895) que recrea el aspecto andrógino del Dios.

Algo que resulta singular en esta crónica es que Martí utilice un dato tan marginal de la cultura griega para hacer referencia a la estatua; que su rostro de "esfinge" y su cuerpo hermafrodita sean precisamente el ideal estético de belleza del cual se sirva para legitimar el nuevo símbolo de la modernidad. Esto es importante resaltarlo ya que, si bien el cubano parece rechazar en otro poema el "amor griego" su alusión a ellos en la crónica varios años después, no es para demostrar su "repugnancia" y su "odio" sino todo lo contrario: su admiración. La grafía modernista adquiere en este caso un lujo inesperado, un espesor de "oro y marfil" que es muy común hallar en otros artículos de su clase.

Por tal razón, que Martí inscriba con este gesto la simbología de lo arcaico en lo moderno, de lo universal en lo particular, del lujo en el acero como hicieron tantos poetas finiseculares, es sólo una parte de la cuestión. Lo más importante, sugiero, es la ansiedad que sugiere dicha frase y las fugas que experimenta la sensibilidad martiana ante la "norma" y el "tabú".

Porque en efecto, años antes durante su estancia en México, Martí critica lo que llama "el torpe amor de Tíbulo y de Ovidio" y hace toda una celebración del amor heterosexual en un poema dedicado a quien iba a ser su esposa Carmen Zayas Bazán. En este poema Martí contrapone el amor que siente por su pareja, al amor "del griego", valorando el primero por encima del segundo el cual confiesa, "odia y reprueba" (PC II, 107). Su amor, valga decir, a diferencia de este último, sí puede decir su nombre, puede dejar descendencia, puede verbalizarlo y celebrarlo además ya que tiene una "insensata / potencia de creación" (PC, II, 107). Por todo lo cual, su voz se enmarca fuertemente dentro del paradigma heterosexual masculino.

De todas formas, la definición del género en Martí, repito, no debe reducirse a sus críticas al homosexualismo o el afeminamiento en la poesía, ya que estas no son las únicas y en varios lugares de su obra Martí habla repetidas veces de un cuerpo "frágil" que ya sea por su permeabilidad ante el Eros o por la elocuencia que le inspira, dicho cuerpo adquiere un valor que no puede medirse en los términos binarios. Así, en su artículo del 17 de agosto de 1887, el cubano habla de las diferencias del arte oratorio entre los "países de hielo" y los que están en "la cinta del sol" y establece éstas valiéndose de una cita a la cultura greco-romana. Dice el cubano:

> ¿Quién no conoce la relación visible del sol y la elocuencia? La palabra abrigada y resplandeciente en los países de hielo, se caldea y va dorando conforme entra en zona más fecunda, hasta que ya al llegar a la cinta del sol, consumidos por la excesiva luz los cuerpos frágiles que la contienen, los sacude y arrastra, cual arúspices a quines echa a tierra la fuerza del oráculo, y fluye, llena de esmaltes y atavíos, como aquellos arroyos de agua clara de que cuenta Mahoma, que corren por sobre rubíes, topacios y amatistas. (OC, XI 263)

Este fragmento muestra por un lado la influencia que ejerció en Martí las teorías sobre el clima y la fuerza solar—tan populares en el siglo XIX—y a su vez la sutil tipología que crea el poeta para diferenciar una cultura de la otra: la cultura latina (hispana) de la sajona. A ambos los afectaba el sol de maneras diferentes. Los "cuerpos frágiles" del Sur, son "consumidos por la excesiva luz" y reaccionan por ello de forma distinta a los del Norte. Martí en ningún momento halla tal condición de "fragilidad" como malsana o indeseable. Todo lo contrario. Su fragilidad es típica también de los antiguos "arúspices", sacerdotes romanos, de los que se sirve de referencia. ¿Acaso este cuerpo no es el mismo del que había hablado en "brazos fragantes"? El cuerpo de "cuello frágil" que "como rosa / Besada, se abre" (PC, I 22). El cuerpo que experimenta sus deseos y ansiedades de una forma diferente, el que "exhala" la palabra como si fuera un perfume y que como en el caso de los modernistas y decadentes construye sus imágenes en base de una lujosa imaginería representada por piedras preciosas y referencias al Oriente. Por eso cuando dos años después, el 16 de marzo de 1889, el periódico *The Manufacturer* de Filadelfia, acusa a los cubanos de "afeminados" Martí no entiende cómo ciertos rasgos que él admira pueden ser tomados como un insulto.

El artículo del periódico *The Manufacturer* se titulaba: "¿Queremos a Cuba?" y trata sobre la viabilidad de anexar la Isla a los Estados Unidos. Por un lado, el autor pondera los beneficios del lugar pero no así a su gente. En otras palabras, lo material es visto como beneficioso por lo moldeable que podía ser bajo las fuerzas del mercado, pero no ocurre otro tanto con las personas quienes son descritas como seres pasivos y afeminados. Su autor alaba los recursos naturales de Cuba, su disponibilidad en el invierno para los viajeros, su lugar estratégico en medio del golfo, así como el mercado potencial que significaría una población de millón y medio de habitantes para los productos norteamericanos. Pero niega a continuación que la gente le sirva en algo a la Unión ya que los españoles, dice, eran arrogantes y corruptos y los criollos "a los defectos de la raza paterna" agregaban "el afeminamiento y una aversión a todo esfuerzo que llega verdaderamente a la enfermedad" (OC, I 233).

Martí, quien se encontraba siempre atento a lo que se publicaba sobre Cuba e Hispanoamérica en la prensa norteamericana, escribe un artículo de respuesta a estas calumnias, que pide se publique 9 días después en el periódico "The Evening Post" de Nueva York. La respuesta de Martí es ejemplar y demuestra hasta que punto, ya en 1889, ve como impostergable la independencia de Cuba. Resulta, sin embargo, interesante observar, como dice Emilio Bejel, que la respuesta que da el cubano a los cargos de "afeminamiento" de los isleños sea "paradójica" (12). Martí no lo niega, pero trata de demostrar que "los cuerpos delicados" de ellos no eran un impedimento para ser héroes. Dice Martí:

> Porque nuestros mestizos y nuestros jóvenes de ciudad son generalmente de cuerpo delicado, locuaces y corteses, ocultando bajo el guante que pule el verso, la mano que derriba al enemigo ¿se nos ha de llamar como *The Manufacturer* nos llama, un pueblo "afeminado"? Esos jóvenes de ciudad y mestizos de poco cuerpo supieron levantarse en un día contra un gobierno cruel, pagar su pasaje al sitio de la guerra con el producto de su reloj [....] dormir en el fango, comer raíces [....] Estos cubanos "afeminados" tuvieron una vez valor bastante para llevar al brazo una semana cara a cara de un gobierno despótico, el luto de Lincoln. (OC, I 238)

Es decir, ante el discurso injurioso e imperialista del *The Manufacturer*, Martí esgrime el valor de "cuerpo delicado, locuaz y cortés" que fue capaz de enfrentar las vicisitudes de la guerra, ser héroe en la manigua y desafiar "cara a cara" al enemigo, llevando incluso en el brazo la cinta negra por el luto del presidente asesinado. Según Ibrahim Hidalgo Paz en su "cronología martiana" Martí fue uno de los que llevó a raíz del asesinato de Lincoln una cinta negra en señal de protesta por la muerte de quien había abolido la esclavitud en el país del Norte. De modo que en esta última semblanza de los habaneros, el cubano no se está refiriendo a otro que a sí mismo. Se está poniendo de ejemplo ante los demás de lo que llama el periódico norteamericano un "afeminado" pero a su vez está haciendo lo mismo que hicieron estos hombres de "poco cuerpo": enfrentar "cara a cara" al periodista del *The Manufacturer* con su artículo. Según Bejel, la respuesta de Martí es un intento de distanciarse cuanto podía de la llamada decadencia, "con sus implicaciones homoeróticas", del utilitarismo americano, y los decadentistas europeos, cuya sensualidad y feminidad podía llevar a la fragmentación (14). No obstante, creemos, dicho gesto, no es aislado sino otro más entre muchos que aparecen en su obra. Este postulaba a fines del siglo XIX un concepto distinto del género, un desvío de la norma. Su opinión sobre Juan Carlos Gómez y el deseo de equilibrio que implican la conjunción en una misma persona de características opuestas es lo que lleva a Martí a postular y celebrar un sujeto diferente capaz de ser de cuerpo frágil, escribir poesía y pelear en la guerra. Esto podía ser entonces lo que diferenciaba la "elocuencia" y las maneras de unos y otros.

Los que vivían en el Norte no tenían la facilidad de palabra de los del Sur. Sus cuerpos no eran "sacud[didos] y arrastra[dos], cual arúspices". Por tanto ser corteses y locuaces era igualmente otra forma de esa fragilidad que Martí en todo caso percibía como un signo de superioridad, más aun cuando la localiza en los poetas y los políticos que admira. Esta homologación entre el bardo y el hombre de "cuerpo frágil" todavía hoy en día es en Cuba un lugar común, y un miedo, especialmente para muchas madres que tienen un hijo poeta. Martí, sin embargo, siendo él mismo uno de ellos parece salirle al paso a esta creencia, objetando que los que escribían versos podían ser tan grandes guerreros como los que no los escribían. Para él la disponibilidad del cuerpo para la guerra era en última instancia lo que definía su verdadera dureza, su calidad de hombre. No es extraño entonces que dos años después, en su conocido ensayo "Nuestra América" (1891), Martí recurra a una tipología sexual que no es muy distinta a la que utilizó el periódico de Filadelfia. Esta es, la necesidad de endurecer ese cuerpo frágil, de "acendrar" el carácter viril para conquistar la libertad (de Cuba) o defenderse del futuro invasor (el Norte).

En "Nuestra América" Martí identifica con lo femenino u homosexual a quienes no quieren defender su patria y mientras tanto reserva para el Norte, el papel del hombre acostumbrado a la guerra y a la caza. Dicha tipología, sugiero, es un reforzamiento de la norma, del temor al otro por ser delicado y frágil, y por no servir de barrera (árbol) al gigante amenazador. Esto demuestra además hasta qué punto y en qué circunstancias la retórica martiana puede echar mano a los discursos homofóbicos. Martí además de decir que los hombres que no "tienen fe" son hombres de "brazo canijo, el brazo de uñas pintadas y pulsera", dice que los Estados Unidos es el peligro inminente que los acecha, peligro que venía de las diferencias de "orígenes, métodos e intereses entre los dos factores continentales". Si para el *The Manufacturer* los Estados Unidos eran masculinos y los cubanos afeminados, Martí conceptúa dicha oposición poniendo en el lugar de estos últimos a aquellos que no estaban dispuestos a defender su patria. Incluso, en el paroxismo de esta retórica llega a representar al Norte como un transgresor sexual quien viene a violar "nuestra" América. Según dice ya se avecinaba: "la hora próxima en que se le acerque, demandando relaciones íntimas, un pueblo emprendedor y pujante que la desconoce y la desdeña. Y como los pueblos viriles, que se han hecho de sí propios, con la escopeta y la ley, aman, y sólo aman, a los pueblos viriles" la América del Sur era una conquista fácil (OC, VI 21). De hecho, el discurso poscolonial ha representado reiteradas veces la violencia colonial como un acto sexual perpetrado contra la mujer. En su poema "A mis hermanos muertos..." Martí recurre precisamente a dicha alegoría, la de la "virgen violada de Occidente/Cuba" como una forma de criticar dicho poder e incentivar a los cubanos a la lucha.

De modo que en su discurso antiimperialista y de intención profética, Martí feminiza "nuestra América" y viriliza los Estados Unidos. Lo hace con el objetivo de demostrar qué había que hacer para remediar una situación inminente. Pero con esta dicotomía el cubano cae otra vez en un paradigma machista que toma como referencia al no-heterosexual para poner en él su maldición. Su crítica al "brazo canijo" incapaz, según dice, de luchar por su país, forma parte de esta retórica que demoniza al otro en base de sus propios intereses políticos y se sirve de su posición hegemónica en la sociedad (la heterosexualidad) para demonizarlos. Recuérdese además que el propio Martí fue tachado por algunos de sus contemporanes como digno de llevar saya en lugar de pantalones por no haber prestado su apoyo al plan Gómez-Maceo (OC, XXVII 216). De modo que lo que más llama la atención en todo esto, es que a pesar de esa retórica machista, Martí alabe en las personas que más admiraba rasgos femeninos que se opondrían radicalmente al ideal del guerrero que los políticos pedían.

Pero que Martí encuentre atractiva la idea del andrógino no debe ser una sorpresa para lector alguno de la literatura romántica y decadentista. Baudelaire ya había dicho que el poeta era por naturaleza andrógino, Gustave Moreau tenía del bardo una concepción semejante (Litvak 151) y lo mismo pensaba Coleridge. Pero repito, si Martí no simpatizaba con lo que llama el "amor del griego", sí hay en él una sexualidad poco ortodoxa, marcada por un límite fijo. Si con lo primero Martí escapa a de este paradigma, con lo segundo incita directamente al rechazo, por lo que articula su voz desde la posición hegemónica de que goza el sujeto heterosexual masculino en la sociedad.

Sus representaciones del héroe poético distan mucho de esa severidad y firmeza atribuida a lo masculino. Su posicionamiento en tal sentido es dinámico y traslaticio. Se desplaza entre un polo y otro. Acepta el concepto de un hombre superior capaz de unificar lo diverso y a su vez rechaza las prácticas sexuales homoeróticas. Sugiero que dicha dinámica de indeterminación, esas expresiones de "ternura" que abundan en su obra fue lo que llevó a críticos como Gabriela Mistral, Juan Marinello y otros a identificar a Martí con un ser asexuado, imposible de definir según las categorías tradicionales de los géneros. En lo que sigue voy a referirme a este debate que ha sido silenciado sólo por el temor inherente en toda sociedad machista a la homosexualidad y por el respeto o adoración de que goza su figura en la Isla.

Baste recordar que fue Gabriela Mistral quien en su ensayo "La lengua de Martí", leído el 28 de julio de 1934 en la Habana, dio a entender que la personalidad del cubano—la que había leído en sus escritos— no encajaba en la concepción tradicional de los géneros que se tenía entonces en Hispanoamérica. A tales efectos, la poetisa se preguntaba: "¿de dónde sale este hombre tan viril y tan tierno" en un continente donde el hombre viril "se endurece y también se brutaliza?" [...] "¿De dónde nos llega esta criatura difícil de producir en que los hombres hallan la varonía meridiana, la mujer su condición de misericordia y el niño su frescura y su puerilidad juguetona?" (79).

Si bien la Mistral formula su opinión sobre la base de una pregunta no tarda luego en contestarla y su respuesta es retomada años después en al menos tres textos fundamentales de la bibliografía del cubano: el libro de Blanca de Baralt *El Martí que yo conocí*; el ensayo de Juan Marinello "la españolidad literaria de José Martí" y el libro de Ezequiel Martínez Estrada *Martí revolucionario*.

El pasaje del libro de Blanca de Baralt, amiga y confidente de Martí en Nueva York, que retoma la opinión de la Mistral es uno de los más interesantes e íntimos que se conocen de la vida del cubano, pero a su vez el menos citado. En este libro Blanca cuenta cómo pocos días antes de su matrimonio, Martí se le acercó para pedirle "un favor". "Usted dirá", dijo Blanca. "Quiero que me deje ver su *trousseau*"—dijo Martí (44). Un pedido como este, cuenta la protagonista, era extremadamente raro. En realidad, sólo las amigas de la novia y la madre podían ver el *trousseau* antes de la boda. Este consistía en el tradicional ajuar de la comprometida: el vestido, las sábanas, las toallas y otras prendas íntimas que la novia iba comprando con sus ahorros casi desde el momento en que alcanzaba la pubertad. No obstante lo extraño de tal pedido, cuenta Blanca, ella dejó que Martí fuera a visitarla el día fijado. Llegó el momento y el cubano entonces junto con sus amigas y su madre estuvo "examinando, como un chiquillo, ropa, vestidos y sombreros, haciendo un fino comentario y poniendo nombre a muchas cosas" (44).

Para un lector del siglo XXI es difícil entender el entramado simbólico que supone tal escena. Pero hay que aclarar que aún en el momento en que Blanca de Baralt narra esta anécdota, 1940, era algo inusual que un hombre participara de tal exhibición de intimidad la víspera del casamiento. Tal es así que Agnès Fine en su ensayo sobre la cultura del *trousseau* y el modo de obtenerlo, lo define como una experiencia puramente femenina, de la cual los hombres no participaban en absoluto. En su época, la concepción de lo masculino significaba explorar zonas usualmente prohibidas con el fin de adquirir el hombre una identidad viril que lleve luego al matrimonio (141). Tal muestra de intimidad de Martí junto con sus amigas, es lo que le demostraba a Baralt que el cubano como lo había dicho la chilena era una mezcla de "hombre, mujer y niño en uno", un "hombre superior", "abierto a todas las manifestaciones de la vida" (44). Por lo cual las descripciones que dan del cubano tanto una como la otra desbordan los límites tradicionales de lo que la sociedad del siglo XIX concebía como propio de una mujer y un hombre y construyen su figura a partir del mito de la totalidad. Baralt llama a esto el "gran acierto" de la chilena (44).

Pero incluso, antes de que Blanca de Baralt publicara su libro de memorias, Juan Marinello ya había reparado en que la chilena tenía razón. Al hablar de la influencia que este había ejercido tanto en Rubén Darío como en ella, Marinello afirma que en la Mistral: "Martí es el poder, de estirpe femenina de meterse en lo hondo de las gentes por la vía de la firme ternura" (164). Y sigue diciendo por si no había quedado claro: "en Martí hay como un costado de feminidad depurada que nunca da la espalda a la hombría magnánima" (164). No es casual entonces que en el mismo ensayo, el crítico pase a comparar a Martí con Santa Teresa, la mística del siglo XVII, al afirmar: "Teresa de Ávila saca belleza de su arrobamiento a través de sus temblores de mujer. Martí, por la vía de su lirismo, que en muchos momentos ofrece un claro trasunto de feminidad" (175). Además de este rasgo común en la mística, Marinello establece otras similitudes entre ambos escritores: la experiencia "arracional" [sic] de muchos textos del cubano donde este prescinde del control y se da "al vuelo enfebrecido y sin rumbo", un "gozarse en la pena" en el deseo de la muerte, el sacrificio y del dolor (175). De modo que la "españolidad" de Martí, según Marinello, comienza por una cuestión de género, y no por una similitud de tópicos y formas literarias. Por ello si bien Marinello y Baralt confirman el "acierto" de la poetisa, habría que entender en el marco que se origina estos comentarios y los presupuestos que lo apoyan.

La Mistral explica esta combinación en el cubano recurriendo al discurso del mestizaje y la herencia. Al tratar de responderse las preguntas que se había hecho antes, afirma que "lo viril" en Martí le venía de la "sangre catalana" (del conquistador) y lo tierno del "ambiente antillano" donde el cuero español: "dejó una raza dulce y más grata que la arribada" (79). Esta explicación sobre su doble herencia, criolla y española, coincide pues con uno de los momentos claves de la interpretación de lo cubano en la Isla. Está de moda la poesía negrista y un intenso debate sobre el mestizaje racial y cultural de Cuba. Ballagas, Guillén y Fernando Ortiz discurrirían sobre la herencia del cubano, y este último seis años después estrenaría su concepto de transculturación en su famoso libro. Es por esto que la explicación de la Mistral debe leerse en el contexto de la búsqueda de definiciones que dio al fin con el concepto de síntesis de la cultura antillana, el "mestizaje". Sólo que en este caso la "fusión" no es de índole racial sino una cuestión de género. No explica la cultura sino el sexo, el modo de asumir características distintas provenientes de dos medios culturales totalmente diversos: el español y el criollo.

Por otra parte, la ponencia de la Mistral coincide con el libro de Arturo Carricarte: *La cubanidad negativa del Apóstol Martí*. Un libro aún hoy controversial en el cual su autor negaba que hubieran rasgos en el cubano de la colectividad de la Isla. Pero para los que seguían a la chilena, su aseveración les confirmaba lo contrario. Martí era tan cubano como el resto. Era una mezcla de ambos mundos y su personalidad era imposible de definir teniendo en cuenta únicamente la concepción tradicional de los géneros. Para decirlo de otro modo. Martí era la síntesis que reconciliaba los opuestos. En una sociedad que trataba desesperadamente de definirse, el cubano era la quintaesencia de la hibrides.

Juan Marinello defendió el argumento de la Mistral ya que esta había logrado entender "el tropicalismo de Martí". Por ello, Marinello critica entre líneas el libro de Carricarte, al que llamaría "pecado de leso martismo" y afirma que, a Martí le venía su cubanidad de "su fusión, su abundancia, la luz violenta y jadeante del período, la metáfora inusitada, la suntuosidad señorial y la liberalidad del ademán, —todo eso es, irrebatiblemente cubanidad entrañada" (182).

Pero si bien uno y otro argumento se entienden hoy como metáforas de la identidad, éstas fueron dos formas muy comunes de construir la sexualidad y la cubanidad en estos años en Cuba y en el resto de Latinoamérica. Incluso al igual que la Mistral, Isaac Goldberg había recurrido a un discurso de corte positivista para explicar la personalidad femenina de Gutiérrez Nájera. Y aunque son conocidas las numerosas marcas de ambigüedad que hay en la poesía modernista, es de señalar que aun así Marinello—uno de los críticos más severos del "rubendarismo"—nunca menciona este aspecto del cubano en su famoso deslinde.

Que dicha explicación, sin embargo, haya caído en descrédito no significa que hayan desaparecido los rasgos que provocaron estos comentarios. Todo lo contrario. Si en su época "la ternura" era una característica poco masculina, no lo son menos hoy. Un dato que demuestra lo explosivo que puede ser esta pesquisa cuando se trata de Martí lo resume la reacción del crítico cubano Bernal del Riesgo a un intento de este tipo hecho por Ezequiel Martínez Estrada en los años sesenta.

En su libro *Martí revolucionario*, Martínez Estrada después de analizar la caligrafía del cubano llega a la conclusión de que "la caligrafía de Martí nunca fue enteramente varonil, como no lo fue su carácter" (424). Por primera vez hay un intento aquí de buscar en la literatura esos rasgos de feminidad de que ya había hablado la crítica. Martínez Estrada va en busca de estos signos en el lenguaje—en su forma no en lo que dice—y según aclara logra verlos en los trazos de su letra corrida. En una reseña aparecida en el segundo número del *Anuario Martiano* bajo el título "afirmaciones erróneas en un gran libro biográfico" Bernal del Riesgo arremete contra él y especialmente contra los resultados de su estudio, diciendo lo siguiente y vale citarlo *in extenso*:

> El libro no explica qué entiende por "varonil". Y no se refiere aquí a la letra ni a la figura corporal; sino al carácter, y esto si es ... inadmisible. Si Martí no fue un carácter varonil entero y verdadero—varón de sobra—¿quién lo será? ¿El "homimorfo" grosero y rudo? Conocido es el dicho mexicano: "Lo Cortés no quita lo caliente". La cita de Gabriela Mistral desconcierta. Porque está muy equivocado quien cree en la varonía de los rudos...; que se acuerde de las aguerridas parejitas lacedemonias y lea a A. Gide o, mejor, a los psicosexólogos contemporáneos. En resumen: esa afirmación carece de todo fundamento. Hasta del apologético.
> Hay más párrafos de la análoga cuerda. En la página 424 informa [Martínez Estrada] que a los 9 años de edad el niño Martí "no ha configurado su género masculino". ¿De dónde le caerán al libro estos absurdos? Quizás de la teoría del *ánima* y el *animus* de Jung... Pero, ¿a qué seguir? De opiniones e interpretaciones de esta clase está plagado el grueso tomo, como podrá comprobar quien verifique, entre muchas, las Notas del artículo. [énfasis y puntos suspensivos en el original] (539)

Poniendo a un lado la propiedad del análisis caligráfico del crítico argentino—otro discurso que ha perdido también hoy toda su antigua reputación—la reacción que se evidencia en la reseña de Bernal del Riesgo, es una de temor y escamoteo ante la posibilidad de que pueda considerársele a Martí un ser asexuado. Su miedo es al homosexual y su angustia se corresponde con los peores tics de la homofobia revolucionaria de los años 60 y 70 y con el deseo de virilización y homogenización de la sociedad cubana a toda costa. No en balde, esa época se caracteriza en Cuba por la represión más brutal de los homosexuales y su confinamiento forzoso en los campos de trabajo de la UMAP (1965-1967). Como dice del Riesgo, es "inadmisible" pensar a Martí como otra cosa que no sea un varón "entero y verdadero", de ahí que sólo la censura y la coacción hayan impedido discutir siquiera este tema en la Isla y que hoy en día todavía haya reparos a un acercamiento similar del poeta.

Su crítica a los argumentos de Martínez Estrada no es un análisis distinto, sino una clausura de ese diálogo. De haberlo hecho del Riesgo hubiera podido hallar razones suficientes para negarlo, pero haciéndolo dejaba abierta la puerta para la discusión y la opinión del otro. Por esta razón su crítica opta *a priori* por un rechazo absoluto de sus argumentos. Es, como dice, "inadmisible" y más que esto, impensable concebir al cubano dentro de otra fórmula que no sea de la de un varón "entero y verdadero—varón de sobra". Porque si no lo era Martí nadie más lo podía ser dado el carácter tautológico y especular que ha establecido esta figura con su pueblo. Su argumento recurre pues al escamoteo del homosexual, a las "parejitas lacedemonias", a la infantilización y reducción del otro a una condición sentimental e irracional. Obviamente, este tipo de argumento es posible precisamente porque habla desde el resguardo de la hegemonía heterosexual masculina de moda, desde la ideología revolucionaria que excluyó al Otro, insistió y alentó la violencia contra ellos; que los llevó a la cárcel, al ostracismo, al exilio y la muerte como lo ejemplifica la vida de Reinaldo Arenas.

La respuesta de Bernal del Riesgo a estos comentarios de Martínez Estrada es por tanto un llamado a la clausura. Este silenciamiento del debate es la causa principal de que la crítica a partir de este momento no haya vuelto a mencionar el tema y que incluso libros contemporáneos de un alto valor documental que le dedican importantes comentarios a Martí, no lo mencionen.

Resulta interesante notar que en el momento en que Martínez Estrada escribe esto era considerado como uno de los intelectuales amigos del régimen y que Juan Marinello, era uno de los artífices de la política cultural del país. Marinello, sin embargo, quien como vimos se había pronunciado años antes en el mismo sentido, nunca asume esta polémica. A quien único menciona del Riesgo es a la Mistral, quien había muerto hacia más de diez años. Pero para entonces el endurecimiento del régimen e incluso la misma situación de Marinello dentro de los círculos de poder en la Isla no dejaba espacio ni para el debate ni la discrepancia sólo para la censura.

Volviendo entonces a las representaciones transgenéricas en Martí, de lo anterior expuesto parece quedar claro que en el universo creado por él reina un erotismo cerebral, mítico y cósmico, identificado con la figura del andrógino, del hombre-vegetal y de los seres etéreos. Un erotismo que rechaza la mujer fatal, al mismo tiempo que se siente atraído por ella. Tal vez, donde mejor se aprecia dicha ambigüedad genérica es en sus representaciones del poeta, con el rostro pálido y asociado a las flores y a los ángeles celestiales. Es el "pálido ángel" que "llora" y abre sus alas en el pecho del héroe en "Amor errante" (PC, I 36) y el que observa desde las nubes la escena que se desarrolla en la tierra en otros poemas. A las características hermafroditas de estos seres celestiales se refería Martí cuando en uno de sus crónicas comentaba la teoría de Swedenborg, de quien afirma el cubano tuvo "mente oceánica" (OC, XIII 21). Es significativo a su vez que estos ángeles rechacen el erotismo y el mundo degradado de los humanos y prefieran vivir en la altura. En el poema "Amor errante" el contacto de su cuerpo con el aire le parece "lascivo" lo que lo hace retraerse. Otra vez, el deseo construye la naturaleza como un cuerpo expectante, pero seguidamente postula su rechazo y superioridad ante la satisfacción momentánea.

Los ángeles de por sí son seres neutros, que vuelan entre el cielo y la tierra, perteneciendo por igual a ambos lados y sirviendo como un "símbolo eterno", y de "belleza ideal" según afirma en un artículo sobre Moreau (OC, XIX 255). Los cuadros de este pintor francés y las ilustraciones de Doré para la *Biblia* y las que hizo Vedder para el libro de Omar Khayyám abundan en este tipo de simbología. Estos son seres etéreos y andróginos, que sobrevuelan lo vulgar y lo terreno. No es difícil ver que en estos seres celestiales, el poeta proyecta algunas de las características deseadas de su personalidad y trata de establecer una especie de empatía con ellos. Pero acaso: las energías, que según Martí, Whitman "prevée" se han de unir en la vida futura ¿no serán en los ángeles?

En sus representaciones del hijo como un *alter ego* del padre y en consonancia con los ángeles andróginos, el poeta al describirlo en un manuscrito del poema "Musa traviesa", lo llama "diablo ángel" y nuevamente lo identifica con los dos extremos. El niño es la unión del sol y la luna, "el maridaje" de lo masculino y lo femenino, la totalidad del Universo y del ser. Afirma Martí:

> Sol son sus ojos vívidos;
> Luna, sus carnes
> Blandas, de tibia lumbre
> Enciende amante.
> Sea de sol y luna
> Buen maridaje (PC, I 50)

La representación del niño como reconciliador de los opuestos ya había aparecido en Emerson. Precisamente en su poema "Threnody", dedicado a la muerte de su hijo, el poeta norteamericano afirma: "A genius of so fine strain, / Who gazed upon the sun and moon / As if he came unto his own" [un genio de tan fino esfuerzo, / Que contemplaba el sol y la luna / como si se recobrara a sí mismo] (660). Ya en su libro *Nature* Emerson había escrito del poeta poseído por el espíritu: "He filled nature with his over-flowing currents. Out from him sprang the sun and moon; from man the sun, from woman the moon" [llenaba la naturaleza con sus corrientes desbordantes. De él surgía el sol y la luna; del hombre el sol, y de la mujer la luna] (47). La caracterización del sol como el hombre y la luna como mujer revela también en un nivel simbólico la jerarquía patriarcal en la sociedad del XIX. El sol, fuente de luz y del calor, representa al hombre, mientras que la luna fría que no tiene luz propia, sino gracias al sol, representa a la mujer. A su vez la frialdad de la luna sería comparable a la de la *femme fatale* decadentista por lo cual muchas veces la luna y ella aparecen en la misma ilustración de las revistas y cuadros.

En la búsqueda del ideal andrógino, la palabra final es la esterilidad, el narcisismo y la autosatisfacción. Si en "Brazos fragantes" la "rosa"/poeta se abre a la sexualidad, el "collar de místicos lirios" propicia la castidad. Ivan Schulman, al comentar este poema, había sugerido que el "lirio" en Martí como en Lorca, está asociado a la tradición litúrgica de las Anunciaciones y este: "adquiere un sentido semiológico de pureza y virginidad femeninas o, sencillamente, de femineidad" (*Símbolo* 230-31). De modo que en términos generales se pudiera representar "brazos fragantes" a través del juego de oposiciones por negación que hacían Freud y Lacan. El sujeto aparece amando y odiando al objeto de su deseo, que es a un mismo tiempo hombre y mujer: yo hombre/mujer odio/amo a ella mujer/hombre (*Écrits* 188). Representa la misma atracción/repulsión que la voz narrativa siente por Lucía en la novela *Amistad Funesta* o la mujer "demasiado viril" de la cultura norteamericana.

A LA SOMBRA DE LOS MUCHACHOS EN FLOR: SIGNOS DE DESVÍO EN DARÍO Y LA POESÍA MODERNISTA

Al igual que en los poemas de Martí aparece en Darío y en el resto de los poetas modernistas un uso similar de las imágenes florales, también con la connotación erótica que no tenía antes. Así las imágenes florales asociadas a los poetas hombres o a la voz lírica aparece en la poesía de Nájera, Darío, Casal, Santos Chocano, Guillermo Valencia, y otros. En todos los casos la imagen que transmiten es de ambigüedad, pasividad, e incluso provocadora femineidad. Estos poetas, como el propio Martí, reconocerían el valor explosivo de este juego ambiguo y por ello serán criticados fuertemente y sus poemas leídos con sospechas. En tal sentido, el poema "El reino interior" de Darío resultaría al igual que el poema de Martí paradigmático de este tipo de representaciones. Aquí aparece el simbolismo que mezcla el bien y el mal, los deseos del cuerpo y lo prohibido, el deseo de trasgresión frente al límite y donde reaparece una relación invertida del paradigma de la poesía romántica.

En el poema del nicaragüense, al alma del poeta, encerrada dentro de un castillo/cárcel interior, se la aparecen siete doncellas blancas, las "siete virtudes" que luego ceden su lugar a los siete "efebos", o "ambiguos príncipes decadentes", los pecados capitales. El alma del poeta debe elegir entre estos dos. La voz poética describe los efebos como "satanes verlenianos", recurriendo al erotismo de las flores que los poetas románticos habían utilizado para resaltar la belleza de la mujer: "sus labios sensuales y encendidos / de efebos criminales, son cual rosas sangrientas" (*Poesía* 298). De hecho este es el mismo símbolo que había utilizado para describir a las vírgenes, lo único que cambia es el color: "blancas rosas de gracia y armonía" (*Poesía* 297). Una vez erotizado sus labios, el poeta volverá a ellos, con una inesperada confesión. Compara su alma con una mariposa a la cual le pregunta: "¿Acaso / los brillantes mancebos te atraen, mariposa" (*Poesía* 298-99). El lector, que había retenido en su memoria la imagen de estos efebos de labios como flores, imaginará que la mariposa sólo puede volar hacia ellos, por lo cual en esa pregunta retórica, el nicaragüense está siendo todo lo provocador y perverso que se podía ser a finales de siglo.

Digo "perverso" para enfatizar que para las normas morales impuestas por la iglesia y la sociedad el poema debió ser extremadamente provocador ya que Darío deja abierta la pregunta de la elección del alma, permitiendo la participación del lector en la construcción del significado del poema. Su lectura trataría de completar la imagen que de sí mismo da el poeta a lo cual se sumaría la costumbre, especialmente durante el romanticismo, de identificar el yo poético con el autor de los versos. Más cuando el yo poético de "Reino interior" se confiesa de la misma edad que tenía Rubén Darío en ese momento: 30 años: "Mi alma frágil se asoma a la ventana oscura / De la torre terrible en que ha treinta años sueña" (*Poesía* 297). ¿No se percibe acaso en esta "fragilidad" del poeta la nota simbolista y martiana? En ambos poemas la fragilidad dará paso a la duda y cruzará zonas prohibidas del imaginario patriarcal y machista latinoamericano. Estas alusiones a su alma y las continuas citas intertextuales que aparecen en el poema ayudarán desde un inicio a colocar el poema del nicaragüense en una zona de conflicto con lo prohibido.

Según demuestra Foucault en su "Prefacio a la Transgresión", el límite (prohibición) y la transgresión son entidades impuestas que dependen uno de la otra. El límite marca el espacio que debe ser transgredido por el autor para provocar pero cuyo cruce no está exento de riesgos. Si este pudiera transgredirse con facilidad entonces no hubiera tal violación y el acto pasaría sin notarse. La tensión que se establece entre rebasar o no esta marca radica en el sujeto. Al intentar ir más allá, el sujeto crea espacios de tensión, zonas de conflictos entre lo permitido y lo prohibido: niega, aprueba o (re)establece nuevas fronteras. Por eso no basta con que el poeta convoque una escena erótica en donde se intercambian los roles genéricos y se transgreden las normas prohibitivas. Es necesario también rechazar esa visión, postulando nuevamente lo permitido, el marco inquebrantable que separa al ser del deber-ser.

La comparación entre el poeta y la mariposa es recurrente en toda la poesía dariana. Skyrme lo ha interpretado como un impulso vital y una necesidad de trascender el mundo físico. Deriva de la representación mitológica del alma-mariposa que abandona la crisálida. Afirma Skyrme: "The myth of the Psyche and the image of the chrysalis and butterfly occur repeatedly in Darío as expressions of his cyclic view of life, and to describe the soul in its attempt to escape from the prison of flesh" [el mito de psiquis y la imagen de la crisálida y la mariposa que aparece repetidas veces en Darío es una expresión de su forma cíclica de ver la vida y describir el alma en su intento por escapar de la prisión de la carne] (19). No obstante, me interesa señalar también la función erótica que guardan esta asociación en el poema y desarrollar una lectura que haga referencia tanto en la utilización *ad hoc* de estos símbolos como a las posibles fuentes de Darío al escribirlo.

Para comenzar, el poema del nicaragüense, como el libro de Whitman, fue leído desde un inicio en una clave homoerótica por una crítica en su mayoría homofóbica que reaccionó con virulencia ante muestras de este tipo. Por lo cual, fue necesario resaltar la integridad moral de Darío en otras lecturas. Según Rafael Ferreres, Darío había hecho el elogio de los "bellos mancebos" en ese poema pero aclara seguidamente que "una cosa es escribir y otra actuar y que sabemos que no tuvo aventuras de este género" (66). Asimismo, Ferreres argumenta que en la frase que utiliza Darío para referirse a sus poemas "con Hugo fuerte y con Verlaine ambiguo", la palabra "ambigüedad" le sugiere una condición personal y no lírica. Y apunta: "no quiero pecar de malicioso pero creo que con el calificativo de 'ambiguo' no intentaba señalar características de su poesía. En el cuarteto en que está este verso hay, parece, una descripción de su manera de ser más que de su arte" (71). Issac Goldberg llegó a sugerir que no se debía interpretar de ninguna forma el poema ya que: "fácil es, naturalmente, dar varias interpretaciones de poemas como éste. Pero ¿a qué interpretarlos de ningún modo?" (169). No es de extrañar entonces que a pesar de la enorme bibliografía pasiva del nicaragüense falten lecturas que aborden esta problemática y que propongan una forma distinta de leerlo. Sugiero que es la utilización de estos símbolos en el poema, tales las flores, la mariposa y la relación entre ellos, lo que provoca esta ansiedad de lecturas, y que es la estructura abierta del poema, que deja la pregunta al final sin responder, lo que produce esa ansiedad en el lector.

Y en efecto, la ambigüedad como clave estética en su poesía, como afirma el propio Darío, es de profundo legado verleniano. Fue Verlaine quien en su "Art poétique" habla de "la chanson grise / Où l'Indécis au Précis se joint" [la canción gris / donde lo Indeciso a lo Preciso se junta] (109). Pero ésta no es la única semejanza con el escritor francés, sino que la mención de "satanes verlenianos" en el mismo poema es una alusión explicita al demonismo sexual de Verlaine, a su homosexualismo y su conocido *affair* con Rimbaud. De hecho, el poema de Darío teje sutiles referencias intertextuales con el poema de Verlaine "Crimen Amoris", que según los biógrafos de este último fue redactado durante el tiempo que pasó en la cárcel de Brucelas en 1873 luego de su encuentro con Rimbaud (Coester 274). Así, desde el mismo título del poema, ya recriminante, Verlaine intenta disculpar su relación con el *enfant terrible* de la literatura francesa. La "torre terrible" del poema de Darío donde habita el alma es una prisión real en el caso de Verlaine. Pero en "Crimen Amoris" el poeta francés describe un palacio donde se aparecen "satanes adolescentes" como el propio Rimbaud, con "coranas de flores". "Dans un palais, soie et or, dans Ecbatane, / De beaux demons, de satans adolescents", [....] "mauvais anges / Avait seize ans sours sa couronne de fleurs" [en un palacio, de seda y oro, en Ecbatana, / los bellos demonios, satanes adolescentes" [....] "malditos ángeles / tienen diez y seis años en sus coronas de flores" (324-25). Decorado que no deja de sugerirse en el poema del autor de *Azul*...

El gesto doble por el cual los adolescentes son erotizados y a un mismo tiempo maldecidos reaparece en el poema de Darío y un eco de ello queda en el mismo verso antes citado de los "efebos criminales". Aun así, la referencia a Verlaine no es la única que trata de inmiscuir las relaciones ambiguas y demoníacas en el poema. En *Historia de mis libros* (1909), Darío confiesa la deuda de este poema con la tradición simbolista francesa y los prerrafaelitas. Afirma Darío: "En el 'reino interior' se siente la influencia de la poesía inglesa, de Dante Gabriel Rosseti y de algunos de los corifeos del simbolismo francés. (¡Por Dios! ¡Si he querido en un verso hasta aludir al 'Glosario' de Powell!...)" (*Obras* 212). Dado esta confesión del nicaraguense, es posible leer este poema y el de Verlaine juntos, y además recordar que como ya ha llamado la atención la crítica, el tema del hermafrodita y la transgresión sexual se repite con insistencia en la literatura inglesa de la época, en Wilde y en especial en Swinburne de quien se rumoraba su "amistad" con Rosseti (De Diego 37). La novela inacabada de Swinburne, *Lesbia Brandon*, habla de esta problemática, además del incesto, y a su vez, el tema del hermafrodita ya había sido tratado en toda su amplitud en otro poema del escritor portugués Eugenio de Castro a quien Darío le dedica este poema al igual que una reseña en *Los raros*.

En el suyo, Eugenio de Castro recapitula el mito platónico, la unión de ambos sexos en una misma persona. Hace que en su poema los deseos encontrados de ambos opuestos luchen en una misma alma por buscar la satisfacción que experimentaban antes en cuerpos diferentes. Entre el poema de Castro y el de Darío hay pocas semejanzas, salvo el final. En el "Hermafrodita" de Eugenio de Castro hay inesperadamente al concluir el último verso una asociación entre la voz poética y el alma andrógina del efebo. El poeta afirma que en un día lluvioso ambas almas escaparon buscando refugio y calma y fueron a dar con la suya propia "alma abierta", donde siguen luchando:

Chovía... E procurando uma guarida calma
Que os livrasse da chuva, uma torre o uma gruta,
Viram minh'alma aberta, entraram na minh'alma
E na minh'alma estão continuando a lucta! (128)

[llovía... y buscando una guarida tranquila
Que los librase de la lluvia, una torre o una gruta,
Vieron mi alma abierta, entraron en mi alma
Y en mi alma continúan la lucha!]

Se sugiere entonces la posibilidad de que en el interior del poeta se alberguen ambos sentimientos encontrados lo cual representaría la conjunción de lo opuesto, y el deseo de retornar a un pasado mítico abalado por la tradición griega. Tal vez sea por ello que el alma desgarrada por deseos tan diferentes deba elegir en el poema de Darío entre las doncellas y los efebos, y como sugiere, este escoja o juegue con la posibilidad de abrazar a ambos. Nótese que la descripción de los labios del efebo en la traducción francesa del mismo poema es similar a la de Darío y se hace recurriendo al tópico de las flores: "la bouche fraiche, en fleur" (131) [la boca fresca, en flor]. Castro además usa oposiciones naturales, orgánicas y reconciliables en el poema, tales como árbol/flor para describir ambas partes opuestas pero indisolublemente unidas.

Podría afirmase entonces que en ambos poetas la voz que surge al final es una voz asexuada, que se niega en caer en el binarismo tradicional de la cultura. Los poemas de ambos subvierten la eficacia de la división falogocéntrica en su manía de percibir, controlar y catalogar el mundo en forma binaria. No sería esta la única vez que Darío recurre a este tipo de imágenes.

En un soneto que rara vez aparece en antologías, Darío se dirige al poeta mexicano Amado Nervo, como "el amado", cuyo apellido denota los "nervios del mal" y, a su vez lo identifica, en el primer terceto, con una "sutil mariposa", reservándose en el mismo poema el papel de "rosa". Esta caracterización del poeta se repite a su vez más abajo donde la voz poética le pide que le muestre "el lirio puro que sigue[s] en la veta". Dice el nicaragüense en una descripción de ambos:

Generosa y sutil como una mariposa,
encuentra en mí la miel de lo que soy capaz
y goza en mí la dulce fragancia de la rosa. (*Anthology* 135)

Como en la descripción que hace Martí del poeta que emana su fragancia como la esencia poética, aquí lo que parece brindarle Rubén al mexicano es su poesía y su extraordinario talento creador, aquello que es "capaz" de dar el poeta. Pero el hecho de que el acto de camaradería literaria sea descrito como un acto biológico, lleva asociado un matiz erótico y provocador que el lector no puede ignorar. Especialmente si le compara con el discurso canónico impuesto de forma tradicional sobre los géneros, de lo cual es una representación el poema de Espronceda. Se crearía entonces este espacio utópico, donde se juega a construir una figura en otra, transgrediendo los símbolos tradicionales y creando uno nuevo.

Años antes de que Darío escribiera estos versos, Gutiérrez Nájera, en el poema "Mariposas" había invocado el símbolo alado con igual ardor erótico, de nuevo en estrecha relación con la literatura mística española y la secularización de la imagen bíblica del casamiento apocalíptico. La relación que establece este poema de Nájera es similar a la del nicaragüense. Si Nervo era una especie de fraile-mariposa, la mariposa de Nájera iba a estar hecha con el "grumo del cirio / que de niño llevé a la parroquia". Por lo que afirma:

> eras casta, creyente, sencilla,
> y al posarte temblando en mi boca,
> murmurabas, heraldo de goces,
> "¡Ya está cerca tu noche de bodas!" (*Anthology* 15)

Nuevamente, el poeta es una flor y el escenario es el de una relación erótica en que sutilmente se transgreden las categorías tradicionales de género. La unión entre el alma del poeta y la naturaleza se da como un adelanto de la unión mística con el amado, en una próxima y deseada "noche de bodas". No sería repetitivo enfatizar la deuda que estas imágenes tienen con la mística española, especialmente con San Juan de la Cruz. Pero a diferencia de los poemas del místico español, aquí la construcción genérica se da a través de imágenes vegetales, en un ambiente panteísta, donde la naturaleza reemplaza el lugar de Dios y el poeta el de la santa ciudad de Jerusalén. Según Litvak, el Modernismo "encontró en el erotismo místico un éxtasis que sustituyo al religioso" (107). Diríamos además que ésta, como las otras imágenes, es una forma secularizada de la unión apocalíptica, provocada por el traspaso y la interiorización del sentimiento religioso. Representa el deseo de unión en un mundo "desmiraculizado".

Según Rafael Cansinos Assens promotor de la literatura de finales y principios de siglo en España: "la efusión mística es una efusión asexuada" porque los corazones, al modo de San Juan, "se aman sin fructificar en formas concretas" (182-83). De este modo, parecería que la naturaleza habla un lenguaje erótico donde se transgreden los límites tradicionales y se crean nuevas formas de representación de los sexos. El lenguaje cruza y recruza el marco de lo prohibido, juega a convertir al sujeto en otra cosa. Oculta el gesto, la imagen sugerida, para sacar a la superficie, como en el poema de Darío a Nervo, el "alma de mi faz" (*Anthology* 135). Para acentuar esta analogía, Blanco-Fombona, al hablar de la poesía de Nájera señalaba la "voluptuosidad casi femenina" de sus versos (71). La imagen del yo poético tomaba cuerpo en una visión transgenérica que el crítico Isaac Goldberg atribuía a su vez a la herencia de su madre. En un comentario de tipo positivista Goldberg habla así del "aspecto distintamente femenino" de los poemas del mexicano "en sus más sutiles acepciones", y afirma:

> Los influjos de sus genitores parecen haberse ejercido sobre él por ambos lados; de su madre heredó esa delicada sensibilidad que se traduce en toda su obra y que, si pudiera bastar una sola frase, podría caracterizar sus diversas producciones. No sólo muéstrase evidente su amor a ella en su prosa y poesía, sino que también aparece, por modo amplificado, en su aspecto distintamente femenino, empleando esta palabra, de la que tanto se ha abusado, en sus más sutiles acepciones. (36)

Con esto Goldberg trata de reconciliar al poeta con la representación del sujeto. La influencia de los "genitores" explica el afeminamiento de su poesía. Se asume por tanto, tácitamente, que la personalidad poética debe corresponder a la literaria. Otras representaciones del poeta como flor aparecen en Santos Chocano, Casal, Guillermo Valencia, y Montalvo. José Santos Chocano en el soneto "Las orquídeas" compara sutilmente a éstas con aquellas "almas puras" que tratan de sobresalir por encima de las multitudes, lo prosaico y lo "mezquino", del cual el poeta era, se entendía, un ejemplo ideal:

> porque también, con lo mezquino en guerra,
> quieren vivir, como las almas puras,
> sin un solo contacto con la tierra (*Anthology* 196)

Guillermo Valencia en "Leyendo a Silva" describe la muerte del poeta como la de una flor y como el personaje de Shakespeare, víctima de los celos del Moro de Venecia, ya que según dice, como una "lánguida anémona / se evaporó su vida como la de Desdémona" (*Anthology* 172). En esta referencia, Valencia recicla la representación de la mujer que muere ya sea por suicidio o a manos de su amante para referirse al poeta. La sensibilidad de Silva es la de una mujer. Igualmente, Blanco

Fombona en el trabajo ya mencionado decía de Casal que "era la adelfa purpúrea que crecía en su corazón" (94). Fombona se refería al poema del cubano "Flores", en el que Casal nos dice que le han crecido dos flores en su interior, siendo la última de ellas la adelfa de la "blasfemia". Igualmente, Montalvo en uno de sus *Siete tratados*, publicado el mismo año que *Ismaelillo*, recurría a la imagen del lirio como poeta en medio de un jardín ideal rodeado de ninfas seductoras: "el lirio azul que se gallardea como un embajador del paraíso, hace figura de poeta en medio de todas esas ninfas de Flora" (165). Esta descripción del poeta en flor de Montalvo, Díaz-Plaja la menciona en su libro, donde también habla del mote español que le pusieron a los modernistas: "poetas liliales". Esto es, por la profusión de flores en sus versos (*Modernismo* 305). Parece significativo a su vez que Amado Nervo escribiera el poema "Andrógino" en 1896, donde termina afirmando:

> Yo te amé porque, a trueque de ingenuas gracias,
> tenías las supremas aristocracias:
> sangre azul, alma huraña, vientre infecundo;
> porque sabías mucho y amabas poco,
> y eras síntesis rara de un siglo loco
> y floración malsana de un viejo mundo. (51)

Para Nervo, la figura del andrógino fue un signo de "aristocracia", de "síntesis" del "siglo loco" de la Europa de Baudelaire, "la floración malsana de un viejo mundo". Pero aunque este es un poema que admite el deseo utópico de transgedir los géneros, Nervo lo desarrolla según la visión de lo abyecto y lo "malsano" y lo hace con un fuerte sentimiento de culpa. Su confesión pública lo redimiría así de su falta.

De nuevo, en su definición del cuerpo, el Modernismo recorre un doble camino. El poeta se examina y se representa como el Otro y ese Otro es finalmente rechazado. El doble gesto de enunciación y rechazo, muestra un signo trasgresor y la necesidad impuesta por el tabú y la norma de volver hacia atrás por el camino que había elegido. Lo que llama la atención por tanto en estas auto-definiciones de la voz lírica es la permanencia de un límite y un espacio de tensión que la palabra intenta continuamente cruzar. Intento que provoca una tensión prolongada entre lo prohibido y el deseo. Nervo termina "Lubricidades tristes" donde aparece "Andrógino", con el poema "Después" donde trata de deshacerse definitivamente de la visión del hermafrodita como de una verdadera aparición herética. Afirma el mexicano: "Aléjate, me invaden vergüenzas dolorosas, / sonrojos indecibles del mal" (51).

Sin duda ya para la época en que Nervo escribe este poema los modernistas habían caído bajo el fuego graneado de los críticos. Pero recordemos que tan temprano como 1882 Martí ya comparaba los poetas decadentistas con hembras débiles. De modo que es de suponer que bajo dicha presión los poetas que habían aceptado una forma de sexualidad transgresora regresaran a los márgenes de lo permitido, al amparo de la norma. Y fue precisamente en este vaivén entre la representación y la negación que la crítica antimodernista creyó ver en ellos la pose y la máscara del afeminado. En tal sentido, fue José Ingenieros uno de los que más duramente los criticó por lo que llamó "poses" de pederasta y maricón como demuestra Sylvia Molloy.

Ingenieros en uno de sus análisis sobre la simulación y la sicología fin de siglo, señalaba que los modernistas mal influenciados por sus colegas franceses, tendían a simular los refinamientos y vicios de éstos, a lo cual se unía las posiciones misóginas de alguno de ellos ("Politics" 154-56). Criticar a la mujer y simular una pose de pederasta eran síntomas del desvío, de una sexualidad anormal. Pero aún en 1924 Rufino Blanco Fombona definía el Modernismo con una frase controversial: "poseemos espíritu femíneo" (30) lo cual demuestra la importancia de las categorías genéricas en el movimiento y su uso provocador entre ellos. Dicha representaciones no estaba circunscrita a la poesía sino que se extendió a la pintura. Un ejemplo de ello fueron los cuadros del pintor mexiano Saturnino Herrán.

Herrán realizó la mayor parte de su obra asociado a la "Revista moderna" de México y en sus autorretratos y pinturas reaparece el tema del andrógino con una fuerza casi desafiante. Su cuadro "El flechador" es en tal sentido un intento de construir la figura del guerrero azteca sobre una identidad mítica asexuada muy similar a la que aparece en los cuadros de Gustave Moreau y otros simbolistas. En esta figura son varios los signos que le hacen pensar al espectador que está delante de un ser demasiado delicado y femenino para la guerra; especialmente si revisamos las representaciones del indígena que aparecen en los textos de la Conquista, la colonia o el mismo siglo XIX mexicano. Su pose ante el espectador desestabiliza los códigos tradicionales de su representación y lo llena de misterio. Tal es así que el "extravagante" tocado de flores que lleva en la cabeza el guerrero azteca parece algo natural en su figura. Según Fausto Ramírez, dicho "extravagante tocado de *El flechador* tiene similitud con las formas que circundan las cabezas de las *femmes fatales*" a finales del siglo XIX (43). Y afirma que la misma ansiedad de este pintor por mostrar las figuras nativas "con una gracia y morbidez casi femeninas" se vuelve una "constante" en su obra (43). Pero acaso la *femme fatale* como su nombre lo dice ¿no es también una figura amenazadora y bella? Esta similitud hace que Herrán recontextualice la figura del indígena sobre la idea neoplatónica y simbolista de la totalidad, a una vez mítica y cósmica, que recorre la pintura y el arte decadentista de fin de siglo. Otra vez, el Modernismo atribuye al indígena características deseadas pero inexistentes. Su cuerpo es una tabula raza donde inscriben las obsesiones que los persiguen.

Naturalmente, en la definición del Modernismo que hace Fombona y sus comentarios sobre Nájera a lo que se atiene es a su "espíritu" y no a su cuerpo. Sus adjetivos "casta" y "femenina" revelan su intención en despejar cualquier duda sobre la posibilidad real de una trasgresión, como por el contrario sí lo sugerían, los otros adjetivos tan despectivos que utilizaron sus críticos. Esa estética sensualista y provocadora que recorre también los textos de Fombona, fue otro de los aportes del Modernismo a la liberación del cuerpo en la literatura, a su búsqueda de una experiencia interior y soberana que acompaña el proceso de secularización y la muerte de Dios. El Modernismo introdujo pues la blasfemia, el demonismo, y la visión erótica en un intento de redefinir los límites permitidos. Sirvió como un signo irreverente de choque ante la hipocresía y la intolerancia intelectual de la crítica y el burgués. Fue otra forma de provocación frente al *status quo* de lo social y lo religioso, fue una estetización de lo erótico o como dijo Fombona una "sensualidad convertida por los poetas americanos en elemento de arte" (151).

Sin embargo, fue esta estetización de lo sexual y la apropiación de la personalidad femenina por parte del poeta lo que produjo otro giro de tuerca en el discurso literario de principios de siglo: la separación de dos movimientos que no tienen razón de diferenciarse: los modernistas y la generación del 98. Este rasgo es el que aparece en la taxonomía de Guillermo Díaz-Plaja al hacer el deslinde y recurrir a lo sexual para ello. Así Plaja llega a decir que ambos grupos eran antagónicos, y si define al primero como "equívoco" y de "femineidad", para los segundos (los españoles) el crítico dejó lo "viril".

La arbitrariedad de tal taxonomía hoy ha quedado demostrada. Sin embargo, Díaz-Plaja en muchos casos no estaba sino haciéndose eco de las críticas que otros escritores de la llamada generación del 98 hicieron a los modernistas por parecerle sus versos poco viriles o afeminados. Un caso típico fue el de Unamuno, quien en su artículo sobre los *Versos libres* de Martí deja claro su posición al respecto. En realidad Unamuno lee a Martí entre los límites que impone la moral mojigata a la poesía y el desvío de la norma. Como en otros lugares, el español critica a los poetas modernistas y pone como un ejemplo a imitar la virilidad del cubano que según afirmaba tenía un estilo similar al de Whitman. Así el estilo de ambos era una mezcla amorfa, protoplasmática y esto denotaba a un mismo tiempo "descuido" y belleza (*Insula* 9). ¿Pero sólo eso?

Unamuno alaba el verso del cubano precisamente por lo que lo distinguía de sus contemporáneos. Dice, citando al propio Martí, que su poesía era "greñuda, desmelenada, [y] sin afeite" algo que Unamuno toma como una muestra de su carácter y su estilo hombruno. Irónicamente, un momento después, se contradice cuando cita unos versos de Martí que hablan de su "melena". En el fragmento que cita Unamuno se lee: "Dicen, buen Pedro, que de mi murmuras / porque tras mis orejas el cabello / en crespas ondas su caudal levanta" (*Insula* 9). Pero en lugar de hacerlo reflexionar sobre esta incongruencia, especialmente cuando no hay otro igual en el poemario, Unamuno sigue afirmando: "y así, como la melena de Martí, son sus versos libres".

Lógicamente, la metáfora no sería problemática si ya Unamuno no le hubiera dado un valor genérico al cabello. Si no hubiera encontrado en la "melena" un signo de desvilización de la poesía y del carácter. Oscar Wilde, por ejemplo, como muchos de los estetas o jóvenes con "estilo" de su época, en oposición a los que seguían la norma tradicional, se dejó el pelo largo y Martí resalta este aspecto de su apariencia personal con marcada intención, tanto que al comentar su crónica Sylvia Molloy llega a decir que "Martí was fascinated by Wilde's hair" [Martí estaba fascinado por el pelo de Wilde] ("Too Wilde" 198). En esa época usar melena los hombres lo mismo que llevar el pelo corto las mujeres era un desafío a la norma, un signo de estilo personal que definía al autor en relación a los otros más tradicionales y temerosos de ser sancionados por dicho gesto. Martí en este poema se apura a decirle a quien lo critica por llevar melena, que a veces en su intensa labor en pro de su patria, le faltaba la moneda para "el barbero". Con esta justificación logra alejar momentáneamente la duda y el escarnio que el otro "murmuraba" de él. Alejaba por un momento la imagen homoerótica de sí mismo. Pero el mismo gesto de describir su pelo es significativo ya que en todo el poema es la imagen poética más hermosa y en la que el poeta pone más placer. Esto entronca por tanto con el gusto esteticista y modernista con esta parte del cuerpo, su fetichización en el lenguaje literario de fines de siglo y lejos de alejar dicha imagen de él lo que hace es acentuarla. Vale citar esta parte del poema:

Dicen, buen Pedro, que de mí murmuras
Porque tras mis orejas el cabello
En crespas ondas su caudal levanta:

> ¡Diles, bribón, que mientras tú en festines
> En rubios caldos y en fragantes pomas,
> Entre mancebas del astuto Norte,
> De tus esclavos el sudor sangriento
> Torcido en oro bebes descuidado,—
> Pensativo, febril, pálido, grave,
> Mi pan rebano en solitaria mesa (OC, I 66)

En vista entonces a que el poeta encuentra valor estético en esta forma de llevar el cabello vale preguntarse ¿por qué razón necesitaba cortárselo? Es significativo que Unamuno sólo cite los tres primeros versos de este poema y no se detenga en reparar en la contradicción que su argumento generaba. En el mismo artículo, sigue diciendo que la poesía martiana que había venido de donde mismo partieron los otros versos tan poco viriles: "nos traía viento libre de selva que barría el vaho cargado de perfumes afeminados, de salón, de esos versos cantables" (*Insula* 9). De nuevo reaparece la marca homofóbica lo cual demuestra que la verdadera preocupación del crítico español no era Martí sino los poetas modernistas, seguidores allende los mares, de Oscar Wilde y Verlaine. En ellos, como antes lo hizo Martí, Unamuno vio una inquietante desvilización de la poesía y del poeta por lo que llega incluso a sugerir que se les encierre en la cárcel. Hablando de un poema que escribió Oscar Wilde en la prisión luego de seguírsele un proceso por homosexualismo, Unamuno sugiere que algo parecido debía hacerse con ellos: "¿no será cosa de pensar seriamente en la manera de ponerles en disposición de que alguno de ellos escriba la balada de presidio de Ceuta o algo por el estilo?" ("La Balada de la prisión de Reading" 731).

Con esto solo quiero enfatizar que la actitud de Díaz-Plaja ante lo que se consideraba transgresiones en el modernismo no deben verse como un hecho aislado sino como muestras de una crítica mucho más generalizada que mostraba su ansiedad o su temor a través de la censura o el escarnio. No es extraño entonces que Díaz Plaja basándose en esta taxonomía genérica elabore un plan que dividía los poetas modernistas de sus contemporáneos, rubricados bajo el signo de la generación del 98.

Lo más significativo de su tipología es el determinismo biológico, que según él "oblig[aba]" a uno y otro bando a comportarse como "varón" o "mujer" (*Modernismo* 200). Si los modernistas actuaban así era por que en el fondo habían heredado de sus antepasados una veta femenina. Como antes hizo Goldberg con Nájera, lo biológico, la familia y la raza llevaban a cada grupo a comportarse de una forma diferente.

Así el discurso de la diferencia genérica va a justificar dos formas distintas de escribir a fines del siglo XIX. Ciertos recursos literarios y la actitud política de "pasividad-sensible" de los modernistas frente a los problemas de la sociedad justificaban—según él—dicha tipología. Por eso, dice, los modernistas son "calificados enseguida de [poetas] 'liliales' y 'estetas' con un sentido equívoco que no recibe jamás un sólo noventayochista" (*Modernismo* 214). De nuevo, los símbolos que marcan tal "feminidad" son los que han estado asociados tradicionalmente con la mujer, como era el caso de las flores, el mismo que el romanticismo se encargó de acuñar en la época anterior al modernismo.

Para apoyar su tesis Díaz-Plaja no duda en traer a colación un fragmento del artículo publicado en un periódico de la época por Rafael Sánchez Maza, que habla precisamente de la "feminización de Europa" y afirma: "Empezó con el siglo modernista, con el siglo que nació finisecular—en arte, en poesía y en religión también—la feminización de Europa, preparada por el romanticismo y su corrupción última y no paró la decadencia pavorosa de la virilidad europea hasta hoy" (*Modernismo* 214). Tanto para uno como para el otro la femineidad es un signo inquietante de "corrupción", de "decadencia pavorosa" que hay que evitar y combatir. Entre los rasgos estilísticos que Díaz-Plaja afirma pertenecen a una "sensibilidad femenina" están la "sinestesia", el uso del "verso libre, la pura anotación de sensaciones y ensueños" y la "geografía" (*Modernismo* 215). ¿Conocería este crítico el artículo de Unamuno sobre Whitman y Martí? Seguramente. ¿Cómo define entonces la literatura de su contraparte, la generación del 98?

Díaz-Plaja comienza afirmando la geografía de Castilla y afirma que esta provincia por estar encerrada a las influencias extranjeras poseía un espíritu masculino. Su condición interior le resguardaba su virilidad mientras que todo lo que queda fuera de las montañas de la Bética era femenino. Lógicamente, en la España del general Franco, autoritaria y "viril" ninguno de estos rasgos típicos del desvío eran permitidos. Los valores que trataba de promulgar el Estado eran los de la familia, la patria y la religión, por lo cual no es difícil entender por qué el crítico se atrinchera en las zonas más tradicionales del pensamiento hispano y busca diferenciarse así de los otros.

Según sigue diciendo, la veta sensualista llega al Modernismo como una "pervivencia biológica" de la "sensualidad exterior y musical de la Bética" mientras que los del 98 heredan la "gravedad interior y ascética de la Meseta de Castilla" (*Martí* 44). Por todo lo cual descubre este crítico en Martí un "escritor visual" (así se titula el ensayo) cuya "clave" de su genio poético "podría ser la sangre valenciana—mediterránea—que le circundaba por las venas. Hijo de levantino, de su padre,

Mariano Martí, pudo haber heredado la predisposición hacia la sensualidad captadora del mundo espacial, el goce de la policromía" (*Martí* 51). Plaja utiliza entonces la vieja tipología heredada del positivismo para buscar en zonas como la herencia y el medio la explicación de su personalidad y de su arte. Esta exégesis del cubano, publicada dos años después de su conocido libro *Modernismo frente a noventa y ocho* (1951), intenta redescubrirlo desde lo español y por ello lo heredado juega un papel fundamental.

En 1954 Medardo Vitier publicó lo que fue el premio al mejor libro de Martí en su centenario, *Martí, estudio integral* y en él reaparecen algunas ideas de Díaz-Plaja. Al caracterizar a Martí, Medardo se pregunta "¿tipo visual predominante? No creo gran cosa en esas clasificaciones, pero en algo hay que atenerse a ellas" (191) y unas páginas antes, al comentar el poema "La bailarina española", retoma la idea de su herencia mediterránea, para afirmar: "visualiza como si retuviera la luz del Mediterráneo que de mozo bañó las pupilas de su padre, valenciano" (170). A pesar de que Díaz-Plaja hace la conexión Martí-herencia-mediterráneo en su libro, se cuida de tildar la escritura martiana de "femenina"; aunque la caracterización que hace de él, está acorde con la del resto de los modernistas hispanoamericanos de su libro. La "clave" del genio de Martí es nuevamente, una "clave biológica" (*Modernismo* 199); lógicamente su genio lo hereda de España y nada tiene que ver con la joven nación. Al anclar el Modernismo en una genealogía española, éste trasladaba su origen a Europa y le resta importancia al movimiento de independencia cultural, y de renovación que se originó en este lado del Atlántico. Convierte el Modernismo en un fenómeno subsidiario de lo europeo y específicamente de la poesía peninsular. Si antes se había visto como una derivación de lo francés, lo que ocupa el centro de la preocupación de Díaz-Plaja ahora es lo español.

Pero sobre todo, al hacer énfasis en lo femenino y en lo sensual como signo distintivo del Otro, Plaja convierte al modernismo en un fenómeno de "degeneración de la raza", y "degenerados" según la tipología ya clásica de Max Nordau. Insiste pues en los "diagnósticos" del fisiólogo alemán quien habla del erotismo de Baudelaire como muestra del "proceso degenerativo" en las letras y la sociedad europea. De modo que el discurso de los géneros en el modernismo comienza siendo un deseo de unión cósmica, y diferenciación y termina en una marca de deslinde y rechazo en la periodización de la cultura literaria de finales de siglo.

Para resumir y concluir, si los modernistas intentaron con este tipo de apropiaciones del "arte por el arte", insertarse en una modernidad emergente, en un conocimiento del yo que superaba el que se tenía como tradicional, sus críticos lo vieron como un gesto de degeneración que coincidía con los desarreglos que traía consigo la modernidad al continente y la sociedad. No es de extrañar entonces que el mismo gesto de volver el cuerpo en otra cosa se piense como un acto de provocación y sea recibido después con violencia por las ortodoxias que guardaban esos límites. La respuesta de la crítica homofóbica se reduce entonces a la sátira, la burla, el insulto y en el mejor de los casos, al silencio. Pero en último instancia la misma feminización del poeta es otra tecnología del ser, otra máscara con la cual presentarse al público y ser moderno.

OBRAS CITADAS

Abrams, Meyers Howard. *Natural Supernaturalism: Tradition and Revolution in Romantic Literature*. New York: W. W. Norton, 1973.
_____. *The Mirror and the Lamp. Romantic Theory and the Critical Tradition*. New York: Oxford UP, 1971.
Agramonte, Roberto. "Martí y el mundo de lo colectivo". *Archivo José Martí* 5 (1943): 126-42.
_____. *Martí y su concepción de la sociedad*. San Juan: Centro de investigaciones sociales de la Universidad de Puerto Rico, 1979.
Alighieri, Dante. *Commedia: Inferno*. Milano: Garzanti, 1982.
Allan, Grant. *The colour-sense: its origin and development. An essay in comparative psychology*. London: Trubner, 1879.
Anderson Imbert, Enrique. "La prosa poética de José Martí. A propósito de *Amistad funesta*". *Antología crítica de José Martí*. Ed. Manuel Pedro González. México: Cultura, 1960. 93-131.
Anónimo. "Freeman's Ghastly Crime. The fanatic arraigned in Court." *The New York Times* 4 mayo 1879: 1.
Anónimo. *Poor little Edith Freeman. The Pocasset fanatics! Chas. Freeman, the "Second Adventist," imagining himself another Abraham, slays his little daughter, offering up his darling child as a human sacrifice!* Philadelphia: Barclay and Co., 1879.
Anónimo. "An Awful Tragedy." *Arkansas Gazette* 2 de septiembre 1882: 1.
Anónimo. "A Father drowns his three children and himself." *The New York Times* 2 de septiembre de 1882: 2.
Anthology of the Modernista Movement in Spanish America. Ed. Alfred Coester. New York: Ginn and Co., 1924.
Augier, Ángel. "Martí, poeta y su influencia innovadora en la poesía de América". *Vida y pensamiento de Martí*. Homenaje de la ciudad de La Habana en el cincuentenario de la fundación del Partido revolucionario cubano. Ed. Emilio Roig de Leuchsenring. Vol II. La Habana, 1942. 265-333.
Aveleyra-Sadowska, Teresa. *De Edipo al niño divino: algo sobre el difícil diálogo entre literatura y psicoanálisis*. México: Colegio de México, Centro de Estudios Lingüisticos y Literarios, 1986.
Bachiller y Morales, Antonio. *Cuba Primitiva. Origen, lenguas, tradiciones e historia de los indios de las Antillas Mayores y las Lacayas*. La Habana, 1880.
Ballón, José C. *Autonomía cultural americana: Emerson y Martí*. Madrid: Pliegos, 1986.
Baralt, Blanca Z. De. *El Martí que yo conocí*. Prólogo de Emeterio S Santovenia. La Habana: Editorial Trópico, 1945.
Baudelaire, Charles. *The Flowers of Evil/Les fleurs du mal*. Selected and edited by Marthiel and Jackson Mathews. New York: New Directions, 1963.

_____. "The Painter of Modern Life." *Baudelaire as a Literary Critic— Selected Essays*. Trad. Lois Boe Hyslop and Francis E. Hyslop, Jr. Pennsylvania State Univ. Press, 1964. 290-300.

Bécquer, Gustavo Adolfo. *Rimas*. Madrid: Espasa-Calpe, 1989.

Bejel, Emilio. *Gay Cuban Nation*. Chicago: U of Chicago P, 2001.

Bermúdez, Federico. *Todas las poesías de Federico Bermúdez: homenaje en su centenario*. Ed. Freddy Gatón Arce. San Pedro de Macoris: Universidad Central del Este, 1986.

Blanco-Fombona, Rufino. *El Modernismo y los poetas modernistas*. Madrid: Editorial Mundo Latino, 1929.

Bobadilla, Emilio. *Grafómanos de América. Patología literaria*. Lib. General de Victoriano Suárez, 1902.

Borges, Jorge Luis. "El etnógrafo". *Elogio de la sombra*. Editorial Emecé, 1969. 59-61.

Buci-Glucksmann, Christine. "Catastrophic Utopia: The Femenine as Allegory of the Modern." *The Making of the Modern Body: Sexuality and Society in the Nineteenth Century*. Ed. Catherine Callagher and Thomas Lagueur. Berkeley: U of California P, 1987. 220-29.

Butler, Judith. *Cuerpos que importan: sobre los límites materiales y discursivos del "sexo"*. Buenos Aires: Paidos, 2002.

Butor, Michel. *Histoire extraordinaire. Essai sur un rêve de Baudelaire*. Paris: Gallimard, 1961.

Calderón de la Barca, Pedro. *Obras Completas*. Vol III. *Autos sacramentales*. Madrid: Aguilar, 1952.

Camacho, Jorge. "A Paradigm for Modernity: the concept of the crisis in Modernism." *Literary Cultures of Latin America: A Comparative Study*. Vol. III. Eds. Mario J. Valdés and Djelal Kadir. Oxford UP, 2004. 328-37.

_____. "Ver/imaginar al otro: el niño y el salvaje: la percepción del color en el modernismo y los discursos etnográficos". *Confluencia: Revista hispánica de cultura y literatura* 18. 2 (2003): 32-41.

_____. "El cirujano y la enferma: la representación de la mujer en la literatura modernista". *Revista Canadiense de Estudios Hispánicos* 25.1-2 (2001-2002): 351-60.

_____. "Un límite para la transgresión: la masculinización de la mujer y la feminización del poeta en José Martí". *Revista Iberoamericana* 67.194-95 (2001): 59-68. Reimpreso en la *Revista Encuentro de la Cultura Cubana* (2004).

_____. "Lirios, rosas y mariposas: marcas de ambigüedad genérica en la poesía y la pintura modernista". *Apuntes Hispánicos* 2.1 (2001): 9-15.

_____. "Interpretando la Historia: la metáfora del desierto/destierro en *Ismaelillo*, de José Martí". *Revista Canadiense de Estudios Hispánicos* 23.1 (1998): 119-31.

_____. "Homagno: performatividad, polifonía e hibridez en José Martí". *Delaware Review of Latin American Studies* 6.2 (December 2005).

Cansinos Assens, Rafael. *Obra Crítica*. Sevilla: Diputación de Sevilla, 1998.

Carlson, Marvin. "Introduction. What is performance?" *Peformance: a critical introduction*. London and New York: Routledge, 2001.1-9.

Carpentier, Alejo. "Martí y Francia". *En torno a José Martí: Actas del Coloquio Internacional*. Bordeaux: Bière, 1973. 511-34.

_____. *Los pasos perdidos*. México: Compañía General de Ediciones, 1969.

Carricarte, Arturo S. *La cubanidad negativa del Apóstol Martí*. La Habana: Manuel I. Mesa Rodríguez, 1934.

Castro, Eugenio de. *Poesías escholhidas (1889-1990)*. Paris: Livraria Aillaud, 1902.

Catalá, Raquel. "Martí y el espiritismo". *Vida y Pensamiento de Martí. Homenaje de la ciudad de La Habana en el cincuentenario de la fundación del Partido revolucionario cubano*. Ed. Emilio Roig de Leuchsenring. Vol I. *La Habana, 1942*. 297-339.

Cejador y Frauca, Julio. *Cabos sueltos. Literatura y lingüística*. Madrid: Perlado, Paez y Comp., 1907.

_____. *Embriogenia del lenguaje. Su estructura y formación primitivas, sacadas del estudio comparativo de los elementos demostrativos de las lenguas*. Madrid, 1904.

Clifford, James. "On Ethnographic Allegory." *Writing Culture: The Poetics and Politics of Ethnography*. Ed. James Clifford and George E Marcus. Berkeley: U of California P, 1986. 98-121.

Coester, Alfred, ed. *Anthology of Modernista Movement in Spanish America*. New York: Ginn, 1924.

Coll, Pedro-Emilio. "Decadentismo y americanismo". *El modernismo visto por los modernistas*. Introducción y selección de Ricardo Gullón. Barcelona: Editorial Labor, 1980. 82-90.

Comte, Auguste. *Systeme de politique positive: ou, Traite de sociologie, instituant la religion de l'humanite*. Paris: L. Mathias, 1851-54.

Cotkin, George. *Reluctant Modernism. American Thought and Culture 1880-1900*. New York: Twayne, 1992.

Cruz, Mary. "Alegoría viva: Martí". *Anuario L/L Academia de Ciencias de Cuba* 2 (1971): 25-46.

Davidoff, Leonore. "'Adam spoke first and named the orders of the world': Masculine and Feminine Domains in History and Sociology." *Politics of Everyday Life. Continuity and Change in Work and the Family*. Ed. Helen Corr and Lynn Jamieson. New York: St. Martin's Press, 1990. 229-55.

Darío, Rubén. *Poesía*. Ed. Alejandro Expósito. La Habana: Arte y Literatura, 1994.

_____. *Antología de Rubén Darío*. Ed. Jaime Torres Bodet. México: Fondo de Cultura Económica, 1967.

_____. "José Martí, Poeta". *Antología crítica de José Martí*. Ed. Manuel Pedro González. México: Cultura, 1960. 267-95.

_____. *Obras completas*. IV vols. Madrid: Afrodisio Aguado, 1950.

De la Cruz, San Juan. *Poesías*. Ed., intro. y notas de Paola Elia. Madrid: Clásicos Castalia, 1990.

Del Riesgo, Bernal. "Afirmaciones erróneas en un gran libro biográfico". *Anuario Martiano* 2 (1970): 532-57.

Del Casal, Julián. *Poesías completas y pequeños poemas en prosa en orden cronológico*. Edición Crítica de Esperanza Figueroa. Miami: Universal, 1993.
Derrida, Jacques. *D'un ton apocalyptique, adopté naguère en philosophie*. Paris: Galilée, 1982.
Díaz-Plaja, Guillermo. *Modernismo frente a Noventa y Ocho. Una introducción a la literatura española del siglo XX*. Madrid: Espasa Calpe, 1966.
_____. *Martí desde España*. La Habana: Librería Selecta, 1956.
Díaz Quiñones, Arcadio. "Martí, las guerras del alma". *Apuntes Postmodernos/Postmodern Notes* 5.2 (1995): 4-13.
Diego, Estrella de. *El Andrógino Sexuado. Eternos ideales, nuevas estrategias de género*. Madrid: Visor, 1992.
Dijkstra, Bram. *Idols of Perversity: Fantasies of Feminine Evil in Fin-de-Siècle Culture*. New York: Oxford UP, 1986.
Durero, Alberto. "The Lord holding the sickle of the Harvest; the Beasts worshipped". *Apocalypse: Visions from the Book of Revelation in Western Art*. Ed. Van der Meer. London: Thames and Hudson, 1978.
Eco, Umberto, "How Culture Conditions the Colours We See". *On Signs*. Ed. Marshall Blonsky. Baltimore: The Johns Hopkins UP, 1985. 157-75.
Eliade, Mircea. *Patterns in Comparative Religion*. Trans. Rosemary Sheed. Cleveland: World Publishing, 1958.
_____. *Images and Symbols: Studies in Religious Symbolism*. Trans. Philip Mairet. New York: Sheed and Ward, 1969.
Ellis, Keith. "El arquetipo prometeico en *Ismaelillo*". *Revista de literatura* 13.4-26 (1995-96): 25-30.
Emerson, Ralph Waldo. *The Portable Emerson*. New York: Peguin Books, 1981.
Espronceda, José de. *Poesías y El estudiante de Salamanca*. Ed. Juan María Driez. Barcelona: Plaza & Janés, 1984.
Esteban, Ángel. *José Martí, el alma alerta*. Granada: Comares, 1995.
Ette, Ottmar. *José Martí, apóstol, poeta, revolucionario: una historia de su recepción*. México: Universidad Nacional Autónoma de México, 1995.
Fabian, Johannes. *Time and the Other: How Anthropology Makes Its Object*. New York: Columbia UP, 1983.
Ferreres, Rafael. *Los límites del Modernismo y del 98*. Madrid: Taurus, 1964.
Fiallo, Fabio. *El balcón de Psiquis*. La Habana: Pi y Margall, 1935.
Fine, Agnès. "A consideration of the Trousseau: A feminine culture?" *Writing Women's History*. Ed. Michelle Perrot. Trans. Felicia Pheasant. Oxford: Blackwell, 1992. 118-45.
Florit, Eugenio. "Versos". *Antología crítica de José Martí*. México: Cultura, 1960. 297-342.
Foucault, Michel. "Prefacio a la Transgresión". *De lenguaje y literatura*. Trans. Isidro Herrera Baquero. Barcelona: Paidós, 1996. 123-42.
_____. "Technologies of the Self". *Technologies of the Self. A Seminar with Michel Foucault*. Ed. Luther H. Martín, Huck Gutman, and Patrick H. Huton. Amherst: U of Massachussets P, 1988. 16-49.
_____. *The Order of Things. An Archaeology of the Human Sciences*. New York: Vintage Books Edition, 1973.
Fountain, Anne. *José Martí and U.S Writers*. Gainesville: UP of Florida, 2003.

Freud, Sigmund. *Beyond the Pleasure Principle*. Intro. Peter Gay. London: Norton, 1989.
Frye, Northrop. *The Great Code: the Bible and Literature*. Toronto: Academic Press Canada, 1982.
_____. *Anatomy of Criticism: Four Essays*. New Jersey: Princeton Press, 1957.
García Marruz, Fina. "Modernidad, Modernismo y orbe nuevo". *Anuario del centro de estudios martianos* 14 (1991): 16-35.
_____. "El tiempo en la crónica norteamericana de Martí". *En torno a José Martí. Actas del Coloquio Internacional*. Bordeaux: Editions Biere, 1973. 379-402.
García Pérez, Luis. "El grito de Yara. Drama en verso en cuatro actos". *Teatro Mambí*. Selección, prólogo, notas y documentos históricos de Rine Leal. La Habana: Editorial Letras Cubanas, 1978. 43-157.
Geiger, Lazarous. *Contributions to the History of the Development of the Human Race*. Trans. David Asher. Boston: Hougton Mifflin, 1880.
Gladstone, William E. *Studies on Homer and the Homeric Age*. Vol III. London: Oxford UP, 1858.
Graves, Robert. *The Greek Myths*. 2 vols. Edinburg: Pelican Books, 1960.
Goethe, Johann Wolfgang von. *Los años de aprendizaje de Wilhelm Meister*. Madrid: Cátedra, 2000.
Goldberg, Isaac. *La Literatura hispanoamericana. Estudios críticos*. Trans. Cansinos-Assens. Prólogo E. Díaz-Canedo. Madrid: América, 1922.
Gomariz, José. "Las metamorfosis del poeta e intelectual ante la modernidad en *Lucía Jerez*". *José Martí: Historia y Literatura ante el fin de siglo XIX. Actas del Coloquio Internacional Celebrado en Alicante en marzo de 1995*. Ed. Carmen Alemany, Ramiro Muñoz, y José Carlos Roviera. Publicaciones de la Universidad de Alicante: Casa de las Américas-Universidad de Alicante, 1997. 179-99.
Gómez de Avellaneda, Gertrudis. "A las estrellas". *Poetisas Cubanas*. Selección, ordenación y prólogo de Alberto Rocasolano. La Habana: Editorial Letras Cubanas, 1985. 39-40.
González, Aníbal. "Modernist Prose." *The Cambridge History of Latin American Literature*. Ed. Roberto González Echevarría and Enrique Pupo-Walker. Cambridge UP, 1996. 87-112.
_____. *La crónica modernista hispanoamericana*. Madrid: Ediciones Porrúa, 1983.
_____. "La última metamorfosis de Proteo: Modernismo y ética de la escritura en 'La hija del aire' de Manuel Gutiérrez Nájera". *Nómada* 3 (1997): 72-80.
González, Manuel Pedro. *José Martí. Anticlerical irreductible*. México: Ediciones Humanismo, 1954.
González Echevarría, Roberto. "Martí y su 'Amor de ciudad grande': notas hacia la poética de *Versos Libres*". *Nuevos Asedios al Modernismo*. Madrid: Taurus, 1987. 160-73.
_____. *Mito y archivo. Una teoría de la narrativa latinoamericana*. México: Fondo de Cultura Económica, 2000.

González Prada, Manuel. *Páginas Libres/Horas de Lucha*. Prólogo y notas Luis Alberto Sánchez. Caracas: Biblioteca Ayacucho, 1976.
Gordon, Robert C. "Fate into Freedom: Emerson's Theory of Spiritual Process." Diss. Princeton U, 1980. Ann Arbor: UMI, 1980. 8101539.
Gullón, Ricardo. *Direcciones del Modernismo*. Madrid: Alianza Editorial, 1990.
Gutiérrez Girardot, Rafael. *Modernismo*. Barcelona: Montesinos, 1983.
Hall, Stuart. "The Spectacle of the 'Other'." *Representation. Cultural Representations and Signifying Practices*. Ed. Stuart Hall. London: Sage, 1997. 223-79.
Hidalgo Paz, Ibrahim. "José Martí: Cronología 1853-1895". *Obras Completas. Iconografía. Cronología*. CD-ROM. Centro de Estudios Martianos, 1995.
Hegel, Friedrich. *On the Arts. Selections from G. W. F. Hegel's* Aesthetics or the Philosophy of Fine Art. Ed. Henry Paolucci. New York: Frederick Ungar, 1979.
Henríquez Ureña, Max. "Martí, iniciador del Modernismo". *Antología crítica de José Martí*. México: Cultura, 1960. 167-86.
Heredia, José María. *Niágara y otros textos. Poesía y prosa selectas*. Ed. Ángel Augier. Caracas: Biblioteca Ayacucho, 1993.
Heredia, José María de. *Los Trofeos (sonetos)*. Prólogo, traducción, notas y apéndices de Max Henríquez Ureña. Santiago de Chile: Ercilla, 1938.
Jauss, Hans Robert. *Toward an Aesthetics of Reception*. Trans. Timothy Bahti. Minneapolis: U of Minnesota P, 1985.
Jenkins, Philip. *Mystics and Messiahs: Cults and New Religions in American History*. New York: Oxford UP, 2000.
Jimenes Grullón, Juan Isidro. *La filosofía de José Martí*. Biblioteca Nacional, 1986.
Jiménez, Juan Ramón. *El Modernismo. Notas de un curso (1953)*. Ed. Ricardo Gullón. México: Aguilar, 1962.
Jiménez, José Olivio. *La raíz y el ala: aproximaciones críticas a la obra literaria de José Martí*. Valencia: Pre-textos, 1993.
Jitrik, Noe. *Las contradicciones del modernismo. Producción poética y situación sociológica*. Colegio de México, 1978.
Jorrín, Miguel. *Martí y la filosofía*. La Habana: Editorial Hércules, 1954.
Jrade, Cathy L. *Modernismo, Modernity, and the Development of Spanish American Literature*. Austin: U of Texas P, 1998.
Khayyám, Omar. *Rubaiyát. The Astronomer-Poet of Persia*. Trans. Edward Fitzgerald with an accompaniment of drawings by Elihu Vedder. Boston: Houghton Mifflin, 1884.
Kelsang Gyatso, Gueshe. *Introducción al budismo*. Cadiz: Editorial Tharpa, 2000.
Lacan, Jaquecs. *Écrits*. A selection. Translated from the French from Alan Sheridan. London: Tavistock, 1977.
Liebana, Beato. *Obras Completas*. Edición bilingue preparada por Joaquín González Echegaray, Alberto de Campo y Leslie G. Freeman. Madrid: Bibliotecas de autores cristianos, 1995.
Lismore, Thomas. *The Coinage of Cuba: 1870 to Date*. Miami: Renderer, 1966.
Litvak, Lily. *Erotismo fin de siglo*. Barcelona: Bosch, 1979.

Loynaz, Dulce María. "La influencia de los poetas cubanos en el Modernismo". *Ensayos Literarios*. Salamanca: Universidad, 1993. 9-28.
Letourneau, Charles. *La Sociologie: d'après l'ethnographie*. Paris: Reinward, 1884.
Magnus, Hugo. *Histoire de l'evolution du sens des couleurs*. Paris: Reinward, 1878.
Man, Paul de. *Blindness & Insight. Essays in the Rhetoric of Contemporary Criticism*. New York: Oxford UP, 1971.
Mañach, Jorge. "*Ismaelillo*, bautismo poético". *Homenaje en memoria de José Martí y Zayas Bazán*. La Habana: Academia de Historia de Cuba, 1953. 29-49.
Marinello, Juan. "Sobre Martí escritor. La españolidad literaria de José Martí". *Vida y Pensamiento de Martí. Homenaje de la ciudad de La Habana en el cincuentenario de la fundación del Partido revolucionario cubano*. Ed. Emilio Roig de Leuchsenring. Vol I. *La Habana, 1942*. 159-86.
Martí, José. *Poesía Completa*. Ed. crítica de Cintio Vitier, Fina García Marruz y Emilio de Armas. La Habana: Letras Cubanas, 1985.
_____. *Obras Completas*. 28 vols. La Habana: Editorial Nacional de Cuba, 1963-75.
Martínez Estrada, Ezequiel. *Martí revolucionario*. La Habana: Casa de las Américas, 1967.
Matthiessen, F.O. *American Renaissance. Art and Expresion in the Age of Emerson and Whitman*. New York: Oxford UP, 1968.
Meo Zilio, Giovanni. *De José Martí a Sabat Ercasty: estudios hispanoamericanos*. Montevideo: El siglo ilustrado, 1967.
Medina, Tristán de Jesús. *Narraciones*. Selección y prólogo de Roberto Friol. La Habana: Letras Cubanas, 1990.
Mistral, Gabriela. "La Lengua de Martí". *Gabriela anda La Habana... A medio caminar el olvido y la memoria*. Santiago: Lom Ediciones, 1998. 65-82.
Molloy, Sylvia. "Too Wilde for Comfort." *Social Text* 31-32 (1992): 187-201.
_____. "The Politics of Posing." *Hispanisms and Homosexualities*. Ed. Sylvia Molloy and Robert McKee Irwin. Durham: Duke U P, 1998. 141-60.
_____. "His America, Our America: José Martí Reads Whitman." *Spanish American Literature. A Collection of Essays*. Ed. David William Foster and Daniel Altamiranda. New York and London: Garland Publishing, 1997. 257-367.
Montalvo, Juan. *Siete Tratados*. Besanzon: Imprenta de José Jacquin, 1882.
Morales, Carlos Javier. *La poética de José Martí y su contexto*. Madrid: Editorial Verbum, 1994.
Moreau, Gustave. *Le Musée Gustave Moreau*. Paris: Edition de la Réunion des musées nationaux, 1997.
Moreno Fraginals, Manuel. *Cuba/España, España/Cuba: historia común*. Barcelona: Grijalbo Mondadori, 1995.
Nervo, Amado. *Poesías completas*. Barcelona: Teorema, 1982.
_____. "El modernismo". *El modernismo visto por los modernistas*. Barcelona: Editorial Labor, 1980. 99-102.
Nordau, Max Simon. *Degeneration*. New York: H Fertig, 1968.

Onís, Federico de. "Introducción". *Antología de la poesía española e hispanoamericana*. New York: Las Américas, 1961. xiii-xxiv.
Ortega y Medina, Juan A. *Imagología del bueno y del mal salvaje*. México: UNAM, 1987.
Ortiz, Fernando. *Martí y las razas*. La Habana: Publicaciones de la comisión nacional organizadora de los actos y ediciones del centenario y del monumento de Martí, 1953.
_____. *La filosofía penal de los espiritistas*. Madrid: Editorial Reus, 1924.
Paglia, Camille. *Sexual Personae: Art and Decandence from Nefertiti to Emily Dickinson*. New Haven: Yale UP, 1990.
Paz, Octavio. *Los Hijos del Limo: del romanticismo a la vanguardia*. Barcelona: Seix Barral, 1993.
_____. "La modernidad y sus desenlaces". *El signo y el garabato*. México: Joaquín Mortiz, 1975. 11-30.
Pearsall, Priscilla. *An Art Alienated from Itself: Studies in Spanish American Modernism*. University, Mississippi: Romance Monographs, 1984.
Pegeard, Robert. *Goethe en España*. Trans. Francisco de A. Caballero. Madrid: Consejo Superior de Investaciones Científicas, 1958.
Peluffo, Ana. "Why Can't an Indian be More like a Man? Sentimental Bonds in Manuel Gonzalez Prada and Clorinda Matto de Turner." *Revista de Estudios Hispánicos* 38 1 (2004): 3-21.
Picón-Salas, Mario. "Arte y virtud en José Martí". *Memoria del Congreso de Escritores Martianos*. La Habana: Publicaciones de la Comisión Nacional del Centenario, 1953. 150-56.
Praz, Mario. *The Romantic Agony*. Trans. Angus Davidson. New York: Oxford UP, 1970.
Ramírez, Fausto. *Saturnino Herrán*. México: Universidad Utónoma de México, 1976.
Rama, Ángel. "La dialéctica de la modernidad en José Martí". *Estudios Martianos*. Río Piedras: Editorial Universitaria, 1974. 129-97.
_____. "Sueños, espíritus, ideología y arte". Prólogo a *Darío, el mundo de los Sueños*. Río Piedras: Editorial Universitaria, 1973. 5-54.
_____. *La ciudad letrada*. Hanover: Ediciones el Norte, 1984.
Ramos, Julio. "El reposo de los héroes". *Apuntes postmodernos/Postmodern Notes* 5. 2 (1995): 14-20.
_____. *Contradicciones de la modernización literaria en América Latina: José Martí y la crónica modernista*. Tesis doctoral. Princeton U, 1986. Ann Arbor: UMI, 1995.
Ricoeur, Paul. *Tiempo y narración: el tiempo narrado*. Vol. III. México: Siglo XXI Editores, 1996.
Rimbaud, Arthur. *Poesía de Rimbaud*. Prólogo Cintio Vitier. Ed. Marieta Suarez Recio. Ciudad de la Habana: Editorial Arte y Literatura, 1989.
Rodó, José Enrique. *Ariel*. Valencia: Prometeo, 1914.
_____. *Ariel Motivos de Proteo*. Ed. Ángel Rama. Caracas: Biblioteca Ayacucho, 1985.
Rojas, Rafael. *José Martí: la Invención de Cuba*. Madrid: Editorial Colibrí, 2000.

Rozario, Kevin. "'Delicious horror': Mass Culture, The Red Cross, and the Appeal of Modern American Humanitarianism." *American Quarterly* 55.3 (2003): 417-55.

Rotker, Susana. "Intérprete de dos mundos. Las crónicas de José Martí y la prensa norteamericana". *José Martí en los Estados Unidos. Periodismo de 1881 a 1892*. Ed. crítica Roberto Fernández Retamar y Pedro Pablo Rodríguez. Madrid: Colección Archivos, 2003. 1862-80.

Rukser, Rudo *Goethe en el Mundo Hispánico*. México: Fondo de Cultura Económica, 1977.

Said, Edward W. *Culture and Imperialism*. New York: Vintage Books, 1993.

Santa Biblia. London: Sociedades Bíblicas Unidas, 1972.

Santí, Enrico Mario. "Ismaelillo, Martí y el Modernismo". *Revista Iberoamericana* 52 (1986): 811-40.

Sanz del Río, Julián. "Ideal de la Humanidad". *Antología del pensamiento de lengua española en la edad contemporánea*. Ed. José Gaos. México: Séneca, 1945. 362-68.

Schulman, Ivan A. *Símbolo y color en la obra de José Martí*. Madrid: Gredos, 1960.

_____. "Historia colectiva e individual en la obra de José Martí". *En torno a José Martí*. Bordeaux: Bulletin Hispanique, 1974. 95-127.

Schulman, Ivan A. y Manuel Pedro González. *Martí, Darío y el Modernismo*. Madrid: Gredos, 1969.

Schwab, Raymond. *La Renaissance Orientale*. Paris: Payot, 1950.

Schwartz, Kessel. "José Martí, 'The New York Herald' and President Garfield's assassin." *Hispania* 56 (1973): 335-42.

Steedman, Carolyn. *Strange Dislocations. Childhood and the Idea of Human Interiority, 1780-1930*. Cambridge: Harvard UP, 1995.

Showalter, Elaine. *Sexual Anarchy: Gender and Culture at the Fin de Siècle*. New York: Viking, 1990.

Skyrme, Raymond. *Rubén Darío and the Pythagorean Tradition*. Gainesville: UP of Florida, 1975.

Sommer, Doris. *Foundational Fictions: The National Romances of Latin America*. Berkeley: U of California P, 1991.

Soria, Regina. *Elihu Vedder. American Visionary Artist in Rome (1836-1923)*. Rutherford: Fairleigh Dickinson UP, 1970.

Soury, Jules. "Introduction". *Histoire de l'evolution de sens des couleurs*. Hugo Magnus. Paris: Reinwald, 1878.

Starobinsky, Jean. *1789. The Emblems of Reason*. Trans. Barbara Bray. Charlottesville: University of Virginia, 1982.

_____. *Largesse*. Trans. Jean Marie Todd. Chicago: Chicago UP, 1997.

Stevenson, Robert Louis. *Familiar Studies of Men and Books*. New York: Current Literature Publishing, 1913.

Taylor, Charles. *Sources of the Self: The Making of the Modern Identity*. Cambridge: Harvard UP, 1989.

Tovar, Antonio. *Lingüística y filología clásica. Su situación actual*. Madrid: Revista de Occidente, 1944.

Teja, Ada María. *La poesía de José Martí. Entre naturaleza e historia. Estudios sobre la antítesis y la síntesis*. Gosenza: Marra Editore, 1990.

Tejera, Diego Vicente. *Poesías Completas (1869-1879)*. La Habana: Imprenta Militar de la Viuda de Soler, 1879.

Uhrbach, Carlos Pío y Federico. *Oro*. La Habana: Imprenta avisador comercial, 1907.

Unamuno, Miguel de. "La Balada de la Prisión de Reading." *Obras Completas*. Vol. VIII. Barcelona: Afrodisio Aguado, 1958. 729-31.

——————. "Sobre los Versos Libres de Martí". *Insula. Revista de Letras y Ciencias Humanas* 37.428-29 (1982): 9-11.

Vargas Melgarejo, Luz María. *Los colores lacandones: la percepción visual de un pueblo maya*. México: Instituto Nacional de Antropología e historia, 1998.

Valdespino, Andrés. "Imagen de José Martí en las letras cubanas". 1. 2 *Revista Cubana* (1968): 315-31.

Valle Inclán, Don Ramón del. "Breve noticia acerca de la estética cuando escribí este libro". *Corte de Amor. Florilegio de honestas y nobles damas*. Madrid, 1914. 19-32.

Varona, Enrique José. "D'Annunzio y la crisis actual". *Antología del pensamiento de lengua española en la edad contemporánea*. Ed. José Gaos. México: Séneca, 1945. 666-68.

——————. "Las promesas de la ciencia". *Violetas y Ortigas. Obras de Enrique José Varona*. Literatura III. La Habana: Edición Oficial, 1938. 7-12.

Verlaine, Paul. *Œuvres poetiques de Verlaine*. Ed. Jacques Robichez. Paris: Editions Garnier Frères, 1969.

Vitier, Cintio. "En la mina martiana". *Martí, Darío y el Modernismo*. Ivan Schulman y Manuel Pedro González. Madrid: Gredos, 1969. 9-21.

——————. *Cincuenta años de poesía cubana (1902-1952)*. Ordenación, antología y notas por Cintio Vitier. La Habana: Dirección de Cultura del Ministerio de Educación, 1952.

——————. "Imagen de Rimbaud". *Poesía de Rimbaud*. La Habana: Editorial Arte y Letra, 1989. 7-25.

Vitier, Cintio y Fina García Marruz. *Temas martianos*. Río Piedra: Huracán, 1981.

Vitier, Medardo. *Martí, Estudio Integral*. La Habana: Publicaciones de la comisión nacional organizadora de los actos y ediciones del centenario y del monumento de Martí, 1954.

Wallace, Ronald. *God be with the Clown: Humor in American Poetry*. Columbia: U of Missouri P, 1984.

Walters, Jonathan. "'No More than a Boy': The Shifting Construction of Masculinity from Ancient Greece to Middle Ages." *Gender and History* 5.1 (1993): 20-33.

Weikart, Richard. "Darwinism and Death: Devaluing Human Life in Germany 1859-1920." *Journal of the History of Ideas* 63.2 (2002): 323-44.

Whitman, Walt. *Leaves of Grass*. Ed. Scully Bradley. New York: Norton, 1973.